U0299447

春秋的侧面

隐没在历史之中的25张面孔

沈雁杭 著

化学工业出版社
·北京·

图书在版编目（CIP）数据

春秋的侧面 / 沈雁杭著. --北京：化学工业出版
社，2024.3
（"新史纪"丛书）
ISBN 978-7-122-45138-5

Ⅰ.① 春… Ⅱ.① 沈… Ⅲ.① 中国历史–研究–春秋
战国时代 Ⅳ.① K225.07

中国国家版本馆CIP数据核字（2024）第044231号

本书中文简体版由北京行距文化传媒有限公司授权在中国内地（大陆）独家
出版、发行，不得销往中国香港、澳门和台湾地区。

责任编辑：王冬军   装帧设计：水玉银文化
责任校对：王鹏飞

出版发行：化学工业出版社（北京市东城区青年湖南街13号　邮政编码100011）
印　　装：天津裕同印刷有限公司
880mm×1230mm　1/32　印张 $12\frac{3}{4}$　字数 298 千字
2024年9月北京第1版第1次印刷

购书咨询：010-64518888　　　　　售后服务：010-64518899
网　　址：http://www.cip.com.cn
凡购买本书，如有缺损质量问题，本社销售中心负责调换。

定　价：78.00元　　　　　　　　　　　版权所有　违者必究

序

一

《春秋的侧面》这本书起笔于2018年，是一部析读春秋时期人物的作品。

先秦历史一直是我的兴趣所在。当时又先后再读了《诗经》《左传》《国语》《史记》等典籍，深深被那段纷繁复杂的历史所吸引，也惊叹于上古文学的冷静、克制及简洁精当的文辞运用，与我所追求的文学表达极为契合。作为写作者，最好的办法就是展读与书写，于是便有了撰写这部作品的打算。

本书所涵盖的时间和人物上迄西周晚期的郑桓公、郑武公父子，下至春秋晚期的太子建、白公胜父子，纵跨三百余年，以《左传》的时间叙事为经、《国语》《史记》等史书为纬，择取25个人物，讲述其生平故事，于史书中查其言、观其行、品其性，每思虑之余，或叹息，或扼腕，或警醒，或大笑。其间也感叹幸有前人搜集史料，又倾力于史书的撰写，才使得今人得以阅览数千年前的风云往事、兴亡际会。

自古乱世出豪杰，人们也津津乐道于英雄盖世、儿女情长。

春秋历史犹如一部篇幅浩荡的连续剧，来来去去那么多影响历史的主角的背后，那些奔波于历史书页间的芸芸众生也同样不该被忘记，他们的人生遭遇各自精彩，千丝万缕间牵扯着历史的走向和进程。本书分列篇目二十篇，书写到的人物有君王、公卿、臣子、宠妃，其间有忠厚仁义之士，有奸诈邪佞之徒；有风度翩翩的公子，有千娇百媚的妇人；有浪荡荒淫的君主，有专情狠辣的人臣；有的人勤恳一生却留下身后的离乱，有的人逆风翻盘结局却荒诞凄惨。他们每个人都努力存在于历史的某个舞台上或角落里，在史书中留下了名字，却又被匆匆翻过，迅速被遗忘。主角固然重要，甚至可以改变历史，但真正汇成时间长河的恰是这些大大小小的配角们。他们或一味前行，完成自己的人生使命；或通过自己的行为影响着身处的那段历史。他们不是领头人，也缺乏彪炳史册的闪耀光环，有些甚至在历史的演进中起到了反作用，但历史恰恰是在这些人的共同作用下塑造的。围绕着他们的那些不易被察觉的历史细节也同样生动有趣。他们的生老病死、喜怒哀乐与悲欢离合与我们普通人最易达成共鸣，他们的人生与命运更值得我们借鉴与思考。

在写作时，我时常要问自己的是：我的关注点与写作特色应该是什么？除了形式上的依照史书重讲历史、臧否人物、引经据典这些常规操作之外，在蓬勃的历史类非虚构图书市场中，我能够为读者带来什么呢？我带着这些问题边思考边写作，在全书完稿后的一年多时间里又回顾了前后三年在创作中的收获。创作时，我更多关注的是每一个人一生命运的起伏，命运的背后往往是人性：复杂、多变之中又会窥探到诸多共性，从而上演了一幕幕似曾相识的故事，让历史在不同时空重演。唐太宗曾说"以人为鉴，可以知得失"，我在分析和写作时也常常会对照自省，复杂的时代也更需要用更多面的视角和包容的心态去看待。至于面对形形色色的人生，哀叹怜惜也好，嬉笑怒骂也罢，读者阅读后也会有自己的选择，虽然一定程度上会受到我叙事的影响，但如果读者会因此更关注典籍本身，寻找他们心中的对人生的解读，我将更加欣慰。

书稿完成大约一年之后，我发现对这段历史的展读与写作已经改变了自己对待人生的态度。人为什么需要读点历史？当你把自己置身于一个更广阔的时间和空间之中时，你看待自己的遭遇和面对世界的变换的体悟是不同的。当我们发现古人的喜怒哀乐与我们那么相似，同样的故事在每一代不同的人身上可能会上演很多遍之时，也就不会再为自己的一点挫折而自怨自艾，为身边出现的悲剧而悲观绝望，看问题也不再会拘泥于一时一地一人一事。历史总会自我矫正，人类与历史相互影响，互为因果。人生是微观的历史，历史是宏观的人生，起起落落、悲悲喜喜都是常态，坦然面对才是真谛。古人常于诗词文赋中笑谈兴亡，从前只是觉得空泛，是文人自负，现在方知是古人读史太多于己，这不过是自己浅薄罢了。

最辛苦也是最快乐的，是对史料的反复阅读和咂摸，《左传》是编年体史书，一年里三五件人、事纷争记上几笔，过去了仿佛就过去了。几年后天地忽变，恍然间是那年那人那事，不禁唏嘘，亦有拍案大悟之时。春秋时期的诸侯列国关系转变速度极快，三年一小变，五年一大变，稍不留神已是时过境迁。何况这些时代的配角，历来缺少专家学者为他们量身剖析，可参考的专业书本就不多。所以三五条史料反复阅读，仔细琢磨前因后果、起承转合，反复问为什么，是这样吗？已经读得腻烦还要逼着自己再读一遍，因为心里知道注定会有新的领悟和发现。付出总有收获，结果从没令我失望。

最后还要感谢一些读者朋友，在之前及时指正我书写中的遗漏和错误，并给予颇多溢美之词，这也是我有信心完成此作的动力。相关问题在修订书稿时我已全部补齐修正。友邻雀花瓷女士，不但积极阅读点评，在后半部分的创作中也及时给予了反馈和建议，使我受益良多。在此特别致谢。

目　录

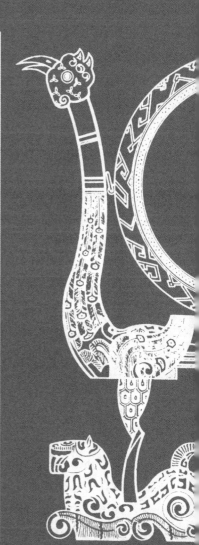

第一章

郑桓公、郑武公

开创郑国基业的父子

翻开《春秋左氏传》，第一个令读者印象深刻的人物便是"春秋小霸"郑庄公。作为春秋时期第一个被"封霸"的人物，他智勇刚强、老辣狠厉的性格时常令人倒吸一口冷气，而他纵横捭阖于大国间的气魄、玩转权谋的手腕也令人不由得心生敬佩。如果说《左传》是一部长篇小说，那么郑庄公可以说是描写最出色、最令人难忘的人物之一。也许，读者会心生疑问：郑国作为一个小国，何以在东周时期率先占据历史舞台的中心？郑庄公的性情与智慧从何处继承而来？在他称霸以前，郑国是一个怎样的国家？本章聚焦的人物便是郑庄公的祖父郑桓公与父亲郑武公，看看他们父子二人为郑国、为子孙后代都做过哪些努力。

周朝实行分封制，在周天子之下存在着大大小小诸侯国，数以百计，其中有相当一部分是周武王和周成王时代便已建立的，比如较为知名的鲁国、齐国、卫国、宋国、晋国，还有不那么知名的陈国、蔡国、虢国等，自周朝建立到平王东迁，这些国家已经存在二百多年，可谓老牌诸侯国。然而，与这些老资格相比，郑国异常年轻，甚至可以用年幼相喻，哪怕是平王时代"始列于诸侯"的秦国也比它更悠久。

老资格的诸侯国，其祖先们大多参与过推翻殷商的战争，属于战后分红利。秦国得益于在平王东迁时护驾有功，经天子授权提升了等级。但郑国的建立却与它们不同，既与战争无关，也并非为王室做出了什么杰出的贡献，只是因为一个简单却也合理的原因——郑国第一代国君是周天子的弟弟。

《史记·郑世家》记载，郑国第一任国君名"友"，是西周第十代天子周厉王的小儿子、第十一代天子周宣王的弟弟①，至于兄弟俩是同母还是异母，由于《史记》在《郑世家》和《十二诸侯年表》中记载矛盾，便成了历史的悬案。不管怎么样，周宣王没有亏待弟弟王子友，在继位第二十二年（前806年）②时赐给他一块封地，命名为郑。当初这块叫郑的土地还不是春秋时期郑国的所在地，只是一块很小的地方，据考证曾经叫棫林③，地点在王畿附近。郑国的等级为伯爵，从此，王子友变成了郑伯友（即郑桓公，前806～前771年在位），在自己的封地上本本分分做人，兢兢业业做国君。司马迁对他的评价很高，说"百姓皆便爱之"，是一个称职的好国君。也因为这个原因，当大哥周宣王去世、侄子周幽王继位之后，又将郑伯友从郑国召回王都，封他做了司徒。回到政治中心的郑伯友仍旧尽职尽责做好本职工作，并因此获得上下一致的高度评价，《国语·郑语》中说他"甚得周众与东土之人"，便是史官留给他的定评。

从王弟到好国君再到好大臣，郑伯友一路顺风顺水，应该说可以高枕无忧了。可是，侄子周幽王在位的第九个年头（前773年），当他回到王都任司徒之后，他却高兴不起来了。他发现了许多问题，而这些问题对这个王朝来说都是致命的。也许他想过通过进谏的方式来改善，但终究发现自己无法力挽狂澜，而有这样想法的人不止他一个。于是，很自然地，他审慎地为自己和家族

① 从周武王算起。
② 本书将公元纪年"公元前"统一简化为"前"。此处即为公元前806年。
③ 棫林，一名咸林。旧说棫林在陕西华县。——编者注

考虑未来，他的想法很简单："王室多故，予安逃死乎？"①

此时，郑伯友积攒下的人脉发挥了充分的作用，一个睿智的史官（史伯）②为他分析了一番天下形势，最终指了一条明路：

> 当成周者，南有荆蛮、申、吕、应、邓、陈、蔡、随、唐；北有卫、燕、狄、鲜虞、潞、洛、泉、徐、蒲；西有虞、虢、晋、隗、霍、杨、魏、芮；东有齐、鲁、曹、宋、滕、薛、邹、莒；是非王之支子母弟甥舅也，则皆蛮、荆、戎、狄之人也。非亲则顽，不可入也。其济、洛、河、颍之间乎！
>
> ——《国语·郑语》

从这段话中可以看出，郑伯友几乎没有什么好的选择，肥沃之地都被周天子的七大叔八大伯占尽了，较为偏远的则把控在蛮夷手中，郑国简直无路可退，挑来选去，最后只能去"济、洛、河、颍之间"。济、洛、河、颍都是河流名称，"河"就是黄河。这块地方就是春秋时期郑国建都之地新郑。这里仍旧不是广大的疆土，但即便如此，也早被其他诸侯国所占领，郑伯友若想搬家，还得动动脑筋。

当时占领这一片土地的国家是虢国和桧国，国家虽不大，却也不是等闲之辈。虢国是姬姓诸侯，与郑国一样都是周天子的宗亲，但人家第一代国君是周文王的弟弟，资历不是新兴贵族郑国可以比的。桧国又叫郐国，虽然是妘姓，但其资历可以上述至殷

---

① 《史记·郑世家》，第1389页，上海古籍出版社，2011。

② 史伯即西周末年的王朝太史伯阳父，亦称史伯。《国语》中称之为史伯，《史记》中称之为太史伯。

商。《诗经》中十五国风中的"桧风"就是这一国家留下的文化瑰宝，可见是一个历史悠久的"文明古国"。郑伯友虽是周天子的叔叔，人缘也不错，势力却较为薄弱，想虎口里夺食，难度极高。但史官却给郑伯友解了难题：

> 虢叔恃势，郐仲恃险，是皆有骄侈怠慢之心，而加之以贪冒。君若以周难之故，寄孥与贿焉，不敢不许。周乱而弊，是骄而贪，必将背君，君若以成周之众，奉辞伐罪，无不克矣。
>
> ——《国语·郑语》

史官抓住了虢、桧两国的弱点，即他们自以为是、贪婪愚蠢。周室太平，他们急着巴结天子身边的红人，当然愿意借地安置郑伯友的眷属；倘若周室发生动乱，他们必然会背叛周室并挟人自重，到时郑伯友以此为借口率领周室军队去讨伐，这些借来的土地便顺理成章地成为自家的了。

史官对虢、桧两国的批评也许是正确的，但也不得不说他的策略十分狡诈，有巧取豪夺之嫌。其实郑伯友也并非当即双眼一亮，与史官一拍即合，而是琢磨着是否还有其他地方可选。显然，他并不怎么看好这块弹丸之地，但与史官一番密切交谈之后，他也不得不承认，自身实力尚不够强大的郑国的确没有更好的选择了。

史官大胆预言："凡周存亡，不三稔矣！"[1]并劝郑伯友赶快行动。果不其然，三年后，周幽王死在了骊山脚下，周王朝险些覆

---

[1] 《国语·郑语》，第 577 页，中华书局，2013。

灭。周平王受大诸侯们的保护迁都洛邑，开创了东周时代，郑国也如愿迁址到了新的土地上，而那个当初听从朋友建议，立即将家人送到"济、洛、河、颍之间"的郑伯友，却没能与妻子儿女共享天年，他死在了骊山①，谥号桓。

关于郑桓公的死存在一定争议，《古本竹书纪年·晋》及《汉书·地理志》记载周平王时他还活着，但《史记》则说他与周幽王一同被杀，清华简《系年》或可间接佐证《史记》的说法，《史记》的记载目前被更多人所接受。尽管郑桓公没能保住自己的性命，却凭借自身的谋划为子孙谋得了安身立命之所，作为开国之君，他尽职尽责。他的死也许是无法避免的，但作为周王室恪尽职守的官员，他明知危难将至而没有自顾保命，选择与天子共存亡，也可谓尽忠职守，可赞可叹。

国不可一日无君，郑桓公惨死后，郑国臣民立即扶立他的儿子公子掘突（即郑武公，前770～前744年在位）继位。新郑伯在危难时刻接掌权力，肩上的担子是沉重的，老父亲辛苦积攒下的一点家业还只有使用权而已，所有权尚在别人的手里，稍有不慎，上上下下一大家子的人都会沦为亡国之奴。为了生存，郑伯掘突要打起十二分的精神来，第一要务就是将所有权也收为己有。

郑伯掘突继位后的作为，记载最为详细的要数《今本竹书纪年》。别看这是本公认的伪书，作伪的水准却不可小觑，单看郑伯掘突的履历，每一条都可以与其他史书相互印证，绝不是纂书人信口雌黄。

就在周平王继位之时，"晋侯会卫侯、郑伯、秦伯，以师从王入于成周"，点明了郑伯掘突在父亲死后为王室做出的突出贡献，

---

① 史书上没有记载郑桓公确切的被杀之地，《史记·郑世家》说"犬戎杀幽王于骊山下，并杀桓公"，推测郑桓公可能也死于骊山。

而这一条记载在清华简《系年》里得到了佐证："郑武公亦正东方之诸侯"，虽然记述简略，作为小国的郑国恐怕也并没有特别突出的功绩，多半是站队正确，跟着大佬们打打酱油，但只这一项足可以让郑国的地位升了一格。尽管郑国依然是伯爵，郑伯掘突却成了周平王的卿士，身份地位比父亲郑桓公还要突出，郑国从辅臣变为拥立之臣，在东周战场上一步迈进了最前列。

有了天子撑腰，郑国的胆子和野心也就更加大起来，当年史官给郑桓公出的主意只实现了一半，另一半要靠新国君去完成了。周平王四年（前767年），郑伯掘突灭掉了老牌诸侯虢国，两年前，"文明古国"桧国已然轻松收为己有①，新郑的使用权和所有权皆已牢牢掌握。周平王六年（前765年），郑国"迁于溱、洧"，那春天里令少男少女们情思缱绻的两条河流，为郑国描绘了优美的抒情画卷：

> 溱与洧，方涣涣兮。
>
> 士与女，方秉蕑兮。
>
> 女曰观乎？士曰既且，且往观乎？
>
> 洧之外，洵訏且乐。
>
> 维士与女，伊其相谑，赠之以勺药。
>
> ——《诗经·郑风·溱洧》

拿到了虢与桧的地盘，郑国的臣民再也不用担心会沦为亡国奴了。但郑伯掘突并不满意，自己是天子卿士，如此高的政治地位怎能只有这一点财富？与鲁、卫、晋等同姓诸侯相比，是不是

---

① 《汉书·地理志》注引臣瓒："幽王既败，二年而灭会，四年而灭虢……"不过将郑武公记载为了郑桓公。

太穷酸了？然而，周王室今非昔比，天子无力再为功臣分封更多的土地，也没有哪个诸侯国肯乖乖把自己的土地拱手送人，那么，就只能抢了。

郑伯掘突毕竟是有身份有地位的人，自命为有德之人，有德之人怎么能明抢呢？于是，郑伯掘突想了个主意，为扩张领土想出了一个苦肉计：

> 昔者郑武公欲伐胡，故先以其女妻胡君以娱其意，因问于群臣："吾欲用兵，谁可伐者？"大夫关其思曰："胡可伐。"武公怒而戮之。曰："胡，兄弟之国，子言伐之，何也？"胡君闻之，以郑为亲己，遂不备郑。郑人袭胡，取之。
>
> ——《韩非子·说难》

想抢夺胡国的土地却又不敢明说，为了麻痹胡国君臣假意做亲家，牺牲了自家女儿的幸福，继而让大夫关其思陪自己演双簧，再将"逆臣"诛杀，演戏给胡国看。为什么如此大费周章？除了郑国自身的原因外，和胡国也有一定关系。胡国是周成王分封的老国，资历只比虢国差一些，且是姬姓国①，是真正的"兄弟之国"，故郑伯掘突还是要为自己留些颜面。不过，韩非子的记载恐怕就不能全信了，既然胡国是姬姓国，郑国又怎会与胡国联姻？要知道东周初年对同姓不婚的原则还是非常讲究的，而韩非子生活于战国晚期，恐怕记录的只是一个传说罢了。

---

① 还有一种说法，胡国为归姓国，位于安徽阜阳，而不是"河南漯河市郾城区、舞阳县一带"，后被楚国所灭。该胡国多次出现在《左传》中，未知与《韩非子》中所说胡国的关系。

在郑桓公去世后的八年时间里，儿子兢兢业业地完成了老父亲的遗愿，从十八线小国挤进了准一流国。郑伯掘突的手腕是狠辣的，为自己的利益杀伐决断，毫不留情，相比之下，郑桓公则显得仁慈了些。但想要在动荡的时代里谋求生存，没有郑伯掘突的狠辣是很难做到的，可以说他也是顺势而为，及时准确地把握了时代的脉搏，毕竟，真正狠辣的时代还没有到来。

郑国的地盘不断扩大，势力一日比一日壮大，国君在周王室功勋卓著，渐渐地，周围各国都不敢小瞧于它。有了财产和土地，自然要为守成做打算，留下后代是第一要务，于是，国君的婚事被提上了日程。

根据《史记》的记载，郑伯掘突在位的第十年（前761年），从申国娶来了自己的夫人武姜，至于是不是原配已无法详考。不过，这位申国公女却得到了丈夫独一无二的宠爱，先后为国君生下两位公子：寤生与段，就是《春秋左氏传》开篇讲述的郑庄公与共叔段。兄弟二人的争权之战不但是《左传》中的精彩章节，也成为中国历史中最令人念念不忘、津津乐道的一段故事，在史学界和文学界都占有重要的一席之地。

可惜的是，郑伯掘突在之后的岁月里未见更多开疆拓土的记载，应当是考虑自身实力的原因，没有盲目冒进，而是注重口碑的打造和国力的增强。郑国臣民同样爱戴国君掘突，据说《诗经·郑风》里那首《缁衣》就是赞美他的：

缁衣之宜兮，敝予又改为兮。适子之馆兮。还予授子之粲兮。

缁衣之好兮，敝予又改造兮。适子之馆兮，还予授子之粲兮。

缁衣之蓆兮，敝予又改作兮。适子之馆兮，还予授

子之粲兮。

《毛诗序》说："善于其职。国人宜之。故美其德。以明有国善善之功焉。"虽不知真假，但按照他的说法去理解还是可以接受的。郑国的霸业虽始于郑庄公，但若没有之前两代国君的努力，郑国或许早就随着西周一同灭亡了。

郑伯掘突在位第二十七年（前744年），大限将至，太子寤生即将继位为新的国君。可是，因他是难产儿的缘故，母亲武姜却并不喜欢他，内心十分厌恶，打算说服病危的丈夫改立公子段为太子，却遭到了拒绝。这应该是郑伯掘突生前做出的最后一个正确决定，无论从性情和谋略看，段都远远不及寤生。更难得的是，寤生有着极好的人脉，将人心抓得极牢，这最终促成了他巩固政权并成为一代霸主。郑伯掘突早就看准，替自己实现未了心愿的儿子必定是懂得忍耐并在忍耐中学会成长的寤生，他走得没有遗憾。

郑伯掘突去世后谥号武，非常符合他生前的定位，他与父亲桓公和儿子庄公一同被奉为"郑氏三公"，受到后人的瞻仰和纪念，尽管他与父亲的故事没有被收入《春秋左氏传》，但依然不会被历史湮没。

第二章

周平王

非我主浮沉

两千七百多年前，在中国的西北，有一个青年正处于生死存亡之际，他的母亲已死[1]，父亲要杀掉他，唯一支持他的外祖父正积极联络周边势力，摩拳擦掌要与他的父亲决一死战。一场政治危机即将引爆一场战争，其胜与负不但决定他个人的生死，更将预示着天下的裂变。

这个处在人生十字路口的青年名叫宜臼，出身于已统治周朝257年[2]的古老家族——姬姓周族。他的祖先在这片古老的土地上留下了许多神勇的传说。但在这个当口，周族的英雄们已在黄土下腐朽，父亲周幽王正饱受国人的诟病，周王室的威严受到了大诸侯国的轻视和挑战。此刻，宜臼还不能预料到他个人命运的走向会给这个古老的王朝带来巨大的影响，他唯一关心的是，外祖父申侯能否助他度过此劫。

宜臼就住在外祖父的家中。她的母亲来自申侯之国，历史上称为西申。在两周时代，曾有两个国家因文献资料的缺乏而显得扑朔迷离，它们的地理位置难以确定，支系分布众多，看似一个国家，却又经常是若干小国的总称。这两个国家一个叫申，一个叫虢。虢国的名字已经在上一章有所提及，在本章的后半部将做

---

[1] 史书没有记载周平王母亲的卒年，此为推测。

[2] 《古本竹书纪年·晋》："自武王灭殷，以至幽王，凡二百五十七年。"第41页，《古本竹书纪年辑校订补》，上海古籍出版社，2011。

详细的介绍，此处，我们的目光将暂时聚焦于申。根据文献记载和考古发现，申国曾有两个，且都在先秦文献中留下大名。一个是《诗经·大雅·崧高》中那个"王之元舅"的地盘，受到周宣王的嘉奖并受王命举国迁到谢（今河南南阳）。周宣王亲自为申伯饯行，可见其受到的重视非比寻常。这个申国在迁居后更名为南申，在很长一段时期的历史认知中，南申是申国的代表，人们认为宜臼的外祖父就是南申国的国君。但随着更多历史学家的考证，另一个申国进入人们的视线，这就是西申。

西申究竟在何处？至今未有确切的定论，有人说在骊山附近，也有人说在今甘肃平凉一带①，总之，它在中国的西北部而不是中南部。这里距周王室的都城镐京不远，但同时与西部和北部的异族势力犬戎也较为接近，这样的地理优势使西申既可以投靠周王也可以倒向犬戎，至于何时与哪一方做朋友，全看利益的得失。本来，宜臼作为周幽王的儿子，是不应该住在外祖父家中的，现在为躲避杀身之祸寄居于此的宜臼让申侯感到了形势的危急——女婿就要来讨伐，是坐以待毙还是先发制人？

申侯最终选择了后者，但也许，他最初是愿意持观望态度的。毕竟，周王室是华夏正统，自己的女儿曾是王后，西申与周王室保持了几代人的深厚友谊，怎么说断就断了呢？这令人遗憾的原因还要从女婿周幽王说起。

周幽王可以说是中国历史上最有名的帝王之一，而他的名是不打折扣的恶名。他的名字始终与一个叫褒姒的女人联系在一起，自他们结合之日起，来自各个阶层的不满情绪始终围绕着这桩婚

---

① 晁福林认为西申在骊山附近，见《春秋战国的社会变迁》；李峰认为在今平凉地区，见《西周的灭亡》。

姻，与古老的诗歌一同传承下来。据《史记》记载，周幽王在继位的第三年（前779年），机缘巧合得到了美女褒姒，褒姒为他生下儿子伯服后，周幽王为她"竟废申后及太子，以褒姒为后，伯服为太子"[①]，那个被废的太子就是宜臼。

关于周幽王娶褒姒的时间和伯服的出生年份，近年来史学界又有争议，不过这不是本文的重点。宜臼在父亲继位的第七年（前775年）左右逃离了镐京，投奔外祖父寻求庇护。同年伯服亦被立为太子，这或许是他出逃的直接原因。[②]

失去了太子之位，失去了合法的身份，失去了留在都城的资格，年轻的宜臼一定是惊惶而悲戚的。因为伯服的存在，他应该没有受到过父亲的疼爱，看到的尽是父亲对母亲的残忍无情。在内心深处，他或许早就不将那个男人看作父亲，直到被迫出逃的这一刻，仇恨已在内心深处发芽。当得知父亲就要率军前来讨伐的时候，宜臼已然在外祖父家留居近三年，似乎一切倒还风平浪静，父亲并没有在他出逃后立即赶来抓捕，也没有借故讨伐外祖父。那么，为何偏偏在三年后，要兴师动众地赶尽杀绝呢？

就在郑桓公与史官讨论搬迁之地的那场对话中，史官曾对未来周王室的走向做出了大胆的预言："王欲杀太子以成伯服，必求之申，申人弗畀，必伐之。若伐申，而缯与西戎会以伐周，周不守矣！"[③]史官分析，周幽王为了替新太子伯服彻底扫清障碍，必然会向西申要人，申侯若不给，幽王必会去讨伐。西申孤军不敌，就会拉帮结伙，找人出头，而邻近的戎人与缯国则一定会出手相

---

① 《史记·周本纪》，第100页，上海古籍出版社，2011。

② 《古本竹书纪年·晋》："（七年，）幽王立褒姒之子伯服以为太子。"第40页，《古本竹书纪年辑校订补》，上海古籍出版社，2011。

③ 《国语·郑语》，第576页，中华书局，2013。

助。如果这一切就这样发生，周王室必定覆灭。

史官之言如此惊悚，却绝非为了吓唬郑桓公，没有确切证据表明两人谈话的具体时间，但《今本竹书纪年》中却记载，就在周幽王九年（前773年），"申侯聘西戎及鄐（缯）"。正如史官所言，西申果然在太子宜臼赶来投奔之后立即采取了行动，积极施展外交手段，与戎人和缯国拉近距离。这样的举动不会逃过周幽王的眼睛，他必然猜到申侯此举背后的用意。但他没有立即出兵讨伐，他也在做各方面的准备。就在申侯展开外交的第二年，周幽王与各方诸侯举行了"大室之盟"，虽然没有确切的与会名单保留下来，但《左传·昭公四年》中记载的一句"周幽为大室之盟，戎狄叛之"证明了会盟的重要参与者之一正是刚刚与申侯有过外交接触的戎人，周幽王如此大张旗鼓地立即与戎人结盟，其用意不言自明。面对周与西申两方势力的拉拢，戎人作壁上观，他们的倒向将决定双方对决的最终胜负，他们选择的初衷自然还是对其自身利益的考量。

终于，周幽王十一年（前771年），骊山脚下爆发了一场改变了周王朝命运和华夏历史走向的大战。

这场战争的经过和细节已无从知晓，只有结果尽人皆知。不过，关于战争的起因的认知，在其后近三千年的历史中不断被刷新，曾经在相当长的一段历史阶段内，我们相信战争是这样打响的：

> 又废申后，去太子也。申侯怒，与缯、西夷犬戎攻幽王。
>
> ——《史记·周本纪》

司马迁认为，是申侯率先起事为女儿和外孙讨不平。申侯的确有充足的理由这样做，有趣的是，他的支持者中恰恰有一年前刚与周幽王会盟的戎人。他们的墙头草作风一定气坏了周幽王，面对外敌入侵，他仓皇应对，终因彻底丧失威严和民心而导致与儿子伯服一同失败被杀。"周幽王烽火戏诸侯"的故事早已家喻户晓，但其戏剧化的情节渐渐引起史家的质疑，人们不相信历史的真相可以像一个虚构故事一般单纯，而烽火传兵讯则被考证是汉代才开始出现的。既然如此，历史的真相一定另有面貌。那个寄居外祖父家忧心忡忡的宜臼正面临着命运的转折，他的父亲马上就要动手了。

《今本竹书纪年》在周幽王十年（前772年）时有一句简短的记载："王师伐申。"这短短的四个字对《史记》的记述形成了冲击。但由于《史记》在史学界的崇高地位以及《今本竹书纪年》的真伪问题，这条记载并没有受到过多重视，也没有颠覆或推翻《史记》的说法。直到近十年对清华简的整理中发现的有关这段历史的记述才引起了史学界的高度重视，它佐证了周幽王率先发难的说法：

> 王与伯盘（伯服）逐平王，平王走西申。幽王起师，
> 回（围）平王于西申，申人弗畀，曾（缯）人乃降西戎，
> 以攻幽王，幽王及伯盘乃灭，周乃亡。
>
> ——《系年》

讨伐终于来了。从"回（围）平王于西申，申人弗畀"这一句判断，在战争打响之前，双方都做好了充分的准备，一个气势汹汹而来，一个严阵以待，拒不服从。虽然从周懿王时代开始，王室已经走上下坡路，但敢如此蔑视王室威严且欲决一雌雄的诸

侯还不曾有过。申侯敢如此，必定是胸有成竹、胜券在握，而绝非只是意气用事。很显然，在这场战争中起决定性作用的是戎，尽管戎在去年受到了周王的拉拢，但申侯仍然确信，戎是站在自己一方的。

申侯为什么如此确信？现有史料无法给出答案，也许，他们之间有密约，申侯曾许诺过什么，且一定是重利。若非如此，戎人绝不会坚决倒向他。

战争打响了，申侯一方取得最终的胜利，周幽王与伯服皆死在骊山脚下。

作为胜利的一方，申侯终于掌握了形势的主导权，女儿大仇得报，外孙终于可以顺利继承大统，可惜，一切没有那么简单。[1]

胜利后，局势立即失控，戎人如虎狼般杀入渭河平原，对周室遗民造成毁灭性的杀伤，留下了难以磨灭的精神痛苦和财富损失，新王的友人转眼就变成了仇人。而与此同时，不服申侯的虢国拥立了另一个周王，并且得到了一批"邦君、诸正"的支持[2]，与在申国的宜臼形成"二王并立"之势[3]，分裂了周王的天下。申侯最初的愿望没有达成，造成的创伤却难以弥补，混乱的残局无力收拾。想要重新建立一个大秩序，还需有新的人物出手相助，申侯不得不默默退出，也许还落下了不小的责怨。

到此时，我们发现，那个引发战争的最重要的人物，那个不

---

[1] 《古本竹书纪年》记载："先是，申侯、鲁侯及许文公立平王于申。"意思是宜臼在逃到西申后便自立为王，成为父亲讨伐他的一个重要理由。但李峰认为"先是"一词是后人所加，并非原本所有。因清华简《系年》中也没有类似记载，无法佐证其真实性，《左传》等也说宜臼称王是在幽王死后，故只作为参考说法。
[2] 见清华简《系年》。
[3] 《古本竹书纪年·晋》，第40页，《古本竹书纪年辑校订补》，上海古籍出版社，2011。

幸的青年宜臼，似乎在整个事态的发展中没有任何作为。所有的事情因他而起，所有的决定都为他而做，然而，申侯前后的举措和战争中的表现似乎既没有受他的影响也没有得到他的批准。宜臼究竟对外祖父的行动是赞成还是反对，有多少成分的赞成、多少成分的反对，我们全然不知。作为周的王子，他不可能不知道戎是周室历代的大敌，先祖们为巩固疆域、对抗戎狄所做出的努力，王畿百姓在战场的牺牲，他更应该了然于心，那些传唱不衰的出征之歌，凄苦哀痛的歌词他不会没有听过。那么，在外祖父要与戎联合之时，他作为曾经的法定接班人，是否心甘情愿？他有没有想过外祖父会引狼入室？是他太年轻想不到，还是他政治智慧不足高估了自己的实力，抑或是他完全没有裁决权，不得不听命于外祖父的"为你好"？时间太久远，资料过于匮乏，我们已无法得知当时的真实情况，但不得不承认的是，宜臼在他一生所经历的大多数历史事件里都只不过是一个名字，在这混乱的时代，在一个又一个决定华夏命运的历史事件中，他很少有机会行使他的最高权力，直至生命的终结。

那个由虢国君主虢公翰扶立的新君名叫余臣，史书上一般称为携王，携是他的登基之地，其确切的位置已不可考。对于他身份的认知是随着史料的发现被不断刷新的。最初，曾有人认为他就是伯服，但没有得到史学界的认可。《古本竹书纪年》记载他是周幽王的儿子，也许正是宜臼和伯服的兄弟，而清华简的发现又提供了新的说法，余臣并非周幽王之子而是他的弟弟，并称其为携惠王。关于余臣登基的地点，则从携变成了虢，我们是否可以据此推测，这个史书上没有记载的携就在虢国境内？①

---

① 李峰在《西周的灭亡》中猜测携在"渭河谷地"。

面对如此强大的敌人，年轻的宜臼恐怕又悔又恨，所幸，此时愿意支持他的势力还很多，当年在周、申大战中持观望态度的诸侯大国们纷纷站队。整理各类史书的名单，会发现这样一些国名：鲁国、许国、郑国、卫国、秦国、晋国等，这六个国家在当时拥有较强大的国力。异姓的秦国当时还不是真正的诸侯，但它的地理位置恰处于戎以东，与戎世代为敌，想要夺回渭河平原的失地、收拾混乱的残局则不得不依靠这支势力。为此，宜臼第一次行使了他的王权，封秦为诸侯国，并慷慨地开了一张空头支票："戎无道，侵夺我岐、丰之地，秦能攻逐戎，即有其地。"秦国国君秦襄公获得如此殊荣，于是不遗余力地与戎浴血厮杀，经两代人的不懈努力，终于在秦文公时代夺回了周王失地，"遂收周余民有之，地至岐，岐以东献之周"[①]。

宜臼此时还面临着一个巨大的难题，他应在何处建都？

故都丰与镐皆已被毁，虢国那里还有一个王，戎乱尚未去除，他几无立锥之地，却又不能将西申作为周王室新的都城。经过多方考虑，最终，他选择了东都洛邑，并由晋、卫、郑、秦四国护送完成了东迁。

尽管东迁是一个众所周知的史实，但围绕这次迁移仍旧有至今不能定论的一些疑团，比如宜臼决定（或诸侯决定他）东迁的原因，他东迁到洛邑的时间究竟是哪一年。旧有史料的说法不断受到质疑和挑战，但史学界始终未有统一的定论。不过，东都洛邑的地理位置的确为宜臼的统治带来了便利，当年史官为郑桓公分析洛邑的地理方位时曾大致交代了其周边的势力派系。

这些大大小小的国家在东周建立后的岁月里不断兼并，有些

---

① 《史记·秦本纪》，第 121 页，上海古籍出版社，2011。

已永久地消失在历史中，需要靠考古发现获取更多的信息。但在当时，（南）申、吕、陈、蔡、卫、燕、晋、齐、鲁都是支持宜臼且有一定势力的诸侯，而随着宜臼正式定都洛邑，郑国也加快了东迁的脚步，成为宜臼身后另一个强大的后盾。总的来说，宜臼率领周人东迁的决策是有利且正确的，他让周王室再次成为诸侯的中心，尽管这一次地理意义大于政治意义。

在洛邑稳定下来之后，宜臼最重要的问题是如何成为周王室唯一的王。显然，对于这一点，宜臼自己无能为力，当初为他对抗父亲幽王的申侯也做不到，其他大诸侯国要么地理位置较远，要么还正在壮大，最终能胜任的诸侯是晋国的国君晋文侯。

各种资料表明，晋文侯始终是宜臼的强有力支持者，参与了整个东迁的行动，或许，他也是决策者之一。在宜臼称王的早期，他依仗最多的力量应该就是晋国。晋是东部大国，无论向西或向东都伸展便利，其自身实力也足以为新王扫除障碍，平戎交给了秦，除劲敌则由晋来解决。晋文侯不负众望，最终在携杀死了余臣。

根据清华简《系年》的记载，此时的余臣已在位二十一年[①]，在他继位九年后，由于正统性受到质疑等原因，出现了"邦君诸侯焉始不朝于周"的现象，这说明当年支持他的那批人已经出现了懈怠和瓦解，在他最后的岁月里应当只有虢国的国君还在支持着他，而余臣也始终没有自己的立锥之地，也许只是虢国的傀儡。当晋国大军兵临城下时，虢国不堪抵抗，也只得拱手交出自己亲手扶立的这个周王。

---

① 《今本竹书纪年》载："二十一年，晋文侯杀王子余臣于携。"因定义不清晰，有人猜测是周平王二十一年，有人猜测是晋文侯二十一年，《系年》则明确记载："邦君、诸正乃立幽王之弟余臣于虢，是携惠王。立廿又一年，晋文侯仇乃杀惠王于虢。"

　　至此，宜臼完全掌握了周王室的权力与合法性，东周时代正式开始。在其后漫长的岁月里，关于宜臼的记载少之又少，而诸侯各国的崛起与衰落则越来越多地活跃在历史的文字中。年轻的宜臼迈入壮年，又从壮年迈入老年，其经过留下了大段的空白，我们再次于史书中见到他的身影，已是他在位的第四十九年（前722年），而这漫长的半个世纪的时间里天下已发生了剧烈的变化："周室衰微，诸侯强并弱，齐、楚、秦、晋始大，政由方伯。"[①]那个地处诸侯中心的周王室渐渐丧失了自己原有的威严，不得不眼睁睁看着各个诸侯们此消彼长，周王宜臼却几乎无能为力。在稍后几年的记载里我们还得知，宜臼的长子泄父过早地离开人世，他在无奈中承受了白发人送黑发人的痛楚，只得将全部希望寄托给长孙林。正当周王宜臼四十九年，因鲁国国君惠公于前一年病逝，宜臼派遣大臣带着礼品前来吊唁，却莫名其妙地为仍然在世的惠公夫人也备了一份，引起了鲁国的不满，再加上周王的吊唁举动过晚，在《春秋左氏传》里便有了"赠死不及尸，吊生不及哀，豫凶事，非礼也"的批评。虽然《左传》的成书年代早已远离东周初年，但已可看出周王室在礼仪方面的退步，而"礼"在当时仍然占有相当重要的地位，既是行为规范，也是道德与法令的总和，东周王室连这些都已力不从心。

　　转眼来到周王宜臼五十一年（前720年），这是以他为纪年的最后一年。在《左传》的记载中，有一条记载令读者既尴尬又痛心，事情的经过是这样的：

　　　　郑武公、庄公为平王卿士。王贰于虢，郑伯怨王，

[①]　《史记·周本纪》，第101页，上海古籍出版社，2011。

王曰"无之"。故周、郑交质。王子狐为质于郑，郑公

子忽为质于周。王崩，周人将畀虢公政。

——《左传·隐公三年》

郑武公因护驾有功，做了宜臼的卿士，他死后儿子郑庄公承袭了这一职位。然而，也许是郑国日益强大引起了宜臼的忧虑，也许是郑庄公的表现超出了臣子的礼节，宜臼开始疏远他，并偷偷另立了一个卿士，即虢国之君。郑庄公知晓后，气势汹汹前来质问，而宜臼竟然不敢说实话，谎称没有此事。为了让郑庄公放心，竟与郑国互换儿子做人质，成为天下人的笑柄。虽然没有点明这件事具体发生的时间，但能够猜测是在宜臼去世的前几年内发生的。看到这里，读者会心生疑问，虢国不是被郑武公灭掉了吗？怎么此刻又出现了一个国君？

郑武公灭掉的那个虢国史称东虢，自西周初年便已存在，而扶立携惠王的虢国被称为西虢，两个虢国的祖先来自同一个家族。既然东虢已经被郑武公灭掉了，那么这个被宜臼封为卿士的虢国之君就应该来自西虢，可是，西虢明明扶立过宜臼的叔叔余臣，应该是叛臣，怎么又会得到宜臼的扶持呢？

没有史料可以作为依据，关于余臣死后虢国的表现更无从得知。也许西虢国君见大势已去，立即向宜臼俯首称臣，而无力讨伐、急于恢复生产建设的宜臼也就不计前嫌，以德服人。到了执政晚期，郑国越发嚣张跋扈的姿态令宜臼感到焦虑不安，此时便打算利用东迁的西虢来与郑国抗衡。以上只是一种推断，此事引发的后果却激化了周、郑之间的矛盾，原本有拥立之功的郑国成为周王心中的一根刺，而曾经的叛臣则成了心头肉。就在周王宜臼五十一年的三月，宜臼走完了漫长而又波折的一生，谥号平。

他的孙子林继位为新的周王，他登基后第一件事就是要剥夺郑国的权力，将政事委托给虢公。郑国愤怒了，来找周王室的麻烦，周王林威严扫地却又无可奈何，从此与郑国结下深仇。

关于周平王一生的功过是非，不同时期的史家有着不同的评判。在《左传》中，我们可以看到来自"君子"的一些微词，当周郑交换人质时，他用了"信不由中，质无益也"八个字来评述，虽然未点名批评的对象，但可以猜到是在对周平王偷偷另立卿士而感到不满。时间延至汉代，《毛诗序》对《诗经》的解读中也常常可以看到"刺平王"这样的字眼，并说"周人怨思焉"，意即其统治下的周人对他心存怨恨。究竟作者在当时是否可以看到今人已无法看到的史料，我们无从得知，也许汉代人只是出于儒家学说的思维观念而附会诗歌的含义进而提出批评。到了宋代，朱熹同样从儒家思想出发，认为周平王与申侯联合弑君父是大逆不道之举，"又不能行其威令于天下"是帝王的失职。今天，史学家从东周整个的变革所带给华夏巨大的影响这一角度来看，将平王东迁定义为划时代的大事件，没有对周平王个人进行苛责。但与此同时，周平王的个人形象渐渐萎缩，退化成了一个历史事件的代名词，也许，后人对他的评价从来都不公允，他的声音或许随着周代原始史料的消亡而永久湮没，又或许，囿于当时的现实，他根本无力发声。

他开创了一个永不属于他的伟大时代，他延续了一个王朝却不是中兴之主，他亲眼看见悲剧更迭、王命衰微而无能为力，无论是批评或是赞扬，于他而言都是辛酸的吧？他也不过是一个平凡人而已。

第三章

鲁隐公

非君之君

我们所熟知的春秋时期，可以说始于鲁隐公（前722～前712年在位）。①

因一部《春秋经》，鲁隐公作为排列在第一位的鲁国国君，占有了十一年的位置，承载了这十一年里列国间的动荡不安与风霜雨雪。但有趣的是，在这十一年里，他常常被忽略，抢占舞台中央位置的是郑国、卫国和宋国的君臣，而鲁隐公似乎仅退化成了一个纪年的形式，却被人遗忘他也曾是一个有血有肉的人。

虽然是配角，也有他不同寻常的人生。

鲁隐公也是一个有故事的人。

也许你还不知道，他其实并不是国君。

得而复失，失而复得

鲁隐公是鲁国第十三代君主鲁惠公的庶长子，《史记·鲁周公世家》中记载，他的名字叫息②。她的母亲来自宋国，姓子，史书称"声子"。司马迁在介绍她时说她是"贱妾"——初，惠公适夫

---

① 孔子所修订之《春秋》起于鲁隐公元年（公元前722年）。由于《春秋》以鲁国国史为基础编写而成，所以当时的"诸国大事"均以鲁国纪年来记录。——编者注

② 《史记·十二诸侯年表》中记载其名为息姑。第396页，上海古籍出版社，2011。

人无子，公贱妾声子生子息。想必出身十分低微，即便是国君之女，也应该是身份低微的侍妾所生。但她却是《左传》开篇后第三个出场的人物，史书对她是这样介绍的：

> 惠公元妃孟子。孟子卒，继室以声子，生隐公。
> ——《左传·隐公·传》

以此判断，声子应当是当年孟子嫁到鲁国的陪嫁，也就是媵妾。孟子无子而亡，声子生下了一个儿子，按引文的说法，似乎声子的地位没有那么低贱了，而是被扶了正。史书中没有关于声子是否受宠的记载，如果仅仅依照《左传》的记载来推断，至少她是拥有一定地位的。我们可以先看一个旁证：

> 公之为公子也，与郑人战于狐壤，止焉。郑人囚诸尹氏，赂尹氏，而祷于其主钟巫，遂与尹氏归，而立其主。
> ——《左传·隐公十一年》

这是一段重要的记载，在本文的后半部分还会提到。它之所以重要，主要是揭示了鲁隐公死亡的前因，但结合他的出身，便暴露了另一个线索，即在鲁惠公当政时期公子息是较受重视的一个儿子。在与郑国的对抗中他孤军深入，乃至被俘，在通过贿赂等手段回到鲁国后可以根据自己的意愿供奉郑国人的主神，这些似乎都可以证明他在鲁国公室中具有一定的自由和自主权。儿子有这样的地位，反过来可以推断母亲所受的待遇并不低。

作为鲁惠公的长子，尽管是庶出，但能打仗，有头脑，母亲也有了一定的地位，将来继承君位的想必一定是他无疑。谁知，人算不如天算，事情突然发生了大变故。

司马迁用他的笔告诉我们，声子被称为"贱妾"不是没有理由的：

> 息长，为娶于宋。宋女至而好，惠公夺而自妻之。
>
> ——《史记·鲁周公世家》

短短一句令人瞠目，其缘由不仅仅是谨守周礼的鲁国内也会发生这样的丑闻，还在于司马迁的记述是历史的孤证，其他现有史料中都没有类似记载。《史记索隐》就说："《经》《传》不言惠公无道，《左氏》文亦分明，不知太史公何据而为此说。"千百年来，这始终是个未解谜团，但对待男女之事，某些人宁信其有不信其无，故虽古时正统史家质疑，这一行短短的文字却总难以摆脱深藏于他们的那颗八卦之心。

究竟是《左传》为自家君主避讳，抑或的确只是一条绯闻，虽无法得出确切的结论，但关于这位美丽的宋女，《左传》是有较详细的记载的：

> 宋武公生仲子，仲子生而有文在其手，曰为鲁夫人，故仲子归于我。
>
> ——《左传·隐公·传》

查《史记·十二诸侯年表》，知仲子生于宋武公十八年（前748年），时当鲁惠公二十一年，很显然，两人是老夫少妻，这似乎给司马迁的说法提供了一个佐证。有趣的是，宋武公总共在位十八年，也就是说，仲子是在宋武公去世那年出生的，极有可能是遗腹子。如此说来，其母亲可能只是一般侍妾，也就是说，仲子想必是庶出。再查宋武公继位之年正值鲁惠公四年（前765年），可见，两位国君年纪可能相当，鲁惠公的原配孟子和继室声子皆应是宋武公的姐妹，即宋戴公之女。那么，从辈分上来看，仲子与鲁惠公是两代人。

以上的一些细节似皆可以看作司马迁之记述的旁证，公子息与仲子也的确是各方面都匹配的一对。那个关于仲子出生时手上有"鲁夫人"字样的传说，先不考虑真伪以及史学家们的各种考证，它的存在并不与嫁给公子息相矛盾。在当时，鲁惠公已老，公子息早已成年，身为长子，屡上战场，谁都猜得到他就是未来的国君，仲子嫁给他当然就是未来的鲁夫人。

谁知，仲子来到鲁国，国君横刀夺爱，据子妇为己有，却不知这好色之举引发了后来一连串的悲剧。

公子息不止失去了妻子这么简单，不久他就发现自己失去了原本就要到手的一切。

仲子做了鲁惠公夫人后生下一个儿子，取名允。子以母贵，公子允顺理成章地做了鲁国的太子。原本将属于公子息的君位如此轻松地就被这个婴儿抢了去，他岂能甘心？虽然史料中没有关于他心理感受的文字，但从他后来的作为中可以推断，他自幼就是按照成为国君的方向培养的，鲁国上下也都默认他将会继承大统，突然出现的太子允让原本既定的航线拐了弯，恐怕不止公子息一人心有不甘。

果然，太子允出生没几年，鲁惠公薨，新君年幼历来是大忌，很可能会引发一系列动乱。为了解决这个难题，鲁国大胆效仿古人：太子允没有立即继位，公子息却以摄政为名执掌起了鲁国的国政。

很显然，公子息是在效仿先祖周公旦。众所周知，周武王早逝，儿子成王年幼，于是周公旦出面主持大局，后来还有还政的美谈。虽然历史的真相在今人眼中尚存争议，但可以看出，在公子息决定摄政的时期，鲁国人对周公还政的美谈是深信不疑的。鲁国公室之所以选择公子息，除了这些年他是默认的继承人外，也可推测出他的能力曾受到了一定程度的认可，虽然不是所有人都看好的最佳人选，但也的确没有比他更适合的人来担当此任。

鲁国的未来交给了这个年轻人[①]，而当年原本是他未婚妻的惠公夫人仲子，于他摄政的第二年病逝，终年不过二十七岁。也许，在鲁国的生活并没有给她带来快乐，儿子的到来并不能弥补她的失望，相反地，只会带给她更多的忧虑。而这忧虑不但未能解决任何问题，最终还要了她的命。

摄政之初的隐忍

按《左传》的惯例，在生前称呼一国国君是以国名+爵名+人名的方式，但公子息始终不是真正的国君，称鲁侯总觉得别扭，就姑且称其为鲁君息吧。

形式上，鲁君息得到了他曾失去的执政者之位，但大家都明白，他只是摄政而已。他不是没有发展成国君的可能（抑或称为隐患），但在当下，显然有些人并不将他放在眼里。就在他摄政之

---

① 史书中未记载鲁隐公的生年，若司马迁关于仲子的记载属实，则可推断他或稍年长于仲子，摄政时不满三十岁。

初的几年里，他的地位是较为尴尬的。

朝臣抗命是他遇到的难题。鲁君息元年（前722年）四月，大夫费伯就私自在郎地驻军，军事调动没有事先请示，《左传》里说"非公命也"，看似简单，实则是给摄政没几个月的鲁君息一个难堪。就在同年底，郑、卫交恶，拉拢小国打作一团，参与者就有鲁国的邻国邾国。邾国是鲁君息执政后第一个结盟的诸侯国，此时打算向鲁国请求援手。但奇怪的是，他没有请示摄政的鲁君息，而是"使私于公子豫"。公子豫是鲁国大夫，还算给摄政面子，主动来请示，鲁君息出于各方面考虑没有批准。岂料，公子豫竟然私自带着人马出战了，非但如此，竟在没有摄政授意的情况下与"邾人、郑人盟于翼"，完全不把鲁君息放在眼里。此处，《左传》又用了"非公命也"四个大字来评价，而此刻的这四个字所包含的谴责意味明显多于年初对费伯的评价。

紧接着，鲁国都城曲阜新建了南门，再次出现了"非公命也"的字样。一年之中接连有三件大事没有经过摄政的批准而私自执行，可以想见在这一年中鲁国的政局是不太稳定的，虽然有相当一部分人支持鲁君息，但也有很多人我行我素。面对这一切，鲁君息并未采取任何行动，只是默默忍耐。

鲁君息有自己的打算，他把此刻的重心放在了外交上。

鲁君息摄政的第一年是个多事之秋，外部局势对鲁国并不十分有利。前一年，鲁国与宋国尚在交战，虽然鲁国取得了胜利，但鲁惠公却在此时去世，让鲁国顿时陷入危机四伏的空虚状况。眼下太子年幼，摄政不稳，如果一味恋战，国内很可能发生动荡。鲁君息于是决定见好就收，稳住外患，一行摄政便谋求与宋国媾和，终于在当年九月签订和约，使鲁国南境暂时解除了战患。

次年（前721年），鲁君息又与北方的戎结盟，暂时免除了北部的边患。然而，他还来不及松一口气，便又被卷入了他国纷争。

《左传》开篇之时，郑国与卫国是舞台上的主角，也是当时最不安宁的两个诸侯国。当年鲁君息不允许公子豫带兵参战，就是不想让鲁国无辜卷入他国仇杀，以免引火烧身。但局势愈演愈烈，连宋国也被卷了进去，宋国走了郑国的路子，来拉拢鲁国参战。此时，鲁君息已执政四年，内政外交刚刚有些起色，正是求稳之时，自然不愿深陷泥潭，于是回绝了。宋国不甘心，私下去找鲁国公室一位较有势力的大夫公子翚（huī），当年公子豫的戏码再次上演，而这一次，鲁君息是愤怒的。《左传》里用词非常激烈，"疾之也"三个字已经暗示着鲁君息心中的个人情绪，绝不仅仅是冠冕堂皇的官方用词。他的愤怒除了公子翚不顾摄政的命令公然违命外，也一定程度上破坏了他几年来的辛苦经营。上一次的公子豫受郑国拉拢，是站在郑国一侧，而这一次宋国是来拉拢鲁国去讨伐郑国，如果鲁国再次参战，便是左右摇摆的墙头草，这对一向以周公后人为骄傲的鲁国来说是不堪忍受的，作为一个准国君，他尤其不能忍受。

公子翚私自出兵一事发生在这一年年底，看起来是件小事，毕竟，鲁国没有吃亏，小胜郑国。但于鲁君息与公子翚个人而言，却无意中埋下了悲剧的伏笔。鲁君息不再信任公子翚，也许始终对此耿耿于怀，这成了他们之间产生终极矛盾的一个导火索。

第一次正式登台

摄政的前四年，鲁君息的面目是模糊不清的，没有关于他性情为人的正面描写，只能从他对待人事危机时的反应和一系列外交政策中判断他应当是一个隐忍沉稳之人。《春秋》和《左传》虽然是鲁国的史书，但这四年里，鲁国没有发生任何值得详细书写的大事，也没有特别的什么人引起大家的注意。终于在第五年（前718年），这个沉静的局面被打破了，一向以息事宁人为准则的鲁君息突然露出他的真面目，且是那么任性，那么不同往常。

也许是四年来的紧张情绪需要一个缓解，也许是之前与公子翚的不愉快需要释放，五年春，鲁君息打算搞一次远游，去鲁、宋交界的一个叫棠的地方"观鱼者"，就是观看渔人陈设渔具捕鱼。鲁君息为什么喜欢看捕鱼，又为什么要离开曲阜去边境看捕鱼，史书上没有任何解释，他自己倒是给出了一个解释："吾将略地焉。"也就是我要去边境做巡视。他之所以要如此解释，是因为公室的长辈中有人出来反对他的行动，并给出了一整套极具说服力、不容反驳的理论，这个人叫臧僖伯，他是这么说的：

> 凡物不足以讲大事，其材不足以备器用，则君不举焉。君，将纳民于轨物者也。故讲事以度轨量谓之轨，取材以章物采谓之物，不轨不物，谓之乱政。乱政亟行，所以败也。故春蒐、夏苗、秋狝、冬狩，皆于农隙以讲事也。三年而治兵，入而振旅，归而饮至，以数军实。昭文章，明贵贱，辨等列，顺少长，习威仪也。鸟兽之肉不登于俎，皮革、齿牙、骨角、毛羽不登于器，则公不射，古之制也。若夫山林川泽之实，器用之资，皂隶之事，官司之守，非君所及也。
>
> ——《左传·隐公五年》

听起来十分枯燥，主旨却很简单，即认为摄政一如国君，不合身份的事不要做。国君应该做什么、不做什么都有典章制度，要严格遵守，决不能任意妄为，不是国君职权范围内的事一律不能做。臧僖伯的话非常有道理，鲁君息当然只能顾左右而言他，但有趣的点并不在臧僖伯的大道理上，而恰恰在鲁君息自己身上。他究竟是怎样的一个人？

当父亲抢走未婚妻，他选择了沉默；当到手的太子位和君位转眼被夺，他保持了沉默；当朝中大臣三番五次违命抗命、目中无人，他仍没有给出惩罚。不得不说，他真的将忍字做到了极致。从他一系列的外交政策来看，他是一个谋求沉稳、顾全大局的人，把自己藏得很深，不把任何真面目暴露给外人。这样的人是容易被忽略的，但也往往有其可怖的一面，他可能深藏某种罪恶，等待报复的时机。那么，鲁君息是这一类型的人吗？"公矢鱼于棠"这件事似乎在告诉读者，他不是，他只是一个拥有正常人需要的普通人。

他的爱好和释放自己的方式其实不足挂齿，在生产力不发达、娱乐方式较少的时代，他为图新鲜到边境走走看看是件正常而普通的小事，与今天的人们选择一个时间出门旅行是同一个性质，也不完全排除真有借机观察边境情况的意思。鲁君息选择在这个时间点去棠地游玩，也许是他压抑情绪的一个爆发，而当他遭到阻拦时所给出的搪塞之词与周平王在郑庄公面前羞于承认则异曲同工。周平王恐惧郑庄公的强势，鲁君息未尝不对臧僖伯心存隐忧，毕竟，这几年来让他难堪的人实在太多，逼得他喘不过气来。而他到底也是个软弱的人，以谎言来缓和局面，连一句硬气的话都不敢说，反倒让对方轻视自己。果然，臧僖伯称病不从，鲁君息几个月前在公子翚面前受到的闷气还没来得及散，老臣臧僖伯就又给他脸色看。此时，我们大概能够感受到他心中的酸楚，空有周公之位却无周公之魄力手腕，勉强支撑着里里外外，功劳苦劳都无人记，稍有不慎就遭长辈当面教训。初读《左传》，感受到的是鲁国礼法的刻板，反复咀嚼后，难免对鲁君息产生同情。但不得不说，软弱的国君往往只能招来后人的轻笑，"公矢鱼于棠"成了鲁君息摄政时期的一个笑谈，始终在史书中伴随他左右。

然而我们又不得不承认，鲁君息固然软弱，却绝非昏庸无能之辈。他为鲁国打下的基石将在其摄政的后半期内完成，也为鲁国后代执政者的内外政策留下了范本和框架。

在列国间寻找自己的位置

鲁国是周公之后，自建国起就是不可小觑的大国，更因享有天子礼乐而比其他诸侯国更显优越地位。平王东迁时，鲁孝公没有错过历史机遇，有拥立之功[1]，尽到了周公之后的责任。然而，鲁孝公很快去世，继任者鲁惠公虽在位长达四十六年，却没有什么值得书写的作为，只有晚年强占儿媳和打败宋国的事被草草记了一笔。鲁国虽仍是鲁国，但在当时华夏的舞台上，郑国异军突起、遥遥领先，鲁国曾与之交战而未讨到任何利益[2]，相比来说，已经落后了。

鲁君息摄政以来，他奉行的原则是夹缝中求生存，以忍耐换取国内暂时稳定，以结盟换取鲁国稳定自己的时间。他应当已经敏锐地观察到鲁国在列国间正处于劣势，最好的办法是以"无为"的方式自保。但很显然，这只是权宜之计，一方面，国内强硬势力屡屡拆台，另一方面，列国间你争我夺，当然不会坐视鲁国偏安享太平，势必要来拉他下水。

---

[1] 《古本竹书纪年》载："申侯、鲁侯及许文公立平王于申。"查《史记·十二诸侯年表》，此时在鲁孝公执政的末年。

[2] 即前文提到的狐壤之战。

正当此时，鲁君息及时调整对外政策，一改往日作风，开始大踏步地参与到外部事务之中，鲁国也从此时开始正式彰显其春秋早期的大国地位和身份。

不过，扭转故有局面的契机并不是鲁君息主动寻求的，而是有人先抛来媚眼，这个人就是郑庄公。

> 六年春，郑人来渝平，更成也。
>
> ——《左传·隐公六年》

此时的郑国一家独大、所向披靡，高傲得连周天子都不放在眼里。但因为它是新兴霸主，原有的强国个个不服，特别是卫国，由于地理接壤的关系，总是主动或被动地与郑国发生战争。以往，鲁国的大策略是中立回避，想必郑庄公心知肚明，鲁国的不参与也的确在客观上有利于郑国。但列国形势瞬息万变，不主动争取，潜在的朋友就会变成未来的敌人。虽然公子翚率军参与伐郑不是国君的意思，但难保鲁国不会因此发生政策和战略的调整。连年征战使得郑国处于孤立的境地，郑庄公急需新的朋友以扭转不利的局面，于是，他主动向鲁国伸出了友谊之手。

鲁君息毫不犹豫，立即与郑国正式建交。

鲁、郑两国原本是有矛盾的，否则公子息当年不会战败被囚。大约从此后，两国便形同陌路，没有任何实际意义上的邦交。而面对新的复杂的外部局势，鲁君息看到了郑国的强大，也看到了郑国的需求，这也正是鲁国的需求。与大国交好一直是他的外交策略，而与郑国结盟也有着更深一层的意义。鲁国的北面还有一个强大的国家，两国多年不和，没有缓和的契机，长久对立下去有百害而无一利，这个国家就是齐国。

为什么鲁国与郑国的邦交会直接影响到齐国呢？这是因为在鲁君息摄政的第三年时，郑庄公与齐僖公在齐国的石门结盟，建立了邦交之谊。鲁国与郑国结交，自然而然地就会缓解与齐国的关系。果不其然，鲁、郑方改善关系，鲁、齐就正式结盟，郑、鲁、齐三国间形成了一个同盟关系，而这个关系带给鲁国的影响是巨大的。

首先，郑、鲁、齐同盟彻底打破了鲁国与宋国间尚不稳固的盟友关系。鲁、宋两国之间向来微妙，鲁惠公在位时一连娶了三个宋国公女，但鲁国与宋国却是战场上的老冤家，以联姻来稳固邦交的策略成了笑话。到鲁君息继位之初，原本是想与宋国紧密联结，故一上台就主动示好，却不想宋国心里总有自己的小九九，也许是对前仇耿耿于怀，并不真的把鲁国当朋友。加之，鲁君息为自保拒绝了宋国一同伐郑的请求，也让宋国对鲁国感到不甚信任。终于，就在鲁君息去棠地看捕鱼之后，宋国激怒了鲁君息，为两国决裂埋下伏笔，也间接促成了鲁国倒向郑国。

事情的经过是这样的：

> 宋人取邾田。邾人告于郑曰："请君释憾于宋，敝邑为道。"郑人以王师会之。伐宋，入其郛，以报东门之役。宋人使来告命。公闻其入郛也，将救之，问于使者曰："师何及？"对曰："未及国。"公怒，乃止，辞使者曰："君命寡人同恤社稷之难，今问诸使者，曰'师未及国'，非寡人之所敢知也。"
>
> ——《左传·隐公五年》

郑国攻打宋国，宋国不敌向鲁国求援，鲁君息得到的情报是郑人已进入国都外城，而宋使却说郑人还没到国都，军事情报的错位让鲁君息以为宋国在耍弄他，一怒之下坐视不管。这究竟是信息传递混乱所造成的误会，抑或是宋国故意撒谎，历来没有定论，但我认为前一种可能性更大，宋国当然不会火烧眉毛才想起派人求援，定然是提前部署。但郑人来势汹汹，宋使刚到鲁国，他们就已经入城，宋使的信息已经是过去时了。在古代，这样的可能性是极高的。而这件事也让我们看到了鲁君息的另一面：他并不是对谁都忍让，他也是个有脾气的人。鲁君息五年是个有趣的分水岭，在此之前，他的面目是模糊的，而在这一年，他人性真实的一面突然清晰可见，且都是那么任性，不再以忍让和维护大局为主。也许长期的压抑让他终究感到必须爆发，而爆发之后则必然要有一个质的改变。

从此，鲁国坚定地与郑国站在一处，虽与宋国偶有缓和，但也都是从鲁、郑同盟的角度出发，本质上已然决裂。失去了一个伙伴，则自然要结交新的朋友，齐国便很好地取代了宋国的位置，成为鲁国最大的盟友和姻亲。

在春秋以前，鲁、齐关系并不和睦，两国之间质的改变就是从鲁君息摄政开始的。而与宋国相比，齐国则释放了更多的诚意，在鲁君息摄政的十一年中，鲁、齐间从未有军事摩擦，齐僖公不但亲自来会盟，还派遣最信赖的弟弟夷仲年去鲁国访问以巩固邦交。齐国的诚意被鲁国人牢记在心，在接下来的五年时光里，鲁、齐同盟牢不可破，比兄弟还要亲密。由于鲁、齐接壤的缘故，两国结盟的意义影响深远，鲁君息之后两代国君与齐国间的恩怨纠葛都与这次政策变动息息相关，在以后的文章里还会细细道来。

既然加入了郑国盟友的队伍，鲁国就不可能再超然世外，不可避免地要参与到各诸侯国纷争之中。鲁君息的新政策很明确，即坚定不移地与郑国为伍、与齐国为友，凡是郑国的敌人，也都会成为鲁国讨伐的对象。鲁、齐宛如郑国的跟班，不断南下征伐各个不听郑国摆布、不愿对其释放善意的国家，郑、鲁、齐已然形成了一个强大的军事集团，一时无敌。

可以想见，随着在诸侯国中地位的提高，鲁君息在国内的政治地位也在不断提高，其威望非之前可比。然而，繁花似锦中往往潜藏着危机，就在鲁君息最风光之时，杀身之祸也在悄悄逼近。

弑君与弑兄

鲁君息一生的悲哀之处，莫过于为国家鞠躬尽瘁却落个不得善终。

自与郑、齐结盟后，关于鲁国的文字记载中就再未出现过"非公命"的字样，也再没有人公然站出来批评鲁君息的作为和政策。那个抗命出兵的公子翚也换了嘴脸，不但对鲁君息俯首帖耳，还在鲁君息十一年（前712年）时充当了外交大臣的角色，受命成功调停了邻国滕与薛的纠纷①，已经成了鲁君息面前的红人。公子翚是个精明且势利的人，当鲁君息表现得软弱忍让时，他表现得轻慢无礼；而当鲁君息得到了大国认可，在诸侯国之间的地位提升之后，他立即转向鲁君息，成为他有力的支持者。鲁君息没有计较公子翚，恐怕也出于利用之心，从公子翚的一系列表现中可

---

① 《左传·隐公十一年》："十一年春，滕侯、薛侯来朝，争长。薛侯曰：'我先封。'滕侯曰：'我，周之卜正也。薛，庶姓也，我不可以后之。'公使羽父请于薛侯曰：'君与滕君辱在寡人。周谚有之曰："山有木，工则度之；宾有礼，主则择之。"周之宗盟，异姓为后。寡人若朝于薛，不敢与诸任齿。君若辱贶寡人，则愿以滕君为请。'薛侯许之，乃长滕侯。"第82～83页，中华书局，2012。

以看出他是个能征惯战的能臣，在朝中又有一定的势力，无法轻易扳倒或铲除，最好的办法就是合理利用。公子翚也一定深谙鲁君息心中所想，但他仍有所不甘，觉得以自己的能力和实力，在鲁国的地位应当更进一步，而做到这一点的前提当然是鲁君息的地位首先要更进一步。

如何进？自然是做真正的一国之君。

鲁君息已经摄政十一年，当年年幼不能即位的太子允此时应该不小了，归政恐怕已被悄悄提上日程。但何日归政、如何归政却尚未有一个确切的安排，一切仍存在变数。公子翚敏锐地抓住了这个关键时机，主动为鲁君息出谋划策，意在劝其杀太子允以自立，他开出的条件是"求大宰"，类似于国相的地位。公子翚能够提出如此大胆且有违为臣之道的建议，可见他与鲁君息的关系已然十分亲密，甚至幻想过鲁君息已将他视为心腹。却未曾想到，鲁君息展现给他的竟是一张不够真诚的面孔：

> 公曰："为其少故也，吾将授之矣。使营菟裘，吾将老焉。"
>
> ——《左传·隐公十一年》

忽然间，那个曾经观捕鱼、斥宋使的任性摄政又给自己戴上了面具，几年来在各诸侯国间南征北战的经历并不曾改变他不愿在外人面前说真心话的本质。笔者始终不能相信，归政养老是鲁君息的真心话，若果真如此，十一年的摄政足够久，早该将还政提上日程。他此刻应该是犹豫的，不想还政又不愿背上篡位的骂名，而公子翚观察到了他的不能决断之苦，主动为他献出解决之道。只是，向来直接的公子翚没有拿捏准鲁君息的处事特点，话说得太直白，让鲁君息一时难以接受。而鲁君息的婉拒却让公子翚改变了初衷，他迅速倒向太子允，一场杀戮开始酝酿。

> 羽父惧，反谮公于桓公而请弑之……十一月，公祭钟巫，齐于社圃，馆于寪氏。壬辰，羽父使贼弑公于寪氏，立桓公而讨寪氏，有死者。
>
> ——《左传·隐公十一年》

公子翚（羽父）恐惧太子允会听到消息而报复，说明太子允自身已然成长起来，身边有一批支持者，否则不会让跋扈傲慢的公子翚感到忌惮。鲁君息优柔寡断，公子翚却无暇给他犹豫的时间，做事果决的他似也不愿二谏、三谏，索性调转方向投奔太子允，并献出了同样的计策。史书中虽然没有对十一年来太子允的成长做任何描述或记载，但依常理推断，想必是心有不满，且很可能一定程度上受到管制和打压。他正需要一个强大的支持者，需要一个转机，公子翚的倒戈正是他日思夜盼的，而从他选择立即行动这一点也可看出他性情的果决。更重要的是，他对长兄怨念日深，早已没有任何手足之情可言。鲁国虽严守周礼，但公室内的杀戮却连眼睛都不眨，太子允首开先河。而他当然还无法预料，五十年后，他的几个儿子也在宫廷内上演了一场你死我活的斗争，甚至比他当年还要凶残。

这年年末，趁着鲁君息离开国都去祭祀斋戒，太子允与公子翚合谋将他杀害。鲁君息去祭祀的正是当年从郑国将他救出的大夫尹氏所供奉的神明，却未料当年救过他性命的尹氏无法"显灵"。鲁君息如何被杀不得而知，但"讨寪氏，有死者"这个细节值得注意，可以想见，公子翚在刺杀鲁君息的同时，也杀掉了一批追随支持他的人，也许，那是一场血腥的杀戮。心狠手辣的公子翚不杀不快，而急于自立自保的太子允完美地利用了公子翚的狠辣，两人顺利扫清障碍，太子允如愿以偿，继位成为鲁侯，即鲁桓公。

鲁君息去世后谥号隐，也许是因为谥号比较特殊，人们大多在"隐"字上下功夫琢磨，却忽略了一个事实，鲁桓公原本可以不给他谥号，甚至可以将他划出公室的记载。名义上，鲁隐公摄政的十一年都应该划归鲁桓公的统治年限，所谓摄政不过是为新君服务而已。《左传》记载鲁隐公死后，用了"不书葬，不成丧也"的表达，意即鲁桓公没有为兄长举行国君级别的葬礼，这已然说明在他心中从来认为兄长的摄政实则上是在篡他的权。那么，为何鲁隐公终究获得了一个谥号，鲁国的《春秋》终究要为鲁隐公详细地记上一笔？对比那些通过政变上台而最终没有谥号的国君，我们或许可以找到一个合理的答案，这就是鲁隐公在位的十一年为鲁国做出了不小的贡献。诸侯国间地位的提升，国内局势的稳定，郑、鲁、齐三大强国的军事同盟等，都为鲁桓公之后的统治奠定了扎实的基础，没有让鲁国在群雄逐鹿中惨遭欺凌淘汰，这是鲁桓公不得不承认的事实。鲁隐公所做的一切，也许不是为了弟弟，但客观来说，对鲁国是有利的。鲁桓公继位之后所实行的一系列内政外交都是遵循鲁隐公当年摄政的原则，没有超出他打造的框架，相反则更深化了兄长的政策，鲁国从此与齐国保持世代联姻就是一个很好的例子。

被人痛恨却又被人不得不认可，完整认真地记录在册，鲁隐公的一生虽是苦闷波折的，但终究在史册间赢回了公道。

第四章

祭仲

忠奸各半

祭仲是《左传》开篇后出现的第一个谋臣，而这个人物便已集中了后世同类人物的特色与特征，虽对其着墨不及《左传》中众多耳熟能详的名臣，但依然风采不减。作为历史人物，他够复杂，多层面；作为文学人物，他鲜明突出，推动情节递进发展，为故事增强张力——总之，他是个不能忽视的人。

祭仲是郑国大夫，郑庄公的头号心腹。《左传》称他为"祭封人仲足"，说明祭不是姓氏，《史记索隐》中推测"盖祭是邑"。没错，祭音债，是祭仲所获得的一块封地，地点在今河南中牟祭亭。至于祭仲的姓氏已不可考，不过，不排除他出身郑国公室的可能性，也就是说，他可能也姓姬。

关于祭仲的名字，《左传》里也称呼他为祭足或祭仲足。《史记索隐》中认为"其人名仲，字仲足"，但今人也有不同看法，认为仲是排行，足才是名字。姑且不论孰是孰非，我们就按《左传》中最通用的称呼，叫他祭仲好了。

《左传》中没有记载祭仲的生卒年，但司马迁却在《十二诸侯年表》和《郑世家》中分别做了记录。祭仲生于郑庄公元年（前743年），卒于郑子仪十二年（前682年），享年六十一岁。[①]他先后

---

① 司马迁的记载可能有误。按《左传》记载，祭仲"为公娶邓曼，生昭公"，则祭仲很可能是代国君迎亲的卿士。另据《左传·隐公七年》载，此年（郑庄公二十八年）公子忽（昭公）娶陈国公女，则此时昭公应已（近）成年，如此反推，昭公出生前后祭仲尚未成年，那么昭公之母不可能是他安排迎娶的。故笔者推测祭仲与郑庄公年龄相近，最晚在郑庄公童年时祭仲就已出生。

经历郑庄公、郑昭公、郑厉公、郑君子亹（wěi）和郑君子仪五任国君，长年执掌郑国权柄、操控政权，政治生涯极长。他既为郑国的称霸立下汗马功劳，又对郑国的衰落负有不可推卸的责任，郑国君主对他又爱、又恨、又怕，如此谋臣，恐怕在春秋史上也是不多见的。

祭仲个人的成长和壮大与郑国第三代国君郑庄公有着密不可分的关系，他成就了郑庄公的霸业，郑庄公也造就了祭仲成为一代谋臣。祭仲对郑庄公尽心尽力、忠贞不贰，郑庄公视祭仲如同手足，胜过生命中任何一个与他有血缘关系的亲人。

忠君之臣

郑庄公继位时不过十三岁[①]，虽得君位却生活在"虎狼"的监视之中，而最令他痛心的是，这虎狼恰恰是他本该最信赖爱护的人，一个是他的生母武姜，另一个是同母弟公子段。当年郑庄公因难产而遭到母亲的厌弃，十几年来得不到母亲的谅解。武姜宠爱小儿子段，几次三番想要说服丈夫废掉长子而立段为储君。直到长子做了国君，她还不满意，暗中支持公子段壮大势力，并密谋夺权。祭仲的登场就伴随着郑国宫廷内部的较量与厮杀，这场血雨腥风既让他坚定了跟随郑庄公的信念，也让他从一个政治思想较为单纯的青年成长为一个成熟稳重的政客。

自郑庄公继位以来，连续不断地受到母亲武姜和弟弟段的威胁与骚扰，他始终保持忍耐，尽量满足他们的要求。然而，年轻

---

① 《史记·十二诸侯年表》载郑庄公生于郑武公十四年（前757年），郑武公在位共二十七年。

的祭仲看不下去了，主动站出来打抱不平：

> 祭仲曰："都，城过百雉，国之害也。先王之制：大都，不过参国之一；中，五之一；小，九之一。今京不度，非制也。君将不堪。"公曰："姜氏欲之，焉辟害？"对曰："姜氏何厌之有？不如早为之所，无使滋蔓，蔓，难图也。蔓草犹不可除，况君之宠弟乎？"公曰："多行不义，必自毙，子姑待之。"
>
> ——《左传·隐公元年》

事件的起因是公子段在自己的封地京修造高大的城墙，其规模远远超出了作为国君之弟所应有的标准，甚至胆敢凌驾国君，与国都新郑比肩，犯了大忌。公子段敢如此嚣张，当然离不开母亲武姜的包庇，这也恰恰是郑庄公漠视隐忍的重要原因。祭仲看出了公子段的野心，替国君着急，主动进谏，而国君却以母亲武姜为理由搪塞，这让祭仲更加焦躁，甚至说出了对先君夫人大不敬的话。祭仲固然是一片诚意，话说得在理，问题看得分明，但也在无意中犯了忌讳，过于锋芒毕露。可以看出，此时的祭仲年纪尚轻，有一腔热血，有忠君之心，有维护礼制的信念，也有眼中不揉沙子的正义感，但缺乏政治历练和打磨的年轻人也往往容易思想行为过激，甚至惹来大祸。所幸，郑庄公看出了他的一片赤诚，没有责罚他的言行不当，只说了一句意味深长的话，希望祭仲能够自己琢磨出门道来。郑庄公没有看错人，此后的史料显示，祭仲果然没有再出来说话，他很可能已经猜到了郑庄公的深意，也焦急而忐忑地等待着国君接下来的行动。终于，郑庄公与公子段的矛盾爆发成一场内战，这就是著名的"郑伯克段于鄢"。

虽无确切记载，但可以想见祭仲一定参与到了讨伐公子段的战斗之中，从后来的史料看，他不但有智也有勇，是战场上的将才，可谓春秋时期不可多得的全才。

此时的祭仲正当风华正茂的年纪，郑庄公对他宠信日增，另外，两人之间还有一层比之外人更为紧密的关系。根据史书记载，郑庄公的婚姻大事是祭仲一手操持的，这位来自南方邓国的公女姓曼，按史书惯例称为邓曼。邓曼的儿子公子忽被立为太子，深得父亲赏识重用，而有了这样细密的联结，祭仲在郑庄公夫妻父子心中的地位也愈发重要，成为郑庄公跟前的头号红人，而这却也为后来郑国的内乱和衰落埋下了伏笔。

祭仲最后一次在郑国政坛上大放异彩是在郑庄公三十七年（前707年）的繻葛之战中，此后，他的政治形象将发生大的扭转，他对郑国的影响也将从积极转为消极。

繻葛之战是郑国第一次与周王室发生正面冲突，也是多年积怨爆发的结果。话说当年周平王在世时，郑庄公的强势就已经让天子感到了威胁，但周平王久经风霜，不愿与郑庄公正面对抗，于是偷偷另立卿士，企图分割郑庄公的权力。但此事没有逃过敏锐的郑庄公的眼睛，并因此深埋下了矛盾的种子。周平王不久离世，他的孙子周桓王正是血气方刚之时，恐怕早就对郑国一百个看不惯，加之他没有经历过西周灭亡和东迁的混乱与动荡，心中没有历史包袱，便也顾不得郑国的功劳，与郑庄公之间摩擦不断。郑庄公自视甚高，连周平王都不放在眼里，怎会高看从未经历过苦难的新王小儿？终于，周、郑矛盾不断升级，发展成了一场大战。

率先发难的是周桓王，他撕下伪装，彻底剥夺了郑庄公的卿士职位，郑庄公也不服软，从此不再朝见天子。周桓王见此举无效，一怒之下纠集虢、蔡、卫、陈四国军队联合讨伐郑国，大军压境，郑国面临着前所未有的危机，若败，很可能遭遇灭国之灾。

可喜的是，郑国此时能人荟萃，郑庄公英明神武，他的两个已成年的儿子太子忽和公子突也能征善战，是父亲的左膀右臂。此外，郑国还有祭仲、原繁、高渠弥三名善战的能臣，更重要的是，郑国上下人心一致，凝聚力极强。而与之相比，周桓王纠集的联军却各怀心腹事，缺乏一致的目标和必胜的信念，士气低微。果然，两军交战，周桓王的联军一触即溃。在此次大战中，郑国军队分成左、中、右三路，"祭仲足为左拒"，也就是说，祭仲独当一面，独立带兵负责左路兵马，从这短短几个字中便可看出祭仲的军事指挥能力。三路兵马配合得相当默契，不费吹灰之力就让"王卒大败"，一个叫祝聘的大夫甚至"射王中肩"，让周桓王狼狈不堪，颜面尽失。周王室自幽王被杀以来还没有遭受过如此惨烈的失败，不由令人联想到当年周幽王讨伐西申而被杀于骊山脚下，如今郑国是否也会重复西申的弑君之举？杀与不杀仅在一念之间。

郑庄公及时制止了祝聘想要乘胜追击的举动，说了一番话："君子不欲多上人，况敢陵天子乎！苟自救也，社稷无陨，多矣。"[1]意思就是君子待人接物点到为止，得饶人处且饶人，何况对方是周天子。我们郑国打的是自卫战，国家无恙就行了，不能过分。值得注意的是，郑庄公的这句话是真诚的，并非虚伪之词。当年周幽王之死的前前后后他一定了然于心，郑国是否要做西申第二？郑庄公持否定态度，这既不利于郑国的发展，也是对祖父和父亲意志的违背。郑国一直是以功臣自居的，如果此时被胜利冲昏头脑，杀了天子，那么郑国将背上谋害天子的罪名，成为列

---

① 《左传·桓公五年》，第125页，中华书局，2012。

国的敌人。郑庄公固然傲慢，但并不想做罪人。他亦深知郑国能够经历三代人的努力而有今天，与周王室的扶持和庇佑密不可分，何况他的祖父就来自周王室，郑国公室也是周王室的后代。

郑庄公非常清醒，他不但要放过周天子，还要尽力为天子挽回颜面。于是，他派人深夜到周桓王的营帐去请安，这个奉命的使者正是祭仲。

> 夜，郑伯使祭足劳王，且问左右。
>
> ——《左传·桓公五年》

没有慰问经过的详细记录，但提供的信息已足够重要。祭仲做了两件事：其一，慰问周王，或者说，就是来替郑庄公赔罪的。想必说了不少软话、好话，给足周桓王面子，也可能带来了不少贵重的礼品。其二，慰问跟随周王前来讨伐的贵族大臣，可能也包括几个国家的国君或大夫。这些人人多势众，被郑国打得落花流水，自然心存怨愤，特别是卫国，几年来一直与郑国纠纷不断，旧恨未了，新恨再添。祭仲来慰问他们，也是缓和列国与郑国之间的矛盾，尽量不结下梁子，以免为日后埋下隐患。祭仲想得甚为周到，而郑庄公选择他来完成如此艰巨的任务，可以推测此时的祭仲早已不是当年心直口快的莽撞青年，而是胸有城府、能说会道，善于察言观色、随机应变的谋臣，可以代表郑庄公个人说话办事。

祭仲出色地完成了任务，直到郑庄公去世，周、郑之间都没有再发生军事冲突，当然，周桓王也意识到了周王室的衰落和郑国的强大，无力再与之对抗。对祭仲个人而言，其个人成就已然达到了一个巅峰，在郑庄公一朝已是顶点，是一人之下万人之上了。然而郑庄公已入晚年，仅六年后便离开人世。人谓一朝天子一朝臣，深得郑庄公宠信的祭仲将何去何从？他与新君之间能否相容？其为人又会有哪些转变呢？

祸国之臣

郑庄公去世后，郑国在短短八年之间便先后更换了四任国君，这对郑国来说是一个不小的伤害。正是在这八年中，郑国从不可一世的小霸之国衰落成一个夹缝中求生存的二流国家，这离不开大的诸侯国之间局势的变化和外力的作用，但更重要的还有其内在原因，而这内因则多半与祭仲息息相关。

> 郑昭公之败北戎也，齐人将妻之，昭公辞。祭仲曰：
> "必取之。君多内宠，子无大援，将不立。三公子皆君也。"
> 弗从。
>
> ——《左传·桓公十一年》

这段文字记载的年份恰是郑庄公去世的那一年，但它是一段倒叙，或者叫追述，此事发生的具体时间在五年前。那时齐国遭受北戎的侵扰，请求郑国出兵支援，郑、齐两国已是多年同盟，郑庄公慷慨派出最宠爱的儿子太子忽率兵救齐，结果大破北戎军队，俘获其首领献给齐僖公，出色而完美地解了齐国之患。齐僖公自然心存感激，也十分赏识这个优秀的储君，他本来就非常钦佩郑庄公其人，看到太子忽有其父之风，便生出招之为婿的心思再正常不过。但太子忽却断然拒绝了齐僖公的请婚，关于其背后的深层次原因，将在有关郑昭公的章节里做详细解读，在此处，

第四章
祭仲：忠奸各半

我们重点关注祭仲的反应。而祭仲竭力反对太子忽的做法，语重心长地劝他为自己打算，接受齐僖公的请婚，娶齐国公女为妻。他的话里提供了几个重要信息：其一，郑庄公身边姬妾众多，这就是滋生宫斗的温床；其二，太子忽母亲的娘家背景不够强大，故邓曼在宫斗中会落于下风，这会对太子忽造成危害；其三，太子忽还有几个可以与之争储位的弟弟，其中最具竞争力的是公子突，他的母亲是宋国雍氏家族的女儿雍姞，母家实力雄厚，非邓国可比。祭仲的话句句戳中要害，也是一片赤诚，其焦急和忧虑的程度堪比当年劝郑庄公提防武姜与公子段。祭仲有二十几年没有这样掏心掏肺、心直口快了，他为何对太子忽这么好？前文说过，他是一手操持郑庄公与邓曼婚事的人，邓曼也一定对他十分信赖。太子忽本人资质出众，大家都认为他可以成为合格的继承者，祭仲自然也愿尽心尽力。但没想到的是，太子忽固然出色，可他没有经历过父亲当年艰苦求存的生长环境，他太顺利，得到的嘉奖和赞许太多，一出生就是天之骄子，被视为未来郑国的希望，也因此过于自负、心无城府。当年父亲纵容祖母和叔叔是心有谋划，而他轻易拒绝齐僖公的请婚却是意气用事，有欠考虑。祭仲的话他一句也听不进，而他的自负终于为自己酿下了恶果。但他万万不会想到，害他的人正是当年苦口婆心劝谏他的人——祭仲。

> 宋雍氏女于郑庄公，曰雍姞，生厉公。雍氏宗，有宠于宋庄公，故诱祭仲而执之，曰："不立突，将死。"亦执厉公而求赂焉。祭仲与宋人盟，以厉公归而立之。
>
> ——《左传·桓公十一年》

果然不出祭仲所料，郑庄公一死，雍姞的母家立即行动起来，先是将祭仲和公子突骗去宋国，继而分头拘押。一方面胁迫祭仲拥立公子突，一方面要求公子突允诺一旦继位便每年向宋国缴纳财物，这也就让郑国成了宋国的附庸。在此之前，祭仲一直是一个形象正面的忠臣，为郑庄公和太子忽父子披肝沥胆，不计较个人的得失。然而面对宋国的威胁，他选择了屈服，转而允诺扶立公子突继位。尽管他明白这并非郑庄公生前所愿，也对不起太子忽和邓曼这些年来的信任，但还是这么做了。祭仲的转变不可谓不大，甚至看起来有些突兀，然而，细究其缘，还是可以找到其中逻辑的。

首先，祭仲对郑庄公的忠诚源自对其个人魅力的折服和仰慕。虽然郑庄公未能名列春秋五霸，只能屈居小霸，但论个人风采，郑庄公不输任何一霸，在笔者看来，论个人素质和政治眼光，他是远超其五人之上的。而在郑庄公生前，列国中没有任何一任国君可与其匹敌，这就更凸显了他无与伦比的气度和魅力。祭仲能效力于这样的君主，内心深处应当是骄傲和满足的。但也因此，郑国作为一个国家就显得缺乏重要性，祭仲的忠诚只是针对郑庄公个人而已。我们是否可以大胆推断，假如郑庄公各方面不敌公子段，那么祭仲便会背叛郑庄公而转投公子段。

其次，来看太子忽，应当说，祭仲对他是充满个人感情的。由于祭仲在郑庄公与邓曼的婚姻中起到的特殊作用，这种感情或许更接近于父子之情或师生之谊。但也恰恰因此，祭仲心中难免会有恨铁不成钢之叹。太子哪儿都好，就是太任性自负，而且往往在关系重大的事情上鲁莽行事、不计后果，这也难免会让祭仲感到失望。显然，祭仲对太子忽的感情是对郑庄公崇敬和拥护之情的延续，不够深挚，较为薄弱。有了这样的前提，也就不难理解他为什么会在关键时刻倒向公子突了。

祭仲的背叛对太子忽有着致命的打击，他是太子忽唯一的支持者，也是郑国国内最有权势的人，现在他拥立公子突，太子忽无奈，只得出奔。宋国如愿以偿扶立公子突继位，是为郑厉公。但很显然，祭仲与郑厉公之间缺乏感情纽带，就更别提信任和忠诚了。郑厉公固然优秀，但祭仲并不把他放在眼里，虽拥立其为君，但郑国的大权却牢牢地掌握在祭仲手中，这让郑厉公感到非常气愤，于是生出了除之而后快的想法。

祭仲专，郑伯患之，使其婿雍纠杀之。将享诸郊，雍姬知之，谓其母曰："父与夫孰亲？"其母曰："人尽夫也，父一而已。胡可比也？"遂告祭仲曰："雍氏舍其室而将享子于郊，吾惑之，以告。"祭仲杀雍纠，尸诸周氏之汪。

——《左传·桓公十五年》

郑厉公想了个办法，收买祭仲的女婿，设计诱骗祭仲到郊外，借宴饮之机将其杀害。事情想得很美，可惜却被祭仲的女儿获悉，紧接着，春秋史上一出趣闻诞生了。雍姬不知如何是好，亲情和夫妻情间难以抉择，于是去询问母亲。母亲说谁都可以做丈夫，但爹只有一个，这能比吗？这一番话可谓震古烁今，于今人看来亦可谓大胆毒辣。中国两千年来受儒家思想影响，对女子在婚姻中扮演的角色、遵循的原则有着极为明确和严格的要求，即婚后从夫。为了绝对保障男性的财产和会社地位，女性要绝对附庸于男性，故在后人眼中，此时的雍姬应当服从丈夫的意志。然而，在春秋时期，特别是春秋初年，这样的想法并不是时代主流，又或许根本尚未诞生。这也就是为什么雍姬之母的话听起来如此石破天惊，无法被后世所接受。在一系列春秋故事中我们也可以看到，当丈夫与父亲（即夫家与母家）发生矛盾和利益冲突时，女性大多会选择站在母家一方，竭尽全力为母家争取利益，甚至不惜牺牲自己的性命。这一方面当然有政治利益对自身影响的考量，但也不可忽视个人情感在其中所起到的关键作用。回到雍姬的抉择中来，她去询问母亲，并非在考虑礼与义，而是朴素的个人情感的对决。母亲的话则更为复杂，也许这是当时时代的朴素观念，但也难免不掺杂个人情感，毕竟，祭仲是她的丈夫，她自然要竭尽全力保障丈夫的权益。祭仲的身后也自然有一个庞大的家族和利益集团需要他来支撑，其盘根错节的利益关系不言自明。

获得准确情报的祭仲迅速采取行动，率先动手杀了女婿，还不解恨，故意陈尸池塘之上，让郑厉公明白自己不怕他。郑厉公害怕了，又恨得咬牙切齿，却分外无奈，带上雍纠的尸体逃离了郑国。

郑厉公的出逃正中祭仲下怀，他本来就不待见郑厉公，趁此时机立即接太子忽回国，拥立为君，这就是郑昭公。

可惜的是，郑昭公回国仅两年就被大臣刺杀，而郑国局势的动荡也引来了列国的虎视眈眈。郑昭公回国复位的第二年，鲁、宋、蔡、卫便联合起来，以为郑厉公打抱不平的名义讨伐郑国，此时郑国底子尚厚，列国没能讨到什么便宜。但也不能不说，频繁的国君更替和军事行动一定程度上损伤了郑国的元气，小霸之国已经开始走上了下坡路。

而郑昭公的死又足以看到祭仲冷酷漠然的一面。

郑昭公是被大夫刺杀身亡的。刺杀郑昭公的大夫名叫高渠弥，是当年与祭仲在繻葛之战中并肩作战的老臣。他与郑昭公之间的恩怨以后再说，单说面对此事时祭仲的反应，实在令人心寒。依礼，刺杀国君是大逆不道之举，郑昭公又与祭仲有私人感情，是祭仲两度扶立的国君，出了这么大的事，手握郑国权柄的祭仲应该第一时间惩处高渠弥才对。然而，祭仲并没有做任何事，相反却与高渠弥走到了一起，成了共同操纵权力的盟友。

郑昭公一死，祭仲立即与高渠弥联合扶立新君子亹。此时，齐国逐步走向强大，新君齐襄公骄横跋扈，列国不是其对手，中原的不断征战也给了偏安东北的齐国以发展壮大的有利时机。郑君子亹继位不到一年，齐襄公在首止举行会盟，要求郑国国君去参加。面对齐国的要求，祭仲与子亹的表现相异。子亹既没有父亲的神武，也没有两位兄长的善战，他是个平庸的人，面对齐襄公的骄横，心中非常恐惧。据说，他年轻时与齐襄公结过仇①，而就在首止会盟之前，齐襄公不顾礼法邦交，公然杀害鲁桓公，恶名震慑诸侯。子亹自然更加惶恐不安，但若不去参加，又怕齐襄公会因旧恨新怨而报复他，拥立郑厉公回国复位，于是选择屈服。祭仲也看出了齐襄公的野心，觉得此去凶多吉少。守在家中，即便外敌入侵，以郑国的实力还可以抵抗；但如果离开了大本营，就等于将性命交给了别人，恐怕会有去无回。祭仲的眼光是敏锐的，果不其然，子亹死在了齐襄公手上，根据《左传》的记载，齐襄公还车裂了高渠弥②，而祭仲因称病不往躲过了一劫，继续在郑国掌权。子亹死后他又立即扶立了子仪③，但子仪显然也是个平庸之辈，只是较之前三个兄长听话些，安于做一个傀儡国君。

---

① 《史记·郑世家》："子亹自齐襄公为公子之时，尝会斗，相仇。"第1393页，上海古籍出版社，2011。

② 《史记·郑世家》记载："高渠弥亡归，归与祭仲谋，召子亹弟公子婴于陈而立之，是为郑子。"第1394页，上海古籍出版社，2011。与《左传》记载有出入。

③ 《史记·郑世家》中称子婴。

子仪在位十四年，前十二年受到祭仲的保护，国君之位坐得安稳。然而，这十几年间，各诸侯国间局势又发生了大的变化，齐国不断壮大，虽发生了弑杀齐襄公的内乱，但局势很快平定，新君齐桓公任用贤能，走上霸主之路。鲁国也在新君庄公的治理下不断壮大，迅速超越了从前其努力巴结讨好的郑国。而祭仲在这十几年中却没能让郑国有任何进步，远非治世能臣，倒有些乱世奸雄的意味。

郑子仪十二年（前682年），祭仲去世，他死后不久，郑厉公便杀回国内，处死了子仪和他的两个儿子，上演了一出手足相残的悲剧。

祭仲的死是一个时代结束的标志，郑国走上了夹缝中求生存的道路，而作为郑庄公曾经的宠臣，祭仲辜负了国君的赏识和信任，将个人权力置于国家利益之上，左右国君如戏弄小儿。他的后半生没有给郑国带来任何积极的进步，反倒成了阻碍国家进步的权臣。以他的资质，原本可以成为管仲、子产一类的能臣，尽管他个人的一生光耀荣华，却仍是一个令人惋惜的历史人物。不过，如果将他视为文学人物，他具备了自己的人物特色，不与其他角色雷同，一生功过参半，颇具争议性，则是塑造得非常出色了。

第五章

卫宣公

卫国的转折

在春秋早期的历史上，围绕着卫宣公（前718～前700年在位）时期的卫国历史真可谓乱哄哄一片，你方唱罢我登场，成为历经两千余年不衰的千古谈资。在故事中，他当然是一个应该批判的丑角，也是《左传》中的负面人物，历来为人所不齿。但在卫国历史的演变中，不得不说他是至关重要的一任国君。在他十九年的任内，卫国在诸侯国中的地位发生了根本性的扭转，衰落便是其标志。那么，卫宣公如何带领卫国走上了衰落之路？他的为人究竟如何？本文不谈八卦绯闻，专讲卫宣公的政治生涯。

郑卫对抗，卫败下风

卫国的确衰落于卫宣公时期，但要说这完全是他的责任，也实在冤枉。在卫宣公继位之前，卫国便已经因为内乱显出衰落的征兆，又因不断在列国间挑起事端而过度消耗了内力，卫宣公以他的无能加速了衰落的步伐。

卫国是周初分封之国，历史悠久，始终以大国自居。西周末年更出了卫武公这样文治武功、受国人爱戴的君主。周幽王被杀后，华夏局势一片混乱，"武公将兵往，佐周平戎，甚有功"[1]。卫

---

[1] 《史记·卫康叔世家》，第1275页，上海古籍出版社，2011。

国是护驾有功之国，也是借此良机的二次发家之国。如果按照这个道路走下去，卫国会与郑国、晋国、秦国等相似，不但从东迁中获取好处，也会因此逐步壮大，甚至称霸。然而遗憾的是，卫国不但未能名列霸主之位，却在原地踏步后逐步沦落，究其根源还要从卫宣公的父亲卫庄公说起。

卫庄公是卫武公之子，娶齐庄公之女为妻，可惜没有儿子。但他的众多姬妾们却为他先后生下几个子嗣，其中陈国的戴妫生下公子完，也就是后来的卫桓公。另有一个不知名的宠妾生子州吁，得到卫庄公的溺爱，为卫国的祸乱埋下种子。而卫庄公还有一个不知与何女所生的小儿子名晋，似乎并不受父亲待见，关于他的早年生活不见于史书记载，这个人就是后来的卫宣公。

公子州吁自幼骄慢，宫廷内外的人都对他颇有微词，唯有卫庄公对其溺爱有加，且对待忠臣的劝谏不加理睬。卫庄公去世后，卫桓公将弟弟州吁赶出了卫国，州吁无力反抗却怀恨在心。十几年后，郑国发生内斗，公子段流亡国外，与公子州吁同病相怜、一拍即合。而此时，公子段之子公孙滑逃奔至卫国，从此引发郑卫之间连年不断的征伐与恶斗。又过了几年，公子州吁纠集境外势力杀回卫国，弑君自立，卫国从此陷入动荡不安的局势。

公子州吁是一个好战之人，且特别喜欢打群架，自夺位以来便不停地拉帮结伙讨伐郑国。在"郑伯克段于鄢"后最初的四年里，郑卫之间难分胜负，不断地互相伤害、加深仇恨。但很快，州吁的夺位和好战引发卫人众怒，发动政变杀死了他。之后经众人商量，一致推举公子晋继国君之位。

可是，州吁的哥哥卫桓公在位十六年之久，难道没有子嗣吗？想必是有的，但恐怕已与父亲一同死于州吁之手。那么公子晋又为何能够幸免？当州吁死后他被推举为国君之时，我们发现他此刻人并不在卫国，而是在邢国。公子晋何时去了邢国？是去做什么？史书虽未记载，但有两种可能：一种是卫桓公继位时他自动离开，这种现象在春秋时期并不鲜见；另一种则很可能是州吁弑君时他为保命而仓皇出逃，这在春秋时期也是较为常见的。由于史书没有记载公子晋的生年，我们无从知晓他此时的年龄，但根据其长子伋子的年纪推算，公子晋此时四十岁左右。①至于群臣一致拥立他的理由，想必是因为他无甚出格之举，虽无天资却也无大过吧！

可是，事实没这么简单，公子晋年轻时曾经犯下一个错误，他与父亲的庶妾私通，还生下了三个儿子。也许，群臣此时并没有认为这是件多么重要的事，也无法预料到此事将引发的一系列后果，他们不得不赶鸭子上架，因为当时实在没有其他合适的人选了。

公子晋升格为卫侯晋，前尘往事不必计较，父亲的庶妾做了自己的正牌夫人，私生子做了卫国的太子，一切皆大欢喜。夫人夷姜是个老实人，儿子伋子也本本分分，也许这是群臣未作多想的主要原因。但卫国却正在悄悄发生裂变。

由于常年的内耗和外战，卫国已经外强中干，需要休养生息，重新积蓄实力，鲁国本应成为卫国学习的榜样。但内外两方面的现实不容卫国偏安自保，与郑国结下的仇，卫人时刻不忘，卫侯晋刚一即位便来复仇。而卫侯晋远没有鲁隐公的隐忍和远见，仍自视为中原大国，对郑国不服不忿。此时的卫国根本无法攻破郑国人才荟萃、将士齐心的强大军队，结果被郑国打得落花流水。

---

① 伋子逝于卫宣公十八年，其异母弟公子寿与其争死，也当（近）成年。公子寿母宣姜本来是伋子的未婚妻，以此推断，卫宣公继位时伋子当已成年，那么卫宣公当时为四十岁左右是较为合理的推测。

这是卫国最后一次挑头发动战争，郑国彻底将卫国击败，之后它便再也不敢寻衅滋事了。

心有不甘，勇做跟班

自卫侯晋元年（前718年）与郑国最后一次交战后，卫国安静了两年。这两年中，郑国转移了目标，与宋国结下仇怨，双方展开大战。与此同时，郑国主动向鲁国示好，结成郑、鲁、齐三国军事同盟，对列国形成了一定的威慑。面对这样的形势，宋国及时调整策略，也表示愿意与郑国休战和好，于是，卫侯晋发现自己被孤立了。

此时，宋国的国力已超过卫国，虽然不断与郑国交战，但双方基本维持平手，互有损伤，却都没有伤及元气。而当年挑头与郑国作对的卫国已经消耗过度，根本无力承担主力作战，更别说与郑国单打独斗了。这两年中，卫侯晋没有任何作为，对外没有积极邦交，对内不见任何生产建设，而那著名的抢夺儿媳的丑闻很可能就发生在这段时间内，算是他唯一的"政绩"。等到从温柔乡里缓过神来，赫然发现别人早已结成一个集团，单单将他排斥在外，心里便有些着慌，这才急忙紧跟宋国的脚步，愿与郑国修好。

卫侯晋四年（前715年），经齐僖公出面调停，卫国、宋国与郑国修好，算是暂时消除宿怨。而这次会盟也正是卫国重新选择盟友、改变外交策略的契机。就在齐、卫、宋三国诸侯会见之前，宋殇公搞了个小动作，他私下约见卫侯晋，打算先通通气儿。卫侯晋看出了宋殇公的用意，欣然应允，与其在犬丘相会。会上究竟聊了什么，史书中没有记载，但从之后卫国的一系列外交策略来看，两国达成了紧密的战略合作伙伴关系。显然，宋殇公有意拉拢卫侯晋，而卫侯晋正为自己的孤立形势发愁，眼见宋国日益壮大，自然愿意投靠。尽管宋、卫将与郑国修好，但他们都清楚，和平只是暂时的，想要对抗强大的郑、鲁、齐军事同盟，他们自己也必须联合起来。虽然卫国已江河日下，但宋国却也别无他选，眼下还能摆出大国架子且与郑国有仇怨的就只有卫国一家了。而此时的卫国急需外援，宋国正是雪中送炭，卫侯晋心里始终憋着一口恶气，宁愿做宋国的跟班，也要和郑国缠斗到底。

果然，和平维持不及一年，郑、宋之间再起战端。郑国以宋殇公不朝见天子为借口率先向宋国发难，"以王命讨之"①，宋国一不做二不休，对郑国来者不拒。攻伐因郑国突然遭受北戎入侵而暂时告一段落，但郑国很快摆平外敌，于第二年会同鲁、齐联军再度向宋国袭来。这一次，宋国孤军不敌，三国联军攻占了宋国城邑。宋国极为恼火，遂聚集卫国和蔡国的军队迅速向郑国反扑。他们抓住郑国会师在外、国都空虚的空子，一举攻入了郑国。原本是一个极好的反败为胜的机遇，却不料中间出了乱子。

与郑、鲁、齐军事集团不同的是，宋、卫、蔡三国间并没有达成紧密的战略合作关系，或者更确切地讲，宋、卫间有相互利用的成分，而两国都对蔡国保持距离，并没有真的将其当作一个阵营的盟友，只在必要的时候才去召唤一声，这就让蔡国大为恼火。蔡国是姬姓国，始祖是周武王的弟弟，也是自西周建立以来的老牌诸侯国，虽然国力不及宋、卫，历史地位却不输两国，但因地理位置偏南，始终参与不到资源争夺战中，仅作为帮手打打群架而已。当年卫州吁挑头攻打郑国，蔡国就做了跟班，可惜并未捞到太多好处，也没有因此声名鹊起。此次宋国与郑国大战，

---

① 《左传·隐公九年》，第73页，中华书局，2012。

蔡国便想借机捞些好处。而参战之后才发现，宋、卫根本不拿它当自己人，两国率先进入郑国疆域却并没有招呼蔡国，直到后来攻伐戴国时才叫上它。然而蔡军一到，郑庄公的军队便来了个包圆，蔡侯大怒，三军陷入内斗，很快便被郑军击溃。宋、卫因先期攻入郑国，或许讨得些便宜，而蔡国一来就在戴国大败，心里愤懑不堪，便为日后繻葛之战的溃败埋下了伏笔。

此后的五年中，卫国没有再参与各诸侯国间的纷争之中，而列国间却仍硝烟不断。郑、宋间仍有战争，周、郑之间的矛盾也愈演愈烈。南方的楚国在悄悄崛起，引起了中原的注意。晋国正在闹内乱，无暇参与各诸侯国事务。鲁国换了新君，并与齐国联姻。大家各忙各的，这本该是卫国发展壮大的极佳机会，可惜的是，卫侯晋并没有抓住良机，又虚度了大好的时光。

卫侯晋十二年（前707年），周、郑之间的矛盾升级为繻葛之战[①]，然而，周王室已不能仅凭一己之力讨伐郑国，于是召集了几路诸侯联合讨伐。在被召集的国家中，卫国和蔡国再次加入了作战队伍，此外还有陈国。在"祭仲"一章中已经简要地介绍了双方的优劣对比与胜负结果，从周、卫、蔡、陈联军一方来分析，其溃败的主要原因仍旧是人心不和、目的不一。周桓王为的是维护王室尊严，但卫、蔡、陈三国却并无此心。陈国刚刚发生内乱，此次参战很可能是迫于无奈。卫国怨恨郑国，无论谁挑头与郑国作对，它都愿意助阵，但卫国与蔡国之间又因五年前伐郑不利而互不信任，两国军队被分配在同一阵营内根本无法齐心协力。四方四条心，又无良将良谋，人再多也只是乌合之众而已。过多的

---

① 《左传·桓公五年》："王夺郑伯政，郑伯不朝。秋，王以诸侯伐郑，郑伯御之。"第123页，中华书局，2012。

战争除了消耗自家国力，并没有得到任何好处，三个诸侯难免对周天子心存不满。

不过，这一次的惨败倒让卫国彻底死了靠武力解决卫、郑矛盾的心，卫国不是郑国的对手，再也无法与其平起平坐。卫国需要保护，但宋国显然不合格，说不定还会将卫国拖入新的战争之中。于是，卫侯晋的目光投向了齐国。

投靠齐国，接近郑国

齐国是郑国的铁杆盟友，会接纳卫国而得罪于郑国吗？齐国当然会接纳卫国，但以齐僖公之圆滑，绝不会被卫国拖入不利之境地。

齐、卫两国有联姻之谊，齐僖公的姐姐庄姜就是卫侯晋的嫡母，而齐僖公的女儿恰是卫侯晋的夫人——宣姜。有这样紧密的姻亲关系，齐僖公怎会置卫侯晋于不顾？何况，齐僖公已经不是第一次拉女婿一把，当年就是他出面调停郑、卫、宋三国的矛盾，赢得了郑庄公极高的赞誉。可惜，卫国不自量力，频频与郑国对抗，齐国地处东北，拦不住位于西南的卫国，也就只好让它自己靠吃亏长智慧了。

其实，卫侯晋一直看好齐国这个靠山，早就对岳丈齐僖公释放过善意。

就在繻葛之战的两年前，卫侯晋就与齐僖公有过一次会面，地点就在卫国境内的蒲。《左传》对这次会面记载极为简略，只说了"不盟也"，但这三个字却用意微妙，暗含了齐、卫之间的微妙关系。

就在蒲地会面的前一年，郑、宋之间刚刚又打了一场恶仗，但这一次，卫国没有参与进来。也许是卫侯晋被上一次的失败吓怕了，又因失败而与宋国产生了嫌隙，故不再看好这个靠山。此时齐僖公捕捉到了这个信息，来卫国见见女婿，也许恰有拉拢之意。而身为卫侯晋的岳丈，自然能够得到郑国一方的体谅，不会被怀疑或是猜忌。何况，齐僖公很可能早与郑庄公有所商量，借这个机会，劝说卫国收手，不要再掺和进对抗郑国的战争中。

一般来说，两国国君见一次面，会盟是应该有的，何况齐僖公远道而来，不拿个契约有些说不过去。但结果到底只是口头表述而未诉诸文字，这到底是谁的意思便令人深思。在笔者来看，很可能是卫侯晋的意愿，目的是防止宋国见其转投郑、齐而来寻衅报复。齐僖公应该可以理解卫国的苦衷，没有执意会盟可见其通情达理之处。若不是有繻葛一战，卫国很可能再不会参与到对抗郑国的战役中，跟随周桓王作战，不排除不敢抗王命的心理。而惨败则让卫国不得不死心塌地抱紧齐国的大腿，跟了齐国也就意味着投向了郑国。

卫侯晋十七年（前702年），郑国与鲁国之间闹了矛盾[①]，郑国会同齐国前去讨伐，齐僖公很巧妙地利用这个时机，拉上卫国加入进来。这是一个很好的向郑国示好且不会有所损失的机会，郑国打鲁国只是为了一点私怨，两国间没有什么深仇大恨，故不会大动干戈，参与作战的军队也不会有什么损失，卫国的加入有利无害。果然，郑、鲁之间没有发生大的战争，此事草草收场，而卫国却凭借这个机会成功地加入了郑国的阵营，并于次年与郑国和齐国正式结盟。这是卫侯晋生前为卫国做的最后一件大事，虽

---

① 《左传·桓公十年》："初，北戎病齐，诸侯救之。郑公子忽有功焉。齐人饩诸侯，使鲁次之。鲁以周班后郑。郑人怒，请师于齐。齐人以卫师助之。故不称侵伐。先书齐、卫，王爵也。"第151页，中华书局，2012。

然终不能将卫国彻底拖出战争泥潭，却也总算在任内做了一件利国之事。

残杀太子，埋下祸端

但卫侯晋终究昏聩，他在临终前一年的所作所为令国人寒心，也给卫国的内乱埋下了祸端。

卫侯晋原本有三个儿子，即伋子、黔牟和顽，他们都是夫人夷姜所生。伋子被立为太子后与齐僖公的女儿订婚，却没料到齐女到了卫国便被卫侯晋霸占，并先后生下公子寿和公子朔。这件事成为卫侯晋一生的污点，它不但是一件有违道德伦理的私事，更是导致卫国不断发生内斗的祸事。史书对卫侯晋做法的解释着重于他的好色，这应该是最直接的缘由，不过，卫侯晋也许还有其他的考量。一方面，卫侯晋的原配"来路不正"，是先君侍妾。加之出身低微，背后没有强大的母家作后盾，从政治利益上考虑，对继位为国君的卫侯晋没有利益可图。另一方面，卫、齐联姻是两国传统，这也许正是他选定齐女为太子妃的缘由。不过，齐女做儿媳，自己和齐侯只能算亲家，齐女若做了夫人，齐侯就是自己的岳丈，这关系就能更进了一层。卫侯晋出身卑微，没有外援，回国后地位颇受挑战，因此，他也需要一个强有力的后盾，而齐国正是最好的选择。

齐女宣姜在卫的地位发生了根本性的扭转，这导致她的立场也随之发生改变。她当然希望自己的儿子成为太子，如此，原有的太子就是前进的障碍，不除不快。宣姜与小儿子公子朔想尽办法除掉伋子，卫侯晋心中的天平也早已倾斜至宣姜母子，毕竟，宣姜代表了齐国，从他的角度来看，立齐侯的外孙做储君是卫国最好的选择。于是，就在卫侯晋离世的前一年，他假借派遣太子出使齐国为由，设计害死了伋子。[①]

可是，伋子是一个善良仁德之人，想必在国人心里是有地位的，他就这样被自己的父亲给害死了，非但如此，连公子寿也一同被杀。国人心中对这位不断战败、长年损耗国力又无德违礼的国君充满厌恶，频频作诗讽刺。伋子的弟弟黔牟和辅佐他的老师们也心生怨恨，终于在卫侯晋死后联合报复，将卫惠公（公子朔）逐出国境。又过了八年，卫惠公在齐国的扶持下杀回卫国，赶跑了黔牟，杀死了辅佐黔牟的大臣。这反反复复的仇杀中，卫国陷于无休无止的内耗，国力愈发衰微，及至卫惠公之子卫懿公玩物丧志，终致卫国被狄人入侵，险些灭亡。

那时，一个国家的命运总逃不开在昌盛与衰败间起起伏伏，当陷于危机之时，国无明君贤臣则更是雪上加霜。从卫庄公到卫宣公，四任国君中无一人居安思危，挽救国运，心中只念个人喜好，完全将国家看成个人的私物。他们任性的因终于结出了残酷的果，使得卫国成为姬姓大国中最早衰落的一个。而以卫宣公为代表的卫国国君们，在春秋历史中始终以昏聩滑稽的面貌出现，虽有卫文公短暂的复国中兴[②]，终未能改变卫国留给后人的不佳形象，只有那一首首曼妙动人的诗歌千古流唱，一个个大胆刺激的故事口口相传，也许，混乱无序的环境反而更容易诞生文学作品吧！

---

① 《左传·桓公十六年》："公使诸齐，使盗待诸莘，将杀之。寿子告之，使行。不可，曰：'弃父之命，恶用子矣！有无父之国则可也。'及行，饮以酒。寿子载其旌以先，盗杀之。急子至，曰：'我之求也。此何罪？请杀我乎！'又杀之。"第174页，中华书局，2012。

② 卫懿公（卫宣公之孙）好鹤亡国，卫国只剩五千遗民迁徙至曹（在今河南滑县）。宣姜与卫昭伯（公子顽）之子公子燬（卫文公）继位，带领国人生产建设，后经齐桓公保护迁都至楚丘（在今山东曹县城东20公里），卫国复国（公元前659年）。

第六章

郑昭公

翩翩公子，短命国君

在《史记·郑世家》中，郑昭公（前701年、前697～前695年在位）首次出场是在郑庄公三十八年（前706年），司马迁对他的描述基本可以用"刚愎自用、有勇无谋"八个字来概括。几年后，郑庄公去世，郑国立即陷入争夺君位的内斗之中。郑昭公出奔又回归，无非依仗老臣祭仲的支撑，即便如此，他只短短在位两年便被刺身亡。司马迁笔下的他是郑国历史上的匆匆过客，之于整个春秋历史更是不值一提的小人物。

若不是浪漫绮丽的《郑风》那般使人陶醉，也许我们会忘记在郑国早期的历史上有过这样一个年轻的公室子弟，那时，人们称他为太子忽。

　　有女同车，颜如舜华。将翱将翔，佩玉琼琚。彼美孟姜，洵美且都。
　　有女同行，颜如舜英。将翱将翔，佩玉将将。彼美孟姜，德音不忘。

——《诗经·郑风·有女同车》

在《毛诗序》中，《郑风》中有四首诗被认为与公子忽有关，清一色都是"刺忽也"，意即讽刺太子忽的。但细读文本，大约只有这首《有女同车》似乎真的与他有些关联。《毛诗序》中是这样解读的：

> 郑人刺忽之不昏于齐。太子忽尝有功于齐，齐侯请
> 妻之。齐女贤而不取，卒以无大国之助，至于见逐。故
> 国人刺之。

　　之所以说与这首诗大约有关联，是因为"忽之不昏于齐"的确是史实，"齐侯请妻之"也丝毫不假，《史记·郑世家》中就已经有了较为详细的叙述。然而，也许是司马迁实在不喜欢这位任性的太子，对他的这段经历记载出现了纰漏。那么，太子忽拒绝齐侯请婚究竟是怎么一回事，细节经过还要从《左传》中寻得真相。在之前有关祭仲的章节中我们曾经粗略提到过几个片段，这一次来做一番详细的解读。

　　太子忽拒绝齐侯，也即齐僖公的请婚共有两次，第一次具体时间不详，第二次则发生在郑庄公三十八年。我们先来看第一次的经过：

> 公之未昏于齐也，齐侯欲以文姜妻郑大子忽。大子
> 忽辞，人问其故，大子曰："人各有耦，齐大，非吾耦也。
> 《诗》云：'自求多福。'在我而已，大国何为？"君子曰：
> "善自为谋。"
>
> ——《左传·桓公六年》

　　文中所说的"公之未昏于齐也"指的是鲁桓公与文姜的婚姻，两人成婚于鲁桓公三年（前709年），那么可以推断，齐僖公原本是想把女儿文姜嫁到郑国去的，时间在鲁桓公三年以前。那么，当时太子忽的个人情况是怎样的？他有什么资格被齐僖公看中，

又为什么拒绝这门极佳的婚事呢？

　　太子忽是郑庄公之子，母亲来自南方小国邓国。史书没有记载他的出生年份，只能从史料的只言片语中猜测。在《左传·隐公三年》这一章中，我们看到太子忽第一次登场。那一年，郑国与周王室因卿士问题发生矛盾①，周平王为了稳住气势汹汹的郑庄公，与郑国互换人质以取得彼此的信任，以达到相互牵制的目的。周平王将儿子王子狐送去了郑国，而郑庄公则将自己的儿子公子忽送去了周王室，这也是春秋历史上的第一次互换人质。没有具体记载公子忽此时的年龄，但有一个值得注意的细节是，此时他还不是太子，此后很多年里，他的出现都被冠以"公子"之称。这个称谓似乎可以透露出一些信息：其一，公子忽或许是长子；其二，公子忽此时可能没有受到父亲郑庄公特别的重视，否则怎会送去周王室做人质？其三，公子忽的年纪当在青少年时期，既不是儿童（缺乏信任度，也无法完成一些外交使命），也还没有成年。关于未成年的推断是有依据的，这就是《左传》中"鲁隐公七年"和"鲁隐公八年"中的两条史料：

　　　　郑公子忽在王所，故陈侯请妻之。郑伯许之，乃成昏。

　　　　　　　　　　　　　　　　　　　　——《左传·隐公七年》

　　　　四月甲辰，郑公子忽如陈逆妇妫。

　　　　　　　　　　　　　　　　　　　　——《左传·隐公八年》

---

① 详见前文"周平王"一章。

两周时代一般遵循成年完婚的礼制，公子忽既然于鲁隐公七年订婚（郑庄公二十八年，前716年），也许可以推断他在这一年处于成年前后，即二十岁弱冠之年。若如此，那么他赴王室做人质时在十五岁左右是可以接受的。

这样看来，当几年后齐僖公有意收公子忽做女婿之时，他已然有妻室在侧，并且周天子极有可能做了中间人。而妻子母国陈国则是老资格的诸侯国，西周初年便已立国，陈侯娶的是周武王的女儿，可谓地位高贵。当与郑国联姻之时，陈国刚与郑国讲和，起因是两国交兵，陈国落败。可见，在春秋早期，陈国仍颇有实力，并没有屈居郑国之下，衰落是之后的事。

与陈国相比，郑国非常年轻，根基不稳，全凭着平王东迁时攒下的资本，加之三代国君文治武功、贤臣聚集，这才崭露头角，借着周王室的势力发展壮大。所以，郑、陈联姻于当时而言是新兴诸侯与老牌诸侯的联合，于郑国来说是有利的。而从两国的疆域、国力等来看，郑、陈两国算是相当，郑需要陈的老资历，陈靠得郑的新地位，互有补充，算是门当户对。

为何要在此处强调郑、陈两国的联姻？原因恰在公子忽对齐僖公拒婚的理由之中，也就是成语"齐大非偶"的由来。

"齐大非偶"本身暗含的意味便是门不当户不对，如果单纯考虑郑、齐两国在春秋初年于诸侯国的地位，这句话是难以理解的。毕竟郑庄公是公认的春秋小霸，他的个人魅力和国君风采不容否定，而齐国自立国以来就是东方大国，齐僖公也曾有"小伯"之誉[1]，在后人眼中，两国可谓旗鼓相当，联姻更是珠联璧合，又何来"齐大非偶"之说？岂非无稽之谈？

---

[1] 《国语·郑语》："齐庄、僖于是乎小伯。"第581页，中华书局，2013。

但公子忽的话是有其道理的。首先，郑国的爵位较低，只是伯爵，陈国与齐国都是侯爵之国。其次，从郑、陈联姻前后这段时间的历史来看，新兴发展国郑国的确还在一个上升阶段。此时，决定郑国称霸、周王室衰落的繻葛之战还没有爆发，郑国心里也有些发虚。毕竟就在郑、陈交兵之前，还是郑国主动向陈国示好，遭到拒绝之后才发生了战争，一战而定胜负①，从此决定了两国命运的扭转。而齐僖公的第一次请婚恰恰发生在公子忽迎娶陈国公女之后不久，至于其时是否已被立为太子，更不可考。因此可以推测，公子忽拒绝齐僖公并不是因为傲慢自负，反倒恰恰是有些不敢高攀的心理。《左传》中引君子的评价，说他"善自为谋"，恐怕是赞扬他懂得分寸的意思。而列国间局势的剧烈变化让这段历史的演变过于迅速，也就让后人难以捕捉到转瞬即逝的历史细节，从而对当事人的作为感到费解。

那么反过来从齐僖公的角度看，他又为何偏偏看好公子忽？这恐怕是他对郑庄公个人欣赏之情的延续，同时也看准了崛起中郑国的前景，期望通过联姻的方式来加深两国的同盟关系。②齐僖公在选择女婿时必定是经过一番调查的，想必极为清楚公子忽父母之间成婚的经过，以及谋臣祭仲于其中起到的作用③，故他极为看好公子忽，断定其将来必有作为。果然，当《左传》中再次提到公子忽时，已是鲁桓公六年（郑庄公三十八年，前706年），我

① 《左传·隐公六年》："五月庚申，郑伯侵陈，大获。往岁，郑伯请成于陈，陈侯不许。五父谏曰：'亲仁善邻，国之宝也。君其许郑。'陈侯曰：'宋、卫实难，郑何能为？'遂不许。"第54～55页，中华书局，2012。
② 《左传·隐公三年》："冬十有二月，齐侯、郑伯盟于石门。"第24页，中华书局，2012。
③ 详见前文"祭仲"一章。

们发现此时的称谓已改作"大子"（太子），齐僖公慧眼识英，没有看错这个年轻人。只是，令他没有想到的是，在繻葛之战中一战称雄的郑国依然会拒绝齐国的请婚，那个曾经不敢"高攀"的公子忽又一次坚决地拒绝了齐僖公收他为婿的提议，这一次又是因为什么呢？又果真如《毛诗序》所说，是"齐女贤而不取"吗？

在解读太子忽的行为之前，我们先来看看齐僖公再次萌生招他为女婿的原因，这其中有一个直接的契机：

> 北戎伐齐，齐侯使乞师于郑。郑大子忽帅师救齐。
> 六月，大败戎师，获其二帅大良、少良，甲首三百，以
> 献于齐。
>
> ——《左传·桓公六年》

原来，郑庄公三十八年时，齐国遭受了来自北方戎人的侵袭，齐国力不能当，遂向郑国请求援手。郑庄公立即派遣援兵救齐，领兵之人正是太子忽。这次援齐非常成功，不但击退了戎人的侵略，还俘获了其首领和士兵，可谓出师大捷。有如此显赫的战功，齐僖公自然对太子忽甚为欣赏和感激。也许，他从太子忽身上看到了郑庄公的风采，料定他将来必是英明神武之君。此次跟随太子忽来救援的还有郑庄公最信任的老臣祭仲，齐僖公对他自然十分了解，而祭仲正是太子忽最有力的支持者，这也就表明太子忽在国内地位的稳固。此时，虽然郑国的爵位未变，但已然是列国中的一流国，齐国爵位虽高，国力和军事实力却在郑国之下，勉强平起平坐，"齐大非偶"已然是旧历史，这一切因素促成了齐僖公再次打算将女儿嫁给太子忽。

文姜已然嫁去了鲁国，且就在这一年生下了鲁国太子。齐僖

公当然要另选他人，但史书没有交代究竟是哪一个公女，故《毛诗序》中的解读是牵强的。如果强行将"齐女"理解为文姜，那自然更不符合史实，毕竟在历代史书中，文姜都是以负面形象出现的，《毛诗序》也持相同看法。那么，太子忽这一次拒绝的理由又是什么呢？

> 及其败戎师也，齐侯又请妻之，固辞。人问其故，大子曰："无事于齐，吾犹不敢。今以君命奔齐之急，而受室以归，是以师昏也。民其谓我何？"遂辞诸郑伯。
>
> ——《左传·桓公六年》

可以看出，太子忽这一次是坚决拒绝，十分不通情理，让身边人都看不下去了。而他给出的解释看似合理，却不合逻辑。太子忽的说法是，我这次来齐国的目的是解救齐国的危难，如果变成婚配，目的就不再纯粹，仿佛以此为筹码要求对方嫁女儿给我，道德上说不过去。听起来好像有些道理，但这实在是有欠考虑的举动，也并不符合事实。于是，身边的祭仲出来说话了："必取之。君多内宠，子无大援，将不立。三公子皆君也。"祭仲从郑国公室内部的权力斗争角度分析，认为太子忽虽贵为太子，但优势并不大，劲敌众多。[①]岂料，太子忽还是不听，坚决拒婚。其实，他此刻心中有一个结。

这里面的根结就在这次战役之中。尽管太子忽战功卓著，但齐僖公犯了个教条错误，他请鲁国出面来犒赏将士，这恰给自己惹了麻烦。鲁国代表周天子，固然有一定的正统性，但也正因如

----

① 详见前文"祭仲"一章。

此，鲁国的行事就比较教条，他犒赏将士的依据是各国的爵位，这正触碰了太子忽心里那根弦。郑国虽强，爵位却低，郑国因此被排在了最后，这就让功劳最大的人受到了羞辱。《左传》中说："郑忽以其有功也，怒。"一个"怒"字很好地体现了当时太子忽的状态，何况就在几年前，太子忽说出了"齐大，非吾耦也"的话，此刻却恰恰被等级所辱。太子忽再次拒婚，说到底是对齐国不满，他总是嘴上把齐国捧得很高，但内心深处充满了不屑和怨愤。太子忽的心情我们固然可以理解，但诸侯国之间局势的变化以及郑国内部复杂的斗争形势则不容他如此任性。祭仲的劝告是正确的，多年的斗争经验告诉他郑国将会出现纷乱，而太子忽却全然不放在心上，难道他对国内外的形势变化完全无知吗？

其实不然，太子忽经常参与郑国的对外作战，且始终是一员骁将，这大概也是郑庄公愿意立他为太子的原因之一。回到《有女同车》这首诗中，虽然通篇都在夸赞美丽的孟姜，但能与之匹配的男子，想必也非庸常之辈。当然，《毛诗序》的解读有极大的附会之嫌，但人们仍愿意相信与孟姜同车的就是太子忽，愿意相信这段浪漫多情的故事就曾经发生在他的身上。

而至于郑国国内的形势，相信他并非视而不见，至少同样骁勇善战的公子突就是一个不小的威胁。公子突的母亲来自宋国内极有权势的家族雍氏，而太子忽的母亲只不过是小国之女，两者悬殊的对比实在是太刺眼了。

太子忽应当是一个自负的人，对自身能力充满自信，相信凭借自己的实力可以掌控一切。除此之外他还特别自傲，当引用《诗经》中"自求多福"一句时，就可看出他不屑于通过联姻、逢迎他国等壮大自身实力的手段，所谓"在我而已，大国何为"更是内心想法的充分表露。相对来说，太子忽的成长是较为顺遂的，没有遭遇过残酷的政治斗争，一切都是为他精心安排妥帖的，只要他按部就班地去完成便可以。这样舒适的环境也就造成了他政治上的短视和权谋上的软弱，既不能从大局上纵横捭阖，也无法在小处上权衡利弊。郑庄公将祭仲安排给他，原本是为了辅佐他，却并没有得到他的信任和充分利用。于祭仲来说，未尝不感到失望和心寒，而于太子忽来说，则是在无形中将有力的臂膀折断，自掘坟墓。

太子忽没有在合适的时机利用有利的环境和资源为自己做长远的布局。他一方面疏忽了祭仲，另一方面却在为自己树敌，大夫高渠弥便是他亲手为自己的坟墓扬起的最后一抔土。

> 自昭公为太子时，父庄公欲以高渠弥为卿，太子忽恶之，庄公弗听，卒用渠弥为卿。
>
> ——《史记·郑世家》

高渠弥曾与祭仲并肩作战，在多次战役中立有战功，深得郑庄公的信任。然而，太子忽对他印象不佳，且不加掩饰，"恶之"一词表明两人的关系已经公开恶化了。《左传》中说太子忽"固谏"，意即反复劝说父亲郑庄公不要立高渠弥做卿士，这当然会传进高渠弥的耳朵，也就让他明白，一旦太子忽继位，绝对不会善待他，必定要给他难堪，说不定还会要了他的命。此处，《左传》再次引用君子的评价，称"昭公知所恶矣"，认为太子忽目光锐利，早就看出高渠弥有不良居心。值得注意的是，《左传》中多次袒护太子忽的言行，似乎可以窥见作者非常欣赏太子忽的为人，对他的失败感到惋惜，却鲜少对其言行提出批评。唯一的例外则要属太子忽的婚礼，他先圆房而后拜祭祖庙的违礼之举遭到了陈国大夫的批评，但书中没有道出君子的态度。一方面通过太子忽的任性妄为来预示他的早亡，另一方面又不愿直面做出批评，作者的态度十分值得玩味。

郑庄公四十三年（前701年），一代霸主郑庄公辞世，历经三代积累而成的春秋小霸郑国正面临着严峻的考验。依礼，太子忽当合法继承君位，但就在此时，太子忽强有力的威胁者公子突在宋国的扶持下突然崛起篡位，连一向支持太子忽的老臣祭仲也倒向了公子突。①情势危急之下，太子忽不得不流亡卫国，这一走就是近四年。

公子突为君如何，笔者将专章详述，此刻不得不说明的是，如果不是公子突与祭仲间存在不和，世子忽②是没有机会再次回到郑国的。关于郑厉公欲刺杀祭仲的经过，已经在前文做了详谈，最终以郑厉公败北出局告终，祭仲终于如愿将世子忽接回郑国继承君位。

然而，郑伯忽的复位遭到了内外的双重压力，前文已谈及来自内部老臣高渠弥的威胁，而在外部，更有来自以鲁国为首的势力的干预。

鲁桓公十五年（前697年），郑伯忽复位方半年，鲁国便与宋、卫、陈三国会盟，意图"纳厉公"，即将公子突送回郑国做国君。我们知道公子突是半个宋国儿子，那么鲁国又为何如此积极地帮助他？其实，鲁国未必与公子突是友，但的确与郑伯忽是敌，其根源仍旧要追述至鲁桓公六年郑国援齐的那次犒赏。鲁国的教条行为激怒了郑伯忽，从而在五年后，郑国纠集齐卫联军讨伐鲁国。

---

① 详见前文"祭仲"一章。

② 由于忽已出奔，故不再称太子。此处从《左传》称谓。

《左传》虽未记载战役的经过和胜负，但记载了鲁国的态度，即认为自己没有错，是依礼办事，合情合理。从此，鲁、郑间结下仇怨，鲁国自然不希望仇人做郑国国君，便率先挑头要驱赶郑伯忽。

可是，郑国的军事实力仍然强悍，郑伯忽曾是列国公室间不可多得的将才，此时作为国君自然丝毫不惧。鲁国联军先后讨伐郑国两次，却都没有讨到便宜，郑伯忽依然是国君，其国内的政治地位是较为稳定的，这一方面得益于祭仲的扶持，另一方面也应该得益于其资质和早年的声誉，毕竟他曾是获得上下一致认同的郑国权力接班人，有名正言顺的天然优势。若不是高渠弥，郑伯忽也许还能在君位上另有一番施展。

郑伯忽二年（前695年）年末，方稳定外部局势的郑伯忽与大夫高渠弥一同出猎，不料在猎场上遭遇高的射杀。刺杀来得突然，应该是高渠弥的阴谋，既没有被郑伯忽察觉，也没有引起祭仲的警惕。《左传》和《史记》都交代了高渠弥与郑伯忽之间的仇怨，但值得思索的是，为什么郑伯忽在回到郑国后不及时铲除这个隐患？即便国君虑事不周，第一谋臣祭仲又为何默不作声，不及时出面提醒或对国君加以必要的保护？史料的匮乏让今人很难回答这个问题，但不妨做一点猜测。在"祭仲"一章中我们知道，郑昭公被刺杀后，祭仲非但没有治罪高渠弥，反而与他合谋另立新君。从这里面可以窥测到两个问题点，其一，两人之间早已建立了某种类似于友情与利益的共同连接，使祭仲成为高渠弥的保护伞。于是，即便回国复位的郑伯忽有意要杀高渠弥，碍于祭仲在侧，难以实现。这就引出其二，高渠弥何以拉拢住祭仲，又或者为何祭仲宁可选择高渠弥也要放弃他看着长大的郑伯忽？一方面，祭仲的确对国君有过失望，另一方面他也曾让国君失望过，也就是说，两者间已毫无信任可言。祭仲也忌惮国君复位后会清算他。而高渠弥则一直与祭仲共事，是多年的老战友老同事，彼此知根知底，明牌暗牌皆知其套路。双方相较，祭仲再次抛弃郑伯忽而站在高渠弥一侧就不难理解了。

郑伯忽死后谥号昭，其后郑国又历经子亹、子仪（子婴）及郑厉公复位。值得注意的是，郑庄公最有天资和实力继承君位、有能力壮大郑国的两个儿子忽与突都没能长久地保证其君位，导致郑国后继无人，陷入一轮又一轮的内耗之中。是该叹天意，还是该责人为，读史之余也难免掩卷长叹。曾经属于郑国的辉煌转瞬消亡，东方正有新的国家在升腾崛起，兴亡胜负此消彼长，春秋如长河，奔涌向前的是一浪又一浪的波涛。

曾经风度翩翩的公子则永远留在了一首美丽的诗中，掩盖掉真实历史中那些粗粝和难堪，弥补令人扼腕的遗憾。

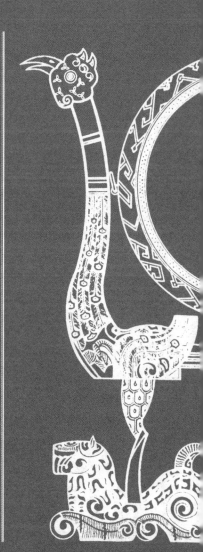

第七章

齐僖公

于是乎小伯

在《国语·郑语》中，有一条简要的记载概述了东周以来各路诸侯的兴衰，在谈到齐国时，作者却并没有提到齐桓公的称霸，而是列举了齐桓公的祖父庄公①与父亲僖公（前731～前698年在位），并称其二位"小伯"，意即小霸。

> 及平王之末，而秦、晋、齐、楚代兴，秦景、襄于是乎取周土，晋文侯于是乎定天子，齐庄、僖于是乎小伯，楚蚡冒于是乎始启濮。

从这一串名单来看，这条史料很可能出现较早，记于齐桓公尚未称霸之时。而文中称齐国的两位君主为"小伯"，难免令人疑惑，如果说郑庄公的"小霸"之誉是基于大量史料的记载，让我们通过文字目睹了他的功绩与霸业，感受到了他的个人魅力和君主之威，那么齐庄公与齐僖公在史料中的面貌则实在模糊。翻开《史记》，司马迁对两者所用的笔墨少之又少，仿佛只是家谱上无甚书写价值却又不得不记下的两个名字而已。而在《左传》中，我们无法找到齐庄公的身影，因为在开篇的鲁隐公元年（前

---

① 齐国历史上有两位齐庄公。齐僖公之父名购，又称齐前庄公（前795～前731年在位）；其六世孙名光，为齐后庄公（前554～前548年在位）。

722年）时他已然去世多年。这一年恰是齐僖公九年，从此，他的名字散落于一条条史料中，时常出现却又并不显眼，于是不禁要问，他究竟做了什么，乃至于郑国的史书中会称其为"小伯"？

齐庄公的故事已然难寻踪迹，不妨就从齐僖公说起吧。

在前面的章节里我们已然多次见到齐僖公的身影，知道他与郑庄公私交甚厚，又极喜欢郑庄公之子太子忽，始终跟随郑庄公的脚步，为郑国的称霸做了不少事，简直是一位合格的境外功臣。如此看来，仿佛齐僖公是沾了郑庄公的光，顺来了一个"小伯"之名。但作为齐国历史上承前启后的君主，齐僖公于齐国的崛起和发展究竟有何作为？《国语》中对他的评价是否合理呢？

齐僖公名禄父，根据《史记》的记载，齐庄公在位六十四年，去世后由公子禄父①继承君位，其继位过程没有任何政治斗争的记载，应属和平过渡。但其实公子禄父并不是齐庄公的长子，或者说他并非太子。不过，他继承君位的确合法，因为当时东宫太子已经去世了。

> 硕人其颀，衣锦褧衣。齐侯之子，卫侯之妻。东宫之妹，
> 邢侯之姨，谭公维私。
>
> ——《诗经·卫风·硕人》

这首诗说的是春秋时期著名的美女庄姜出嫁的故事。庄姜是卫庄公之妻，她的父亲正是齐庄公，而她的兄长，也就是诗中提

---

① 在《史记·齐太公世家》中，称僖公为釐公，名禄甫。

到的东宫太子得臣[1]，在她出嫁之时应当还在世，可惜的是未及继位便过早地辞世，于是君位便落在了公子禄父的头上。

史料没有记载公子禄父继位是以长或以贤，不过从他一生的作为来看，他没有辜负父亲的信任和期望，为子孙积攒了一份厚重的家业。

从郑，齐国特色的崛起之路

齐国与郑国的正式邦交始于齐侯禄父在位的第十一年（前720年），郑国在两年前刚刚平定了内乱，正在致力于收拾残余势力。因公子段之子公孙滑逃去了卫国，郑国开始了与卫国间的多年的大小攻伐。此时的郑国正在艰难中求崛起，需要外部的支援，可惜的是，它并没有什么像样的盟友，基本上处于孤立无援之境。而远在其东北方向的齐国虽地域广大但地理位置较偏，无法参与到中原角逐之中。当年平王东迁之时，齐国错过了借助王室二次发家的机遇，眼看着中原各国你来我往好不热闹，而自己却被遗落在外，自然是难以甘心的。

终于，郑与齐嗅到了彼此需求的气味，跨过地理上的阻隔，走到了一起。有一点值得思索的是，齐侯禄父在选择中原盟友时没有首先选择享天子礼乐的鲁国或是郑国的对手卫国，偏偏将目光投向了尚处艰难之境的郑国，史书中并没有记载其缘由，不过可以试着从齐国的角度做一番探索。

其实，齐侯禄父的首选盟友应该是卫国的卫桓公。在开篇时

---

[1] 《左传·隐公三年》："卫庄公娶于齐东宫得臣之妹，曰庄姜。美而无子，卫人所为赋《硕人》也。"第32页，中华书局，2012。

已经提到，齐庄公的女儿庄姜嫁给了卫庄公，让卫、齐两国成了联姻国，这是很好地成为同盟的前提，往往可以视为准同盟。另外，庄姜既是齐侯禄父的姐姐[①]，又是卫桓公的嫡母[②]，正是联结齐、卫两国的天然纽带，再没有比这更好的结盟背景了。然而，历史并没有按照这个逻辑发展下去，恰恰相反，齐侯禄父在位的大多数时候是与卫国保持距离的，仅在晚年才与卫国有所结交。

齐侯禄父没有选择卫国，也许有这么几个理由：其一，卫国国君的个人素质不比郑庄公。卫桓公在位十五年来并没有值得一提的作为，顶多是守成之君。而郑庄公这一路来的发展壮大，列国都看在眼中，特别是他迅速铲除公子段谋反势力的手腕可谓稳、准、狠，且没有给郑国带来负面影响，的确令人钦佩。其二，庄姜在卫国不得宠，又无子，她的婚姻很可能非但没有拉近两国的关系，反倒让齐国对卫国心存不满，缺乏信任感。其三，卫国一方尚自诩为中原大国，平王东迁时又有拥立护驾之功，而齐国始终没有参与到中原事务中来，故卫国很可能并没有把齐国放在眼里，也没有释放善意。

再来说说鲁国。鲁、齐的先祖都是建立周朝的大功臣，两国地理位置衔接，也应当成为盟友。但在春秋时期之前，很少有关于鲁、齐两国交往的记录，鲁国国君的婚配对象也都来自其南境的国家，如薛、滕、宋等。鲁、齐的正式建交晚于齐、郑，《左传》

[①] 《左传》和《诗经》称庄姜是东宫之妹，推测当为同母所出。庄姜收卫庄公侍妾之子公子完做嫡子，即卫桓公。齐僖公十一年时，卫桓公已在位十五年，故庄姜应当年长于齐僖公。

[②] 《左传·隐公三年》："卫庄公……又娶于陈，曰厉妫，生孝伯，早死。其娣戴妫生桓公，庄姜以为己子。"第32页，中华书局，2012。

在提到这一事件时说了一句话，谓"始平于齐也"，意即开始与齐国讲和修好，这似乎暗示着在春秋以前，两国关系是冰冻甚至是敌对的。在讲述鲁隐公的章节里，已提到鲁隐公摄政之后的第一要务是建立与周边各国的外交关系，争取时间稳定内政。但鲁隐公的首要目标并不是齐国，而是在当时对鲁国威胁更大的戎和宋，但他仍然重视与齐国的关系，当齐国争取到了郑国之后，鲁国也迅速行动起来，于鲁隐公六年（前717年）与齐国在艾地会盟。虽然没有史料表明是哪一方率先伸出友谊之手，但从鲁、齐后续的发展来看，两国都十分重视这段关系。

齐、郑的联盟对两国来说是双赢的，更对列国形势产生了深远的影响。鲁国正处在齐、郑之间，敏锐地察觉到了东西联合可能对其造成的影响，便立即加入了进去，形成了郑、鲁、齐三国军事同盟。郑国从盟友那里得到了强有力的支持，而作为盟友的齐国也从郑国那里得到了挺进中原的机会。

第一件事便是与宋国的缓和与对抗。

春秋初年，郑国与卫、宋两国不和，战争不断，在前文已有多次提及。关于郑、宋之间的仇怨，在后文还会做详细的介绍。面对这样的局势，齐侯禄父力求和平解决各诸侯国间的纷争，并主动担当了调停人的角色。齐侯禄父在位的第十六年（前715年），他主动约见卫宣公与宋殇公，旨在调停两国与郑国之间的仇怨，希望各方可以化干戈为玉帛。最终，齐、卫、宋三国在瓦屋举行了会盟，卫、宋两国均表示愿意到此为止。但有趣的是，本次会盟郑国没有参加，看起来是全权委托齐侯禄父作为代理人操办此事。郑庄公这一手非常高明，进可攻退可守。齐侯禄父当然代表了他的意愿，但由于他自己没有参与会盟，也就可以随时撕毁这个"不存在"的协议，以任何名义于合适有利的时机再次发动战争。再来看齐侯禄父，事情做得体面而成功，给列国留下了稳重、真诚、和善、友好的印象。杨伯峻认为，齐侯禄父的"小伯"称谓很可能与此事有关，这种解释还是颇具说服力的。

齐侯禄父的成功调停获得了委托人郑庄公的极大赞许，作为回报，他于同年八月亲自引荐齐侯禄父面见周天子，想必也一并得到了周王的嘉奖。对于长期偏离中原的齐国来说，这是最有利的时机，而作为曾经被周王诛杀过祖先的国君[1]，齐侯禄父也总算为列祖列宗们挽回了颜面，争了一口气。

可是，恰如前文所说，郑庄公根本不会放过宋国，转年便以宋国不朝见周天子为借口挑起了讨伐之战。作为郑国的盟友，齐侯禄父选择坚决支持郑庄公的一切做法，接下来的三年中始终跟随在郑国的身后南下攻伐，从宋国到郕国再到许国，齐国大踏步地迈入中原土地，也向列国展示了齐国的军威。

但齐侯禄父仍然以和善的姿态示人，在跟随郑庄公攻入许国后的表现尤为突出：

> 齐侯以许让公。公曰："君谓许不共，故从君讨之。许既伏其罪矣，虽君有命，寡人弗敢与闻。"乃与郑人。
>
> ——《左传·隐公十一年》

郑庄公占领了许国，并将许国一分为二，但从这段对话中可以看出，郑庄公也留了个心眼，并没有一进入许国就宣布统治权，

---

[1]《史记·齐太公世家》："哀公时，纪侯谮之周，周烹哀公而立其弟静，是为胡公。胡公徙都薄姑，而当周夷王之时。"从此齐、纪两国结仇。第1199页，上海古籍出版社，2011。

而是先让给了齐国。他的做法非常机智，显然，许国在郑国以南，而齐国在鲁国以北，齐、许之间隔着大小各国，齐国如何能够占领并统治许国土地？所以，即便郑国出让，齐国也是根本无法接受的。但齐侯禄父也十分聪明，如果就这样推辞并简单回让，那么就等于把鲁国扔在一边，故他转而将许国让给鲁国。但鲁隐公也不傻，齐国远，鲁国也不近，何况他们都知道郑庄公不过是客套一下，于是转了一圈，终究还是给了郑国。

齐侯禄父对外交策略把握精准，拿捏得当。作为既成的大国，他有先天优势，无须像鲁隐公那样忍辱负重。但面对强大的盟友郑国，他又懂得适当退让，不争功、不夺利、肯帮忙，是谦让的好哥们，令郑庄公倍感舒适，对齐国没有戒备。可以说，终郑庄公一生，都与齐国保持了紧密的朋友关系，从来没有担忧过齐国会给他带来麻烦，也就没有在齐国崛起的道路上设下绊脚石。齐侯禄父就这样顺风顺水地在郑庄公的眼皮底下获得了在诸侯国之中的地位和声誉，完美打造了友好的自身形象。这在春秋历史上是罕见的。

齐国处处帮忙，郑庄公知恩图报，除了齐国遭受侵略时第一时间派出太子忽率军救援，还积极参与到齐国与仇敌纪国的斗争当中。

齐国与纪国既有宿怨又有利益之争。当年齐哀公因纪侯陷害而被周天子所杀，齐国被迫迁都，非常狼狈，随后陷入内乱之中。虽然事情已然过去了很多年，但耻辱感不会消亡。而纪国是齐国的邻国，毗邻齐国都城临淄，正是齐国的眼中钉。春秋以来，齐国越发强大，纪国却不断衰落，两国差距愈发明显，对于齐侯禄父而言恰是报仇的好时机，也是吞并纪国、扩大齐国领土的有利时刻。

于是，齐侯禄父在位的第二十四年（前707年），郑庄公陪他一同去了纪国，表面上是一次外交活动，但其用意昭然若揭。《左传》的记载是"欲以袭之。纪人知之"，可见形势已然万分危急。可是，最悲哀的莫过于明知大难临头却无能为力，仅凭纪国自身的力量根本无法与强大的齐、郑相抗衡，何况还有许国的先例。想要生存，纪国也不得不寻求外援，于是就先后联络鲁国和周王室，几经周折才勉强维持了下来。齐侯禄父在世时终未能完成吞并纪国的心愿，倒是他的儿子齐襄公了却了父亲的夙愿，此处暂且不表。

除了纪国，齐侯禄父还有一个遗憾，便是没有与郑庄公结成亲家。关于郑太子忽的两次拒婚，在"郑昭公"一章中已然说得足够多，这里试着补充一点关于郑庄公的想法。

在两件事的来龙去脉中，我们发现郑庄公的面目是模糊的，或者说他给了儿子十足的自主权，完全没有干涉或介入。第二次拒婚时，更是代儿子出面拒绝了齐侯禄父的请婚，这不得不说是匪夷所思的。从郑国方面来看，齐国是列国中的二号强国，又是异姓大国，联姻是最好的选择。鲁国正是看准了这一点，才改变了与南境诸国联姻的策略，开启了与齐国的世代联姻。那么，郑庄公为何不采取这个有利的策略，与齐国更为紧密地联结呢？难道没有考虑这可以让太子忽的地位更加稳固，亦可避免自己死后国内再次发生内乱？史料中没有办法找到答案，太子忽的说辞我们已然论证过，是幼稚而有害的，连祭仲都看得明白的道理，郑庄公难道看不明白？我想他一定也看得明白，那么，他的漠视是不是某种自大的表现？当太子忽提出罢用高渠弥时他没有同意，这是不是自大的另一个证据？郑国的不断壮大，他对儿子资质的信任，以及对老臣祭仲的倚赖，或许都加重了其自负，致使忽略了潜藏在一片大好形势下的危机。也许这是一个合理的解释吧！

无论如何，齐侯禄父没有因为太子忽的拒婚而心存埋怨，仍旧力挺郑国父子。当郑、鲁因为太子忽的愤怒而翻脸时，齐侯禄父没有顾及女婿的颜面，而是与郑庄公站在一起赶来为太子忽出气。当郑庄公去世、太子忽被赶出郑国后，齐侯禄父又与郑国形成对立，形式上支持了流亡在卫国的世子忽，非常照顾这个两度努力终未招来的准女婿，齐侯禄父对郑庄公个人可谓仁至义尽。

敬鲁，"尊王攘夷"的序曲

在前文中我们已然了解了齐、鲁联谊的前因后果，现在不妨来具体了解一下齐侯禄父对待鲁国的外交事例。

与对待郑国不同，齐侯禄父采取的对鲁策略是恭敬，可以说，在这段时期，齐侯禄父是将鲁国当作准周王室对待的。

在与鲁国的盟友关系上，齐国尽最大努力做到尊礼，就在齐侯禄父十四年（前717年）两国正式结盟后，齐国便于第二年派遣国君同母弟夷仲年出使鲁国，以释放善意，并进一步巩固两国的盟友关系。齐国深知鲁国特别注重周室礼仪，若要赢得其信赖和诚意，一定要按照鲁国习惯的套路办事。从后面的一系列事件来看，齐侯禄父的策略是成功的。两年后，齐侯禄父成功调停了郑、卫、宋三国的矛盾，继而他第一时间派遣使者出使鲁国，目的是向鲁隐公详细报告事情的来龙去脉：

> 冬，齐侯使来告成三国。公使众仲对曰："君释三国之图，以鸠其民，君之惠也。寡君闻命矣，敢不承受君

之明德。"

——《左传·隐公八年》

这是个有趣的现象，齐国做成了这样大的事，其报告的对象理应是周天子。鲁国只是享有天子礼乐，并不是周天子的委托人，在诸侯国事务上也不能全权代表天子发声。齐侯禄父这样做的重要原因想必是表达对鲁国的恭敬之意，尽管鲁国不能全权代表天子，但与周王室的联系相当紧密，也可以看作是天子的门面。尊鲁就是尊王，若连鲁国都不放在眼中，恐怕心中早就对王室有所怠慢了。就在这年八月，齐侯禄父刚刚通过郑庄公的引荐朝见了周桓王，自然要把戏份做足，这番"告鲁"也恰是做给周天子看的。面对齐国的恭敬，鲁隐公也表现出了极大的谦和姿态，令大臣众仲传达他的感激和赞赏，并大大夸赞了齐侯。自此直到鲁隐公被弑，齐、鲁两国间可谓相敬如宾，友善度达到了顶点。

不过，恰如在齐、郑关系中齐侯禄父对联姻一事所表现的热忱，作为异姓同盟国，他自然也不会错过考虑与鲁国做亲家。只是，鲁隐公在世时只是摄政，齐国公女若嫁给他，有些名不正言不顺。联姻的尴尬在鲁桓公继位后得到了完美的解决。鲁桓公三年（前709年），在初步稳定了自己的执政地位后，立即迎娶了齐侯禄父的女儿文姜。这个春秋历史上最负盛名的女子，日后为鲁国带来了大麻烦，然而，此时她是鲁桓公的福音，是父亲齐侯的希望，也是齐、鲁两国同盟的纽带。

为了表达诚意，齐侯禄父破天荒地做出惊人之举，亲自护送女儿出嫁。不过，对于齐侯的做法，鲁国这一次并没有表示完全的接受和赞赏。在鲁国人看来，齐侯过于热情了。按照当时的礼制，"姊妹，则上卿送之，以礼于先君；公子，则下卿送之。于大国，虽公子，亦上卿送之。于天子，则诸卿皆行，公不自送"[1]，也就是说，齐侯作为诸侯，不应该亲自为女儿送亲的。齐侯禄父的举动似乎为文姜的婚姻抹上了一层淡淡的阴影，他的女儿一来到鲁国便触犯了强大的礼制，仿佛预示着不祥。然而，此时的鲁桓公也许并不特别在意这些，齐侯曾打算将文姜嫁给郑太子忽，想必他是知道的，这也间接证明了文姜的优秀，而齐侯如此破例送女，也许正是钟爱女儿的直接证明。鲁桓公是爱文姜的，她的长子顺理成章地做了鲁国的太子，继承了鲁国的君位，她的次子则在长子死后做了国相，从此立下季氏大族[2]。文姜可以跟随他出访齐国，这一行为也是在列国中罕有的。齐国的女人是鲁国的致命红颜，便是从文姜开始，而鲁国的君主对齐国公女的爱恨交织，也恰是春秋历史上非常独特的情结，由此衍生出的许多曲折故事亦牵动着齐、鲁关系。

齐国对鲁国的敬意于齐侯禄父二十五年（前706年）达到了顶峰，也就是前文已经反复提到过的郑国出兵援齐、鲁国出面行犒赏之事。这件事激怒了太子忽，却是齐国惹下的麻烦。

> 北戎伐齐，齐侯使乞师于郑……于是，诸侯之大夫戍齐，齐人馈之饩，使鲁为其班。后郑。郑忽以其有功也，怒，故有郎之师。
>
> ——《左传·桓公六年》

齐侯请鲁人来主持，必然是在表明对周礼的崇敬，但顾此失

---

① 《左传·桓公三年》，第116页，中华书局，2012。
② 文姜长子即鲁庄公。《左传》认为公子友（季友）也是文姜所生，而《史记》则记载季友母是陈女。

彼，在关键时刻犯了教条错误。在前文已经介绍过，齐、鲁是侯爵而郑是伯爵，以爵位来分主次当然没有错，可是这一次功劳最大者是郑国，也恰是郑国的出兵挽救了齐国的危机，郑太子忽的功劳非他人可比。再者，以国家实力论，此时的郑国是列国中最强大的，齐、鲁都是跟班，郑国是实际意义上的老大。故从以上两方面来看，鲁国都应该就事论事，适当调整思路，突出郑国的地位，至少不能损伤郑国的颜面。但很显然，鲁国没有考虑现实层面的利害关系，一味地遵礼，不但让齐国尴尬、郑国愤怒，也给自己惹了大麻烦。四年后郑国兴师动众而来，齐国拉上卫国一同帮衬，曾经威震列国的郑、鲁、齐三国军事同盟出现了分裂，对鲁国是极大的损失。尽管鲁国仍然以礼为原则替自己辩护，但声音中似乎透着些许不自信。

也许是出于补偿之意，齐侯禄父第二次向郑太子忽提出联姻，并于四年后协同郑国讨伐鲁国[①]。然而，随着郑庄公于第二年去世、郑国发生政变的一桩桩事件的发生，齐、郑间的稳固关系也被打破。由于鲁桓公憎恶郑世子忽而支持郑厉公，齐侯禄父支持郑世子忽而反对郑厉公篡位，郑、鲁、齐三国关系再次发生扭转，鲁、郑两国站在一起，赶来加盟的还有在齐国眼前苟延残喘的纪国。而齐国则与宋国和卫国组队，两大军事集团于齐侯禄父三十二年（前699年）发生战争，最终以郑、鲁、纪一方的胜出而告终。

郑国虽经历了动荡，但短时间内仍保存了实力，特别是军事实力，青年时便能征善战、有勇有谋的郑厉公作为国君很好地继承了父亲的军威，没有在战场上失去优势。而没有了郑国的主导，

---

① 据笔者个人猜测，齐国在此事件上的虑事不周也可能令郑庄公感到不满，成为其出面拒绝联姻的原因之一，但无史料依据。

齐国也发现自己还没有壮大到可以与郑国真正抗衡的地步，想要得到更多的利益尚需时日。

但齐侯禄父等不了了，他于次年离世，几乎是紧随老朋友郑庄公的脚步。可以说，他生前没有犯过致命的错误，除了晚年一不留神落下点瑕疵，整体而言他是成功的，是齐国历史上值得被纪念的国君。齐侯禄父去世后谥号僖，按谥法中的解释，"小心畏忌曰僖。思所当忌"，倒正贴合齐僖公平生的作为，他确实是谨慎求全的。但难得的是，齐僖公的谨慎为齐国带来的是利益和荣耀，是稳定中的崛起。虽然齐国其时尚不能称霸，但他还有子嗣，这一子嗣虽在做公子时不及郑庄公之子，但在继位后扭转了齐、郑的位序和列国的格局，直至成为新的霸主。

第八章

齐襄公

书之以恶，谥之以美

清代学者方玉润曾说，齐襄公（前698～前686年在位）是"千古无耻人"①。他违背父亲遗愿，打击堂弟；他不顾伦理，与妹妹乱伦；他藐视礼法，诛杀两国国君；他任性妄为，对臣下言而无信。鲍叔牙说："君使民慢，乱将作矣。"②最终，他死于乱臣之手。

《逸周书·谥法解》中说："辟地有德曰襄。取之以义。甲胄有劳曰襄。言成征伐。""襄"是美谥，而齐襄公留下的却是恶名。这样的矛盾令人不禁深思：是齐人美化了国君，抑或是鲁人丑化了齐襄公？要如何描述，才能还原一个真实的齐襄公？

骄横之君

齐襄公名诸儿，按照惯例，生前称谓是齐侯诸儿。他在史书中的出场非常突然，在其父齐僖公在世时，我们很难找到他的身影。当郑国的公子们南征北战、立下赫赫战功之时，齐太子诸儿却几乎不见于文字记录，唯一留下的蛛丝马迹来自《史记·郑世家》中的一条简短的记述："子亹自齐襄公为公子之时，尝会斗，

---

① 见方玉润《诗经原始》。其《南山》篇中写道："鲁桓、文姜、齐襄三人者，皆千古无耻人也。"第234页，中华书局，1986。
② 《左传·庄公八年》，第208页，中华书局，2012。

相仇。"这似乎透露出一个信息，曾经的太子诸儿是一个好勇斗狠之人，与其父齐僖公的性情颇有不同。

当我们正式于史籍中隐约见到他的身影时，恰是齐僖公在位的最后一年。那是齐僖公三十三年（前698年），持续十年之久的郑、鲁、齐三国军事同盟已然瓦解，在新的格局中，鲁、郑重归于好①，而齐国则选择与宋国、卫国等结成新的联盟。可就在前一年，双方交战以宋、齐、卫的失败而告终，三国心有不甘，正蓄谋联合再战。然而，就在重开战端之前，齐僖公撒手人寰，紧随老朋友郑庄公的脚步，没能等到世子忽回国复位。不久，宋国联合齐、卫、陈、蔡等国再次掀起伐郑的战争。《左传》中在提到各国时只用了"某（国名）人"的字样，并未提国君之名，但按照惯例，征伐多由国君领导，尤其是如此大规模的讨伐，须有国君出面方能压住阵脚。因此可以推断，这段文字中的齐人中就有齐侯诸儿的身影。

齐侯诸儿此时年岁几何？没有确切的史料可以查询，不过司马迁在《史记·十二诸侯年表》中标记下了其堂弟公孙无知的出生年份——齐僖公二年（前729年），如此说来，齐侯诸儿的出生年份当不晚于此年，而齐僖公于前698年去世，故此时他的年龄应不小于三十一岁。这正是一个男人最好的年华，也是一国之君大有可为的年纪。齐侯诸儿于此时初登君位，接下的是父亲三十几年来辛苦经营的偌大家业，面对的是刚刚重新洗牌、尚不分明的各诸侯国局势。如何在这混乱中自处？如何守住家业？如何壮大实力？从齐僖公三十三年末的伐郑一事来看，齐侯诸儿的做法是因循父亲的路线，并没有立即提出自己的主张。

---

① 太子忽与鲁国结仇，出奔后鲁国支持新君郑厉公。详见前文"齐僖公"一章。

但诸侯国间的局势突然起了变化，一切始于郑，又因郑而改变。齐侯诸儿元年（前697年），郑国发生政变，郑厉公与祭仲斗争失利后出奔，世子忽回国复位，是为郑昭公。他的回归立即瓦解了郑、鲁同盟，作为在郑昭公面前吃过亏的国家，鲁桓公无法忘记那年尚是太子的郑昭公带给鲁国的麻烦。于是，鲁国立即倒向齐国，并于当年夏与齐侯诸儿会盟——新同盟诞生了。

新的结盟注定了新的格局，郑国更加孤立，而齐国在得到了鲁国的支持后，力量得到了加持。然而我们发现，次年（前696年），由鲁国挑头，宋公、卫侯、陈侯、蔡侯随同伐郑，偏偏没有齐国的参与。这是不同寻常的现象，须知前一年两国刚刚结盟，而伐郑本就是齐国这几年的要务。史料中并没有对此作出解释，或许有这样几个原因：其一，齐侯诸儿另有盘算，他看准了鲁桓公与郑昭公势不两立，欲趁此时机坐山观虎斗，消耗掉鲁、宋、郑等大国的国力，让齐国趁此机会崛起。其二，出于齐国一直以来的对郑昭公所保持的好感和友善，齐国保持中立。当年北戎侵略齐国，多亏太子忽将兵救齐，齐僖公心存感激，齐侯诸儿出于多方面考虑也不愿公然恩将仇报，不出兵是为了避嫌。其三，齐国国内可能发生了其他事，牵制了齐国的军事行动，而这些事没有被《左传》记载下来。这三方面原因可能同时存在，也可能只存在其一，不过，从其结果来看，第一点得到了印证。齐国的确赢得了非常有利的时机，为崛起打下了基础。

若不是郑昭公于次年（前695年）被弑，郑国恐怕不会衰落得如此迅速，也就不会给齐国崛起的时机。但国运如同一个人的命运，往往艰深莫测，繁华中潜藏着败落的危机，而艰难中又孕育着新机。齐、郑两国正是在这样微妙的国运中彼此交叉，一个上升，一个滑落。

　　齐侯诸儿的性情也在这次征伐之后有了凸显，《左传·桓公十七年》的两条记载让我们清晰地看到了齐侯诸儿的面目。

　　　　十有七年春正月丙辰，公会齐侯、纪侯盟于黄。

　　这是鲁国发起的会盟，目的有两个，其一是调解齐、纪两国间长久以来难以调和的矛盾。[①]其二，是为了卫惠公。就在鲁、宋、卫等联合伐郑后不久，卫国发生政变，卫惠公被迫出逃，流亡到了齐国[②]。鲁、齐与卫惠公都有亲属关系，鲁桓公夫人文姜是卫惠公的小姨，而齐侯诸儿是卫惠公的舅舅，故两国都支持卫惠公，不会坐视不管。鲁桓公的这一次出面颇有点老大哥的意味，也没有证据表明此次黄地会盟是不愉快的。然而，就在当年夏，齐、鲁间却出现了军事摩擦，令鲁国人的心里十分不痛快。

　　　　夏，及齐师战于奚，疆事也。于是齐人侵鲁疆，疆吏来告，公曰："疆场（yì）之事，慎守其一，而备其不虞，姑尽所备焉。事至而战，又何谒焉？"

　　　　　　　　　　　　　　　　——《左传·桓公十七年》

　　齐人侵入鲁国边境，造成军事摩擦，这原本会酿成两国间的军事冲突。然而，当边境的官吏将军情上报给国君后，鲁桓公却轻描淡写地打起了官腔，说起了场面话，告诉边境官吏，平时做

---

① 详见前文"齐僖公"一章。
② 《左传·桓公十六年》："十一月，左公子洩、右公子职立公子黔牟。惠公奔齐。"第175页，中华书局，2012。

好战备，有战迎战即可，无须大惊小怪。

　　齐、鲁两国的举动都令人困惑，但深思之后又或许可以找到原因。齐国在会盟之后突然对鲁国边境发起军事攻击，原因可能有两个：其一，齐国在会盟时没有拿到足够的利益。一方面齐国不是主导，可能令齐侯诸儿心存不满，他并不像父亲齐僖公那样对鲁国毕恭毕敬。另一方面，鲁国很可能以支持卫惠公复位为交换条件，要求齐国暂时放弃侵吞纪国的打算，这也让齐侯诸儿感到不快。齐国若要伐卫，需要鲁国的加持，故出于眼前形势的需要，齐侯诸儿没有当即发作，但心里还是憋了一口气。其二，这次小规模的军事袭击，旨在试探鲁国的反应，如果鲁国不还击、不讨伐，权当齐国自己出口恶气；若鲁国奋起还击，便可知鲁国的底线，可根据具体情况另行调整策略。

　　再来看鲁国的反应。从鲁桓公得到军情后所说的那一番话可以看出，他并没有特别看重此事，或者说他有意大事化小，小事化了，采取回避策略。看起来奇怪，但也有其原因。鲁国刚刚做了一回老大哥，或许还沉浸在这份欣喜中，不想为了一点小事就与兄弟大打出手。另一方面，鲁、郑此时还是仇敌，如果与齐国发生冲突，那么鲁国便会处于孤立境地，这是很不利的。而鲁桓公性格上的软弱可能也是他下意识选择回避的原因之一。总之，鲁、齐算是平稳度过了这次军事危机，并没有恶化成敌对关系，但这也助长了齐侯诸儿的气焰，摸清了鲁国的软肋和底线。就在同年年底，郑昭公突然被弑，郑国再立新君子亹，一个平庸的国君注定了郑国的命运。齐侯诸儿眼前一亮——他的运气来了。

　　齐侯诸儿一生中最为时人和后人所诟病的大事小情都发生在他继位的第四年（前694年）。这一年，他的丑闻彻底曝光于诸夏，成为千古丑闻。与此同时，他索性撕破脸皮，毫无顾忌地先后杀死了鲁、郑两国国君，此为列国间从未发生之恶性事件。齐侯诸儿令诸夏忌惮，留下了恶名，齐国虽凭实力成为霸主，却是无人看好、无人承认的恶霸。

关于齐侯诸儿杀郑君子亹之事，在有关祭仲的文章里已有交代。这里我们重点探讨齐侯诸儿杀鲁桓公一事，并分析这一恶性事件为鲁、齐两国带来的影响。

爱情的延续，文姜的鲁齐之择

齐襄公、鲁桓公与文姜三人酿造了春秋历史上最著名的一桩血案。从史实来看，这个事件的影响并没有那么简单，特别是后续发展以及文姜在其中所起到的作用，往往容易被人忽略。三个人的特殊身份决定了他们之间不可能只有爱情，所以，单纯以爱情为主题的解读是单薄的。

> 四年，鲁桓公与夫人如齐。齐襄公故尝私通鲁夫人。鲁夫人者，襄公女弟也，自釐公时嫁为鲁桓公妇，及桓公来而襄公复通焉。鲁桓公知之，怒夫人，夫人以告齐襄公。齐襄公与鲁君饮，醉之，使力士彭生抱上鲁君车，因拉杀鲁桓公，桓公下车则死矣。鲁人以为让，而齐襄公杀彭生以谢鲁。
>
> ——《史记·齐太公世家》

为了更便于理解，此处特意引用《史记》中的讲述。故事的来龙去脉已没有更多鲜为人知的细节可以挖掘，但当我们转换视角，拓展时间的长度，会发现这并不仅仅是一个爱情故事，或者一个历史风烟中的八卦，而是一起改变鲁、齐国运的政治危机。

鲁桓公于齐侯诸儿四年（前694年）到访齐国，恐怕与前一年的边境冲突不无关系。虽然鲁国采取息事宁人的态度，齐国也没有得寸进尺，但鲁桓公显然感觉到了与齐侯诸儿见上一面以缓和关系的必要。而值得注意的是，他破例选择了与夫人文姜一同赴齐，这是不符合当时的礼制的。大夫申繻曾经出来劝谏，但鲁桓公没有采纳，可能他心中的打算是通过打亲情牌来拉近鲁、齐之间的距离，而文姜与齐侯诸儿之间真实的情感关系，或许他并不知晓，又或许他没有认真对待。

鲁桓公的想法自有其道理，但他对自己的能力过于自信了，或者说，他错估了齐侯诸儿的为人，这导致他一踏入齐国就悲伤地发现，一切没有他想象的那么简单，局势并不在他掌控之中，恰恰相反，他成了齐侯的猎物。

文姜一回国就与兄长旧情复燃，但很快就被鲁桓公知晓，可见，他们的行为并未刻意遮掩，可能是较为张扬的。作为文姜的丈夫，一个在传统周礼氛围下长大的国君，鲁桓公无论如何也不能接受自己的妻子与有血缘关系的兄长间存在这样的关系。可以想见他的震惊与愤怒，夫妻战争不可避免，《左传》中记录为"公谪（zhé）之"，用词精当，想必鲁桓公说了些责备的话。他的情绪自然可以理解，但做法于己不利，毕竟这是文姜的母家，有娘家人在，做女婿的总该暂时忍耐些，一切等回到自家方好解决。果然，鲁桓公的愤怒立即被文姜转告给了齐侯诸儿，而试探过鲁国脾气和底线的齐侯当时已根本不把鲁桓公放在眼中，迅速策划了刺杀鲁桓公的行动并付诸实施。

齐侯诸儿胆敢杀鲁侯，未必是头脑一热的结果。首先，他不惧怕鲁国的报复。鲁国太子同还未成年，国君突然离世，国内必定陷入混乱的局势，故不敢来讨伐齐国。齐侯诸儿的判断是正确的，仓促间继位的鲁庄公并没有深究父亲被杀的原因，只发来公函，请求处死执行齐侯命令的公子彭生。齐侯诸儿顺水推舟，杀彭生以答复鲁国，这件事就算过去了。其次，他不担心他国干涉。郑国也是新君方立，且新君是个懦弱无能之辈，根本不敢与齐国抗衡。而就在鲁桓公死后不久，齐侯诸儿在首止杀了郑君子亹，郑国再不是齐国的对手，齐国也不再是郑国身后的随从。至于其他诸侯国，其地理位置较远，又与鲁国非亲非故，若无鲁国挑头收买，并没有无故得罪齐国的必要，虽不看好齐侯的作为，但也选择视而不见，不去招惹为是。最后，他不怕周王室的讨伐。周王的实力已日薄西山，齐国地远兵强，周室劳师劳力、得不偿失。事实上，王室此时正处于内斗之中①，也许正期待着齐国的支持，故对齐、鲁事件未做任何表态，保持了沉默。

再也没有谁可以约束齐侯诸儿和他的国家了，他要凭借武力征服诸夏。

然而，事件的导火索文姜正处于两难境地。

无论如何，没有证据显示她希望鲁桓公被杀或是参与谋划了刺杀行动，向兄长诉苦可能只是出于情绪的宣泄。她在鲁国生活了十五年，育有两子，均得到了国君的宠爱和重视，可见她在鲁国的地位也是尊贵的。丈夫的死让她陷入了人生的困境，爱情在现实面前显得讽刺而滑稽。接下来的路该如何走下去？鲁国与齐国又会何去何从？

齐侯诸儿当然愿意留下她，但齐国已与周王室联姻，很快就要迎娶王姬做齐侯夫人，文姜可以留在齐国，却难以留在齐宫其

---

① 《左传·桓公十八年》："周公欲弑庄王而立王子克。辛伯告王，遂与王杀周公黑肩。王子克奔燕。"第184页，中华书局，2012。

至是国都之内，也无论如何不能得到一个礼法和道德上可以承认
的名分。

那么，还可以回鲁国吗？在《春秋经·鲁庄公元年》一章中，
我们找到一则简短的信息，"三月，夫人孙于齐"，意即文姜在这
一年的三月逃奔到了齐国。这透露了一个隐藏在文字背后的信息：
文姜在鲁桓公死后应该返回了鲁国。具体时间虽未见记载，但
《左传》的同年记载中提到了一条，说"元年春，不称即位，文姜
出故也"，也就是说，鲁庄公继位之时，文姜还没有回到鲁国。短
短一句话中隐藏了谴责之意，因为文姜的未归，《春秋经》里不能
正式记载新君继位，矛头直指文姜的无德违礼。那么由此可以推
断，文姜曾在鲁庄公继位后短暂地回到鲁国，又再次离开回到齐
国。原本，有丑闻在身，有弑君嫌疑，文姜出于个人安危的考虑
是不该回鲁国的，可胆敢以身犯险，其原因恐怕恰恰是为了儿子
可以顺利继位。毕竟，鲁桓公并不只有鲁庄公这一个儿子。而至
于她回到鲁国的处境，则可以从《左传》的同年解读中获得答案：

> 三月，夫人孙于齐。不称姜氏，绝不为亲，礼也。
>
> ——《左传·庄公元年》

《左传》作者告诉我们，经文中之所以称文姜为夫人而不是姜
氏，是因为鲁庄公痛恨母亲，以至于与她断绝了母子关系，这最
终导致文姜不得不回到齐国，想来是极为狼狈的。作为一个母亲，
她自然深感痛心，但同时她也一定羞愧自悔。这未必一定是出于
道德伦理的考量，从人情和利益来看，于文姜而言都是巨大的损
失。鲁国已无她立足之地，能去的唯有齐国，但正如前文所述，
此时的齐国并非她的乐土，周王姬就要嫁来齐国，齐侯诸儿要顾

及周王室的颜面，也要给齐国留些体面。现实已然不容她过多关注自己的情绪，鲁桓公死后，她若要生存下去，就必须服从现实的安排，不容她愿意或是不愿意。不过，齐侯诸儿并没有抛弃文姜，虽然史书并未记载他如何安置文姜，但我们不无惊讶地发现，周王姬嫁至齐国不及一载便匆匆离世。

当然可以理解为水土不服和医疗条件的落后导致其早亡，但这微妙的短暂时间又牵引着读者不禁产生诸多联想。是王姬发现了什么，抑或是齐侯诸儿做了什么，也许，以他一年多来嚣张的作为，并没有在王姬面前掩盖自己与文姜的关系。之前的一切早就随着鲁桓公的死讯而传遍诸夏，成了尽人皆知的"秘密"，王姬既然来了齐国，也不得不知晓，不得不接受。周王室已不能替她撑腰，如果能，这桩婚姻早该被撕毁，这位出身于王室的尊贵女子只不过是周天子拉拢齐国的贵重礼品而已。

周王姬理应心有不甘，而解脱的途径唯有死亡。

她刚刚离世不久，齐侯诸儿便在齐国的禚（zhuó）地与文姜相会，鲁国人极其憎恶这次私会，《左传》中的笔墨更是赤裸："书，奸也"，直指二人间的不正当关系。但齐侯诸儿显然对鲁国人的态度并不在意，在此后的岁月里直至死亡，兄妹几乎每年都要相聚，甚至一年中会见多达两次。他们见得如此频繁，且长达八年之久，难道每次都是为了谈情说爱？什么样的激情可以如此持久不衰？反复翻阅文姜出现的记录，我们会发现她的出现常常与政治事件相关。

四年春王二月，夫人姜氏享齐侯于祝丘。

——《春秋经·庄公四年》

夏，夫人姜氏如齐师。

——《春秋经·庄公五年》

冬，齐人来归卫宝，文姜请之也。

——《左传·庄公六年》

七年春，文姜会齐侯于防，齐志也。

——《左传·庄公七年》

以上四条史料都非常重要，不妨逐条分析。

鲁庄公四年（前690年），文姜在祝丘宴请齐侯诸儿。这段文字看起来平凡，却信息量巨大。首先，祝丘的位置，不在齐国而在鲁国，这便暗示了两点：其一，文姜很可能在前一年回到了鲁国，这也很可能是为什么继鲁庄公元年（前693年）、二年（前692年）后于第三年兄妹没有见面的原因。其二，文姜在鲁国宴请齐侯，这并非一般性质的会面，而是光明正大的宴请，那么，目的是什么？又是谁的意思？单从这一条史料中很难揣测到答案，但这一年的最后一条记载则回答了这个问题："冬，公及齐人狩于禚。"很显然，这是鲁庄公的意愿，或者说是文姜为调解鲁、齐关系而做出的努力，鲁桓公生前没有达成的愿望竟然在此时实现，也许有些讽刺，但对鲁国是利好的。

文姜毕竟是鲁庄公的母亲，心中记挂着儿子，也同样为鲁国而忧劳。出于愧疚也好，补偿也罢，她并不希望齐国有害于鲁国，保住鲁国就是保住自己的儿子，维护鲁国的利益就是维护儿子的利益。鲁桓公的死让鲁庄公与齐侯为敌，但现实又迫使鲁国不得不靠拢齐国。国君无法自己出面，齐国更不会主动示好，能够从中说合牵线的最佳人选自然是文姜。从后续齐、鲁关系的发展来看，文姜的举动是成功的，既维护了齐国的颜面，也保住了鲁国的利益，鲁庄公对母亲心存感激，于是我们发现，在这条史料中，文姜的称谓变成了夫人姜氏。结合鲁庄公元年的那一条记载，其深意尤为明显。

此时，齐、鲁两国有一个重要协议，即护送卫惠公回国复位，这是鲁桓公在世时就已经取得初步意向的外交举措。卫惠公已在齐国避难多年，一日不归卫，卫国便一日不在齐国的控制之中，于齐国的称霸非常不利。关于这次军事行动，文姜也有参与，且意义重大，一则是去齐国军队中视察，一则是在卫惠公成功复位后出面请求齐国归还抢夺的财物，此皆非妇人之事，但她做得相当出色。

文姜为何去齐国军队？做了些什么？这一年是齐侯诸儿九年（前689年），齐、鲁已正式达成出兵协议，并于同年年底会同宋、陈、蔡三国联合伐卫。文姜在齐国出兵前去军中，很显然有检阅、视察、激励将士的意思，陪同她的人应该就是齐侯诸儿本人。鲁国的先君夫人来视察齐国的军队，这是前所未有的怪现象，也许我们可以窥见一个秘密信息，即文姜在齐国的地位非同一般，基本等同于齐侯夫人的角色。自周王姬死后，齐侯诸儿就再也没有正式娶妻，齐宫内没有正式的后宫之主，这个位置很可能由文姜来"替代"，齐国人也心知肚明。而如此招摇的举动，其实也让列国都看清楚了齐国国内的状况，齐、鲁间的关系虽然尴尬，却也被诸夏所接受了。

联合护送卫惠公的行动最终取得了胜利，但齐国显然在卫国捞了把油水。关于具体细节，《春秋经》与《左传》中的记述存在矛盾，前者认为是战俘，而后者则认为是宝器，先不去争论孰是孰非，但可以想见是于卫国来说较为重要且同时关系到齐国声誉的。卫国自然希望齐国能够归还，但卫惠公不敢向舅父索要，能够替他出面的自然是小姨文姜。文姜再一次成功说服了齐侯诸儿，齐国不久就归还了战俘或宝器，文姜的作为维护了卫国的利益，也维护了齐国的形象，为齐、卫的和平相处尽了全力，可以说是难得的功臣。齐侯诸儿对她如此言听计从，足以见证文姜在他心中的位置，她是集合了妹妹、情人、妻子、外交大臣等多重身份的存在，是他生命中不可替代的女人。齐侯诸儿越来越需要她，文姜出于政治需要，很可能反复来往于齐、鲁之间，传递政治信息，调解两国关系。

齐侯诸儿十一年（前687年），齐国要求会见文姜，地点在鲁国的防，其目的不得而知，这一年中也没有发生什么值得记载的诸侯国间争端。而就在同年底，文姜来到齐国，又与兄长在谷地相会。一年之中有两次会面，这是前所未有的，仿佛有什么大的事件将要发生。我们或许可以从次年（前686年）的史料中寻得答案：

> 夏，师及齐师围郕，郕降于齐师。
>
> ——《春秋经·庄公八年》

这一年，齐、鲁联合攻伐郕国，这可能正是文姜两次会见兄长的主要目的。至于为何会有这样的战争，史书中并没有给出解释，不过齐国并不是第一次攻打郕国，理由想必不会逃出固有的几个。两国合力出兵，出发点是和睦的，但结果不尽如人意。郕国只向齐国投降，却把鲁国晾在了一边，这让鲁国非常难堪。《左传》里这样记载，鲁庄公的弟弟公子庆父请求讨伐齐国以报复，但被鲁庄公制止，虽然庄公给出的理由十分自谦，但可以看出鲁国的实力仍然较弱，尚不敢与齐国公然对抗。鲁庄公以此得到善名，但鲁国人很可能因此而心存不满。依照以往的经验，文姜当在此时再次出面调停两国关系。然而，现实不容许她再次施展外交手段——齐国国内发生了大事，齐侯诸儿被刺身亡。

自食其果的死亡

关于齐侯诸儿被杀的前因后果，《左传》中有极为详细的记载，精彩宛如小说，生动好似刑侦记录仪。齐侯诸儿的暴虐、无常以及死前的狼狈尽数暴露于后人面前，毫无避讳，绝无隐瞒，句句都在告诉后人，这位国君的死相多么难看。鲁国不敢公开报仇，却是历史的书写者，齐国的历史最终依靠鲁国的笔墨传承下来，这不能不说是鲁国人的一种胜利。

首先，《左传》用两则材料交代了齐侯诸儿被杀的原因：

> 齐侯使连称、管至父戍葵丘，瓜时而往。曰："及瓜而代。"期戍，公问不至。请代，弗许。故谋作乱。
>
> 僖公之母弟曰夷仲年，生公孙无知，有宠于僖公，衣服礼秩如適（嫡）。襄公绌之。二人因之以作乱。连称有从妹在公宫，无宠，使间公，曰："捷，吾以女（汝）为夫人。"
>
> ——《左传·庄公八年》

两条记载都着重于齐侯诸儿的反复无常和不近情理。连称和管至父是齐国大夫，被齐侯诸儿派往葵丘戍守，也就是被逐出国都的意思。但嘴上不明说，谎称瓜熟之时就可以让他们回来。齐侯诸儿缺乏宽广容人之度，对自己不喜欢的人都不留情面，做太子时与郑公子亹的不和乃至引发的悲剧足以说明他性情的暴戾，连他国国君都敢杀，何况自家大夫。有什么样的国君就会有什么样的臣子，齐侯无常，做大夫的也不客气，发现自己被骗后，两人心中生怒，打起了作乱谋反的主意。

此时，痛恨齐侯诸儿的可不止这二人，另一位正是他的堂弟公孙无知。

公孙无知的父亲夷仲年与齐僖公是一母同胞，兄弟俩关系密切，夷仲年曾是齐僖公最信赖倚重的大臣，为齐国外交出力颇多。如此，齐僖公也自然而然地喜欢自己的侄子无知，喜欢到一切宫中待遇等同于自家太子的份上。父亲的举动引发了诸儿的不满，心中容不下无知的存在，等父亲一死，第一件事就是将他逐出公宫。公孙无知自幼深得国君疼爱，如太子一般长大，突然遭受这样的虐待，心里当然过不去，只是一时无力反抗，只得隐忍待发。

公孙无知、连称和管至父，双方出于共同的目的一拍即合。连、管二人非公室出身，固然可以作乱，但不能自立，只得扶立新君。而公孙无知出身公室，正好可以填补这个空白。他向连称的妹妹（齐侯诸儿的姬妾）许以好处，如果帮助他夺位，将来就立她为夫人。如果诺言兑现，连称将来的地位就是一人之下万人之上，有了这样的利益交换，双方的合作便不愁不齐心了。

他们终于等来了下手的时机：

　　冬十二月，齐侯游于姑棼，遂田于贝丘，见大豕，从者曰："公子彭生也。"公怒曰："彭生敢见！"射之，豕人立而啼。公惧，坠于车，伤足，丧屦。反，诛屦于徒人费。弗得，鞭之，见血。走出，遇贼于门，劫而束之。费曰："我奚御哉！"袒而示之背，信之。费请先入，伏公而出，斗，死于门中。石之纷如死于阶下。遂入，杀孟阳于床，曰："非君也，不类。"见公之足于户下，遂弑之，而立无知。

——《左传·庄公八年》

　　齐侯诸儿在外打猎，突遇野猪，这本来是件无甚稀奇的事。但偏有人指出这头野猪很像杀死鲁桓公的公子彭生，也不知是否被公孙无知等人买通而故意说来耸人听闻的。齐侯诸儿心里有鬼，听人一说便立即信以为真，想要射死野猪。但也许是自己太紧张的缘故，这一箭力度不够，野猪非但没有倒地，反倒站立起来。齐侯诸儿吓得从车上摔了下来，摔伤了脚，丢了鞋，转瞬间，那个不可一世、所向披靡的齐侯狼狈到令人不忍直视。而接下来的情节非但没有挽回颜面，反倒急转直下。甫一回到宫室，齐侯诸儿就遭遇了公孙无知等人的追杀，在刺杀行动中，有三个侍从小臣为了保护他而被无知等人杀死，他们分别是费、石之纷如和孟阳。而齐侯诸儿自己则躲在了门后，却又藏得不够彻底，脚露了出来，终致被杀。公孙无知、连称和管至父三个人对他如此痛恨，可以想见存在虐杀的可能，不是所有威风八面的君主都可以体面地死去，齐侯诸儿就死得极为难看。这是《左传》中所记载的第二起因君臣不和而引发的弑君行为，而鲁国人省略了郑昭公被弑的细节却大肆渲染齐侯诸儿的死，其用意恐怕并不是出于对事实的尊重吧！

既然书之以恶，缘何谥之以美？

无知弑君后自立，但他并没有高兴太久，仅仅几个月后便遭受了同样的命运，被与自己不和的大夫刺杀了。这之后便是耳熟能详的齐桓公小白与公子纠抢夺君位并最终胜出的故事了。齐桓公继位后，给自家长兄的谥号是襄，在开篇时已经说过，"襄"是美谥，可翻阅齐襄公的生平后，我们发现他一生中几乎没有做过什么体面的事，又因何而得美谥呢？

不得不说，这首先来源于鲁、齐两国的立场不同。鲁、齐的恩怨已然交代分明，鲁国受齐国迫害而不敢复仇，心中有万种愤恨，自然对齐国是有恶必书的。齐国当然也会有自己的史书，但可惜的是都没有保留下来，我们今天所能掌握到的原始资料都来自鲁国人的书写，也就自然而然难以看到齐襄公的优点。那么，我们是否可以找到一些蛛丝马迹，让"襄"字不仅仅是一个美好的词语，又确有其实呢？《左传》里倒也不是没有一点痕迹。

秋，纪季以酅（xī）入于齐，纪于是乎始判。

——《左传·庄公三年》

六月乙丑，齐侯葬纪伯姬。

——《春秋经·庄公四年》

　　纪侯不能下齐，以与纪季。夏，纪侯大去其国，违齐难也。

——《左传·庄公四年》

　　在"齐僖公"一章中曾说过，齐僖公生前有一个遗憾，即没有能够成功吞并纪国，也没有为祖宗报仇。这个遗愿被儿子齐襄公成功实现，纪国从分裂到被齐国部分蚕食再到国君流亡、亡国，齐襄公终于出了齐人心中的恶气，也拔掉了眼中钉肉中刺。从齐人的立场来看，这非常符合"辟地有德曰襄。取之以义"的解释，而在纪侯流亡后，齐襄公操办了纪伯姬的葬礼，也是符合仁义的举措。此外，齐襄公护送卫惠公归国复位、赶走夺位的公子黔牟，继而归还了掠夺的财物，对齐人来说不但是"甲胄有劳"，同样是仁义之举。齐襄公虽跋扈嚣张，但其在位之时无一国敢与之争锋，没有让齐国有丝毫的损失，从整体功过而言，齐人还是认可的。

　　此外，还有一个重要的原因，即齐桓公对长兄的态度。齐襄公继位之初，还是公子的齐桓公第一时间出逃到了国外，可见是对自己的长兄心存恐惧的。但恐惧不代表不认同，从齐桓公初登君位时的做法来看，笔者认为他的性情与齐襄公有些相似，但多亏有管仲、鲍叔牙等能臣辅佐，加之齐桓公自己也是个肯听劝的人，这才没有走上长兄的老路。他接下的齐国已经不是父亲僖公靠外交手段打造的东方大国，而是长兄依靠武力才取得了今日成绩，是真正的列国忌惮的国家，齐桓公对此想必还是心有感激的。而公孙无知等人的犯上作乱虽事出有因，却终究是一国之君难以容忍之事，即便齐桓公同情自己的堂兄，也绝不会为作乱者辩白。给长兄上恶谥，就等于间接肯定了无知的谋逆。故想要维护自己统治的合法性，必然要先维护长兄的合理性，所以"襄"字是符合他心意的。

但齐襄公是齐桓公的一个警醒和前车之鉴。长兄意图通过武力称霸的雄心没有实现，虽然诸夏皆忌惮齐国，但没有人愿意承认他的霸主之名。想要真正称霸，还要顾及他国的颜面和眼光，更重要的是要得到周天子的认可。齐襄公走了一段弯路，但齐桓公通过贤臣的辅佐及时矫正了称霸的路线和策略，可以说，没有齐襄公的"恶"，难以有齐桓公的"仁"，从政治策略上说，齐桓公仍旧要感谢齐襄公这位自家兄长。

第九章

宋庄公

我被选择，我也选择

那个常常被忽略的宋国

在春秋列国中，有一个国家十分特别：它爵位极高，却不是姬姓国；为周王所封，却可以祭祀殷商的祖先；地域广大，却难以称霸；地处中原，却又被边缘。它时常出现在史书中，却时常记不起有关它的故事。这个国家就是宋国。

在我们的主人公登场前，宋国已然经历了十五代国君，从西周初年一路走来，是一个不可小觑的诸侯大国。但与其他实力相当的诸侯国不同的是，宋国的历史其实更为久远。那是令宋人骄傲却也尴尬的往昔，在祭祀中高歌"天命玄鸟，降而生商"的宋人不得不面对诞生于巨人足迹的强大敌人的碾压①，从此失去了对整个中原的统治权，接受反叛者的恩赐，偏安中原一隅安心做一方诸侯。

宋国的祖先正是殷商，也可以说，宋人是两周时期的前朝遗老遗少。为他们分封国域并允许其延续达千年之久，这在后世是不可想象的，即使在周朝建立初年，是否当保留殷商后裔也曾有过一番争论，核心忧虑当然是这些人会否服从新王朝的统治，并

---

① 据《诗经·商颂·玄鸟》，殷商是玄鸟之后。据《诗经·大雅·生民》，周人祖先是帝喾之妻姜嫄踩了巨人足迹受孕而生。

是否会谋划东山再起。这并不会因为社会制度的不同而失去其可能性。宋国的确没有反叛，但不代表殷商后裔不会，确切地说，宋国恰恰是在前朝遗老遗少们反叛之后才分封建立的。

周朝初年发生了三监之乱[①]，即殷商亡国之君帝纣之子武庚禄父联合姬姓诸侯武装叛乱的历史。而本章我们要先走近因叛乱而获益的宋国开国之君微子启，为叙述宋庄公（前710～前691年在位）做一个铺垫。

按照汉代大儒孔安国的解释，微是国名，子是爵位，启是名字。《史记》中称其为微子开，是为了避讳汉景帝之名[②]。微子启是著名的商纣王的长兄，在商晚期是有名的贤臣，但他的爵位不高，所封土地也并不丰厚，屡次进谏自然也难以得到弟弟的亲近和赏识。微子启是苦闷的，现实让他选择了明哲保身，避免了如叔父比干一般被残忍杀害的下场。

微子启不但成功躲过了弟弟的迫害，在新时代来临之时，顺利地迈过了时代的门槛，再一次成功自保，《史记》对他的这次危机公关有较详细的描写：

> 周武王伐纣克殷，微子乃持其祭器造于军门，肉袒面缚，左牵羊，右把茅，膝行而前以告。于是武王乃释微子，复其位如故。
>
> ——《史记·宋微子世家》

---

① 《史记·宋微子世家》："武王崩，成王少，周公旦代行政当国。管、蔡疑之，乃与武庚作乱，欲袭成王、周公。周公既承成王命诛武庚，杀管叔，放蔡叔……"第1293页，上海古籍出版社，2011。

② 《史记索隐》："《尚书·微子之命篇》云命微子启代殷后，今此名开者，避汉景帝讳也。"第1285页，上海古籍出版社，2011。

从帝纣到周武王，微子启的成功自保让我们看到了危局中的一种人生选择，它不符合后世所表彰的忠孝义节，但却是当时最现实可用的"人生智慧"。微子启没有选择保卫殷商江山而选择了主动请降，他的投诚仪式宛如一个大型秀场，这当然可以视为弃暗投明，但也许那只是一种出于政治目的的美化，微子启的意图十分明确：活下去。

当侄子武庚禄父联合反叛时，微子启并未参与其中，他似乎更愿意安于现状，并不留恋那个曾属于殷商的旧时代。他的置身事外为自己带来了极大利益，当武庚禄父的叛军被镇压后，周公旦"命微子开代殷后，奉其先祀，作《微子之命》以申之，国于宋"①。微子启什么也没有做，但他得到的却最多。

微子启以"不为"开创了宋国，宋国自此延续，直至战国晚期才被齐国所灭，成为一个长寿大国。宋国的子民在社会各个领域都取得了骄人的成就，特别是百家争鸣的思想界，孔子、庄子、墨子皆是宋国后裔②。

不过，当我们的主人公登场之时，宋国的辉煌还没有到来，春秋初年是齐、鲁、郑、卫的天下，宋国试图通过武力介入大国事务，以奠定自己的强势地位，似乎还不那么成功。

公子冯的去与归

有些人一出生就要承担命运的选择，哪怕是帝王之家。公子冯就是承载这样命运的年轻人，他未来的人生没有按部就班可言，一场政治危机迎面而来，而这危机早在他出生前就已埋下了根源。

---

① 《史记·宋微子世家》，第1293页，上海古籍出版社，2011。
② 孔子的先祖是宋国大司马孔父嘉，后文对此人会有详细介绍。

> 宣公有太子与夷。十九年，宣公病，让其弟和，曰：
> "父死子继，兄死弟及，天下通义也。我其立和。"和
> 亦三让而受之。宣公卒，弟和立，是为穆公。
>
> ——《史记·宋微子世家》

宋宣公是公子冯的叔父，他的弟弟宋穆公就是公子冯的父亲，公子冯所要面临的危局就是这两位长辈一手造就的。细看宋宣公病中所言，因《左传》中没有这一情节的记载，那么，如果司马迁的记述是准确的话，我们不难发现他的话是自相矛盾的。"父死子继，兄死弟及"本身就是两个对立体，谁都知道两者只能取其一，且大多数情况是以前者为首选，除非特殊时期，比如父死无子，弟弟是可以作为首要考虑对象的。但司马迁已述，宋宣公是有儿子的，既未早亡也无灾病，完全具备继位国君的资质，那么，宋宣公为何执意要舍子立弟？他的话明显是冠冕之词，所谓"天下通义"之言却义理不通，令人生疑。

当然，也存在一种解释，兄终弟及是殷商传统。查《史记·殷本纪》，殷商的帝王继承中的确大量存在兄终弟及的现象，不过值得注意的是，在微子启建立宋国以后，这种现象就已不多见了。

首先，微子启死后的确由弟弟继承君位，但其弟微仲死后则采取了父死子立的传统。到了第五代的宋闵公，他忽发尊古之思，搞了个舍子立弟，但结果却是不幸的，他的儿子鲋（fù）祀杀了叔父宋炀公而自立，是为宋厉公。他的理由非常强硬，只三个字："我当立"[①]。鲋祀敢如此说，表明父死子继在宋国已然成为公认的新传统，兄终弟及是老黄历了。宋闵公的突然复古之举无疑给公室埋下了祸患，缺少对现实的考虑，应当引以为戒。但有趣的是，

---

① 《史记·宋微子世家》，第 1294 页，上海古籍出版社，2011。

人们总是好了伤疤忘了疼，五六代人过后，后人早把前人的伤痛忘得一干二净，于是又出了一个好古的国君，搞了一出复古大戏。

不过，这一次有所不同，悲剧没有立即发生，因为太子与夷并没有马上发动政变，而是采取了隐忍的态度，这可能与其叔父的性格和政治策略有关。继位的叔父宋穆公对兄长感恩戴德，当他临终时，发生了这样一幕：

> 宋穆公疾，召大司马孔父而属殇公焉，曰："先君舍与夷而立寡人，寡人弗敢忘。若以大夫之灵，得保首领以没，先君若问与夷，其将何辞以对？请子奉之，以主社稷，寡人虽死，亦无悔焉。"对曰："群臣愿奉冯也。"公曰："不可。先君以寡人为贤，使主社稷，若弃德不让，是废先君之举也，岂曰能贤？光昭先君之令德，可不务乎？吾子其无废先君之功。"使公子冯出居于郑。八月庚辰，宋穆公卒。殇公即位。
>
> ——《左传·隐公三年》

宋穆公病重，知大限将至而要行后事安排。他叫来大司马孔父，告诉他自己的遗愿是归政前太子与夷，如此在"天上"见了疼爱自己的大哥也好有个交代。但孔父不赞同，表明群臣支持公子冯。宋穆公则表示反对，要求坚决执行自己的嘱托，并同时要求儿子公子冯去郑国避难。宋国群臣无奈，只得遵守遗愿，立与夷为君，是为宋殇公。那么，我们来分析这段对话所透露出的几个重要信息，即当初宋宣公舍子立弟的时候，太子与夷为什么没有走宋厉公的老路发动政变。第一个原因方才已然提到，宋穆公对兄长的让位感怀至深，时刻不敢忘。那么，这就可能牵出第二个没有摆在台面上的原因：他继位之初就已经与太子与夷达成了交易，即我死不立子，仍归政给你。史书没有明确记载确实曾有过这样一次谈判，但这个推断是较为合理的。一方面可以稳住太子与夷，稳住他就是稳住了宫廷和公室，确保不会发生政变。另一方面，宋穆公可以以此为自己博得美名，也是筹措政治资本的手段。他安稳地在君位上度过了九年时光，临终前没有毁约，交代让位给太子与夷，但他的另一个举动却有别于兄长宋宣公，即"使公子冯出居于郑"，也就是让儿子流亡到郑国去。为何太子与夷没有被父亲驱逐，公子冯却要被父亲赶走？

我们再次关注对话本身。宋穆公交代遗愿之后，顾命大臣孔父却提出了异议，即"群臣愿奉冯也"，也就是说，大臣们都力挺公子冯，不愿立前太子与夷。这是一个政治警钟，即公子冯有自己的人脉和势力，如果强行改立他人，很可能会导致不良后果。但宋穆公坚持按照遗愿办事，他果真如自己所说，是出于感恩、出于德的考虑？也许有这个因素，但并不单纯。这其实是一个新的政治交易，即用太子与夷的继位换取公子冯的平安，如此说，又何以见得？

宋穆公说，"先君以寡人为贤，使主社稷"，也就是说，宋宣公摆在明面上的理由是弟弟宋穆公贤能，自己的儿子比不上。也许这是一句空话，但从太子与夷继位后的一些作为来看，也许还是有些道理的，这一点稍后会提到。宋穆公当然也对太子与夷的为人非常清楚，为了安抚他，甫一登基就做了政治交易，而这次的临终托孤又是一次交易。从性格来看，公子冯应当较为温和，至少年轻时表现得如此，宋穆公比较两人之后或许担忧公子冯不敌前太子与夷，且得到朝中大臣的拥戴本身就是对与夷的威胁，与夷势必不能容公子冯在宋，若留下，必将被杀。宋穆公表面上是赶，实际上是保，流亡在外虽然苦了点，但命是可以保住的，说不定还有卷土重来的机会。更有趣的是，公子冯他国不去，偏偏去了郑国。此时的郑国正在逐渐壮大，连周天子都不得不看郑庄公的眼色，若公子冯去了郑国，与夷是不会轻易动用武力的[①]，但强大的郑国却很有可能支持公子冯复位。分析了以上内容，可以看出宋穆公是无奈之选中的主动出击，以退为进，为儿子做好前期安排，至于后面的事，他已无能为力，就看儿子是否争气了。

公子冯迫于无奈，在父亲的安排下去了郑国，送走了儿子的宋穆公终于可以放心闭眼了。历史证明，他的安排是正确的，一切都按照他的期望进行着，只是，过程有些漫长。当公子冯再次回到宋国，已然是十一载之后，而这十一年之中发生了太多的纷乱，列国局势一变再变，宋国也在不断地调整自己，谋求大国之威。

转眼来到宋殇公与夷在位的第十年（前710年），这一年发生了一件大事——宋殇公被杀了。

我们先来看一下他被杀的起因和经过：

> 二年春，宋督攻孔氏，杀孔父而取其妻。公怒，督惧，遂弑殇公。
>
> ——《左传·桓公二年》

这是一次不同寻常的弑君，它的起因并不是一次一般意义上的政变，甚至与宋殇公本身无关，而是一起大臣间的桃色事件。看起来，宋殇公是被连累的。那么，这起桃色事件又是怎么一回事呢？

---

① 有一种说法，公子冯曾在郑国做人质，所以去了郑国，但未找到史料佐证。

时间要先回到一年前（前711年）。彼时朝中有两大势力，其一是宋穆公留下的顾命大臣大司马孔父嘉，另一个则是太宰华父督，他是第十一任国君宋戴公之孙。一次华父督出门，在路上巧遇孔父嘉的妻子迎面而来，孔妻美艳绝伦，华父督当下心动神摇，生了夺妻之念。于是华父督一不做二不休，于次年早春谋杀了孔父嘉，霸占了他的妻子。华父督的不义之举立即触怒了宋殇公，有趣的是，虽然当年孔父嘉提出拥立公子冯，但他却顺利成了宋殇公与夷的近臣，他的死让宋殇公对华父督极为不满。华父督为防国君治罪于己，索性快刀乱麻，连国君也一同杀了。

这是一次性质非常恶劣的弑君事件，不但过程狗血，杀戮也充满血腥和丑恶。华父督敢如此嚣张，是否有境外势力的支持？我们将目光再次投向寄居郑国多年的公子冯，看这些年他都做了些什么？

早在华父督杀孔父嘉和宋殇公之前，他已为自己做了充分的政治准备，先打起了舆论战：

> 督利孔父妻，乃使人宣言国中曰："殇公即位十年耳，而十一战，民苦不堪，皆孔父为之，我且杀孔父以宁民。"
>
> ——《史记·宋微子世家》

华父督大肆宣扬宋殇公乃无道之君，关于十年十一战，东汉大儒贾逵曾做过一个简要的总结：

> 一战，伐郑，围其东门；二战，取其禾；三战，取邾田；四战，邾郑伐宋，入其郭；五战，伐郑，围长葛；六战，

郑以王命伐宋；七战，鲁败宋师于菅；八战，宋、卫入郑；
九战，伐戴；十战，郑入宋；十一战，郑伯以虢师大败宋。

这里面大大小小的战役，有些已经在前文讲过，可以看出绝
大部分是与郑国之间的战争。我们不由得想到在郑国的公子冯，
事实上，宋、郑的十年之战都与公子冯脱不开干系，虽然直接原
因并非皆因他而起。不过，宋、郑的第一次交兵，也就是那个东
门之役，就是与公子冯密切相关。

> 宋殇公之即位也，公子冯出奔郑，郑人欲纳之。及
> 卫州吁立，将修先君之怨于郑，而求宠于诸侯，以和其民。
> 使告于宋曰："君若伐郑以除君害，君为主，敝邑以赋与陈、
> 蔡从，则卫国之愿也。"宋人许之。于是，陈、蔡方睦于卫，
> 故宋公、陈侯、蔡人、卫人伐郑，围其东门，五日而还。
>
> ——《左传·隐公四年》

这件事发生在宋殇公元年（前719年），充分体现了宋穆公的
预见性和政治谋略。他一定想得到，儿子不会善罢甘休，郑国也
不会做中立好人，强大到要替周天子维持秩序的郑庄公岂能坐视
公子冯受委屈？不过，郑国虽不满，也还要斟酌自己的分量，不
会轻易出手，那些日后考验郑国并将它推上国运巅峰的战役都还
没有打响，郑庄公还是稳重的。就在此时，那个被卫桓公赶出卫
国的公子州吁恰到好处地出现了。

卫国与郑国有旧怨，卫州吁好兵，但苦于以一己之力难以复
仇，于是便挑唆诸侯联合讨伐。他看准了公子冯流亡郑国所导致
的宋、郑不和，一方不能安稳、时刻提防，而另一方苦于没有出

兵攻伐的时机，在这个关键时刻挑拨两国矛盾是再合适不过了。卫州吁的话说得奸猾狡诈，明明是他想要伐郑，却将主要矛盾引向宋、郑，把自己描述成一个跟随大哥出头的跟班，触到了宋殇公的痛点，让宋殇公按捺不住自己，以为等到了除掉心腹大患的好时机，立即与卫州吁一拍即合。卫州吁能够以"君若伐郑以除君害"说动宋殇公，再次证明了宋穆公的远略，与夷是绝不会放过公子冯的，即便如今他已流亡在外，仍然要除之而后快。各方商量妥当后，以宋国为首的四路诸侯浩浩荡荡向郑国杀来，围城五日却终无功而返，没有讨到任何便宜，却终招来郑国的仇杀。从此，中原战端频仍，郑国通过武力一个一个地将各国制服。只是，宋国凭借强大的国力，始终与郑国相持。在卫国败下阵后，它成为对抗郑国的强有力的对手，双方各有得失，旧仇牵出新怨，宋殇公的十一战根本停不下来，若非国内发生政变，还会有十二、十三以致无数战。

没有证据表明公子冯参与过实际的战斗，想来作为宋国的流亡公子，他也极不适合在战场上与自家军队交战。不过，他一定盼望着早日归国，而他能够指望的唯有宋国在战场上的落败，如此，郑国便可成功护送他归国继位。尽管如此，根据他日后外交策略的判断，想必他这十年也并没有赋闲，而是摸清了郑国公室之内的人际关系和权力地位，这为他日后压制郑国做好了前期准备。

也许他没想到，回到宋国的契机竟然不是郑国的努力，反而来自自家内部的杀戮。但无论如何，他是这场政变的受益者，堂兄的死是他回国执掌权力的唯一方法。当他回到宋国时，郑国是列国间最强大的诸侯，他深知与郑国结仇没有任何好处，而国内百姓被连年征战所苦，反战情绪蔓延，宋国需要休养生息。新任国君宋公冯很好地顺应了天命人心，立即退出了焦灼的战场，这既是表达对郑国这些年来的庇佑的感激之情，也让宋国重新调整，得以喘息。时光荏苒，转眼十一年匆匆流逝，宋国已多年和平，国内政治局势十分稳定。然而，树欲静而风不止，在连年混战的大时代背景之下，地处中原的宋国想要永远置身事外是不可能的，就在第十一年的冬天，宋国再次踏入战场，而这一次的对手，仍是郑国。

重生，从碾压郑国开始

宋公冯曾与郑国情谊深厚，缘何十一年后反目成仇？其中的瓜葛还要从一年前（前701年）说起。这一年，郑国国内发生了一件大事——郑庄公死了。

一代枭雄猝然离世，权力交接是重中之重，稍有不慎便会造成内乱。原本，郑庄公的长子，也就是太子忽是钦定的接班人，也是毫无争议的最佳人选。但这个关键时刻引起了宋公冯的注意，他曾在郑国寄居十载，对那里的一切都太熟悉了。郑庄公在时，全国上下齐心，郑国宛如蛟龙在天，无人可挡，但现在，主心骨没了，凝聚力大大减弱，内部空虚，各方势力互相较着劲，宋国自然更重视与自身利益密切相关的那一方，这就是公子突。

初，祭封人仲足有宠于庄公，庄公使为卿。为公娶邓曼，生昭公，故祭仲立之。宋雍氏女于郑庄公，曰雍姞，生厉公。雍氏宗，有宠于宋庄公，故诱祭仲而执之，曰：

"不立突，将死。"亦执厉公而求赂焉。祭仲与宋人盟，
以厉公归而立之。

——《左传·桓公十一年》

这段故事我们在"祭仲"和"郑昭公"两章中分别讲述过，想来已并不陌生。公子突的母亲雍姞来自宋国强大的雍氏家族，公子冯在郑国时，应该曾受到过雍姞的帮助和照顾，或者说，公子冯能够长久地安居在郑国，雍姞的影响力一定不小。有这样一层关系，公子冯与公子突应当走得更近些，如果公子突可以继承君位，宋国势必获得更多的好处。宋公冯敏锐地抓住这个时机，立即展开行动，将祭仲和公子突分别拘禁，然后一面逼迫祭仲改变立场，一面逼迫公子突答应继位后每年给宋国相当的好处。交易最终达成，公子突顺利做了国君，太子忽则出奔卫国。

不过，难免会有些疑问：其一，公子突和祭仲怎么会如此轻易地被宋国俘虏呢？宋国又是用什么招数诱骗祭仲入宋的呢？《左传》中在这一年的记载并未提到郑、宋两国有交兵，故当不是战争俘虏。但同时，也未见出使宋国或公子突出奔的字样，看来也不是趁机拘禁。那么宋国究竟是如何做到的呢？是派了刺客？抑或派人秘密劫掠？没有史料佐证，实在令人难以猜测。其二，宋国在没有派兵的情况下，为何能够如此轻易地赶跑太子忽？这一点或许可以找到答案，即祭仲是当时郑国的真正掌权者，太子忽也要听命于他。没有祭仲的命令，很可能连军队都难以调动，太子忽也不得不走为上策了。

最终，宋国以成功扶立公子突夺得君位而胜出，也扭转了二十年来郑国一家独霸的局面。届时列国间群龙无首，各路诸侯

一时跃跃欲试，都想接掌郑国威名。鲁国、齐国都在运作，公子突甫一继位，鲁桓公就积极向宋公冯释放善意信号，一年多的时间里先后六次接洽，国君会面就占了五次。在"郑昭公"一章里讲到过，太子忽与鲁国有仇，故鲁桓公十分憎恶太子忽，公子突的继位是有利于鲁国的。现在郑国被宋国捏在手中，宋国很可能是下一任霸主，鲁桓公要与宋国结盟是再自然不过的事。可是，宋公冯对鲁桓公却并不上心，会面虽多，诚意却寡，总是敷衍了事。鲁桓公渐渐被宋公冯的慢待激怒，当即转向郑国，两国迅速结盟，并于宋公冯十一年（前700年）年底联合出兵攻伐宋国，宋国的和平时代就此终结。

已继位为郑厉公的公子突缘何反向攻击自己的恩人？还记得宋人囚禁公子突时对他的要求吗？"亦执厉公而求赂焉"，就是要求郑国向宋国缴纳财宝，但郑国人哪受过这份气？公子突当年在战场上也是一员骁将，为老父亲出谋划策，运筹于帷幄之间，又怎肯屈居人下，丧权辱国？这国君做得窝囊，压在自己头上的那座大山就是宋国，不推平这座山，郑国将无法重振雄风。

> 公欲平宋、郑。秋，公及宋公盟于句渎之丘。宋成未可知也，故又会于虚；冬，又会于龟。宋公辞平，故与郑伯盟于武父。遂帅师而伐宋，战焉，宋无信也。
>
> ——《左传·桓公十二年》

鲁桓公想要调解宋、郑之间的矛盾，想必郑厉公之前是与他通过气的。鲁桓公支持郑厉公，自然愿意帮忙，但宋公冯的狡猾让鲁桓公颜面尽失，鲁、郑两国见软的不行，干脆来一手硬的。战场上，郑国怕过谁？宋国岂是对手？何况宋国已有十一年不曾参战，疆场经验恐已淡薄，而鲁、郑两国这十几年来一直在不断历练自己，当年的郑、鲁、齐三国军事同盟在诸夏间的声威还没有远去呢！

这场战役发生于宋公冯十一年（前700年）十二月初十，但遗憾的是史书没有记载战争的结果，不过，转年的二月，双方再次交战，这一次，宋国拉来了齐国、卫国和南燕国联合作战，而郑、鲁联军也拉来了纪国做外援。如此倒推，很可能是宋国不敌，也有可能双方互有损伤，但未分胜负。两场战争均以宋国的失败而告终，紧接着，卫宣公和齐僖公相继去世，宋国也暂时失去了强有力的外援。但失败的仇恨却在宋公冯心中越积越深，郑国就这样脱离了宋国的控制，他曾经的全面压制郑国以壮大的策略彻底失败。想要称霸就必须在战场上赢得威名，他要为损失的威严和名誉复仇，直到郑国低头。

复仇

从宋公冯十三年（前698年）到十五年（前696年）的这三年中，宋公冯的第一使命就是伐郑，其中尤以十三年的攻伐最为激烈，仇恨最为深重：

> 冬，宋人以诸侯伐郑，报宋之战也。焚渠门，入，及大逵。伐东郊，取牛首。以大宫之椽归，为卢门之椽。
>
> ——《左传·桓公十四年》

在这场战争中，郑国败下阵来，宋国军队焚烧了郑国城门，冲入四通八达的大街，拿下了东郊一个叫牛首的地方。更过分的是，他们还拆了郑国祖庙的椽子，回去用于自家城门的建造。自郑国建国以来，从没有哪一路诸侯可以这样杀进郑国的国土，哪怕是周天子亲自出征，更没有过祖庙被拆的奇耻大辱。虽然史书上没有关于伤亡的记载，但想到宋师已然如此羞辱郑国，想必屠戮是在所难免的，伤亡当极大。宋人这一次非比往常，是杀红了眼，根本不计较大国之仪，也不考虑诸夏间的影响，更没有顾虑郑国与周王室的关系。复仇是第一要务，在捣毁敌人上要竭尽所能，绝不手软。

根据《春秋经》的记载，此次跟随宋国伐郑的还有"齐人、蔡人、卫人、陈人"，不过，在以上一系列的复仇中，《左传》却没记载这几国军队的参与，也许是未加详述，但也许是四国军队并不看好宋国的做法，也不想因此与郑国结下血海深仇，故没有参与。

宋军心满意足而归，郑国内却发生了激烈的变化，政变再次上演，郑厉公出奔，郑昭公回国复位。

据《左传》中交代的背景，这次政变源自郑厉公与祭仲的权力之争①，但也许与宋国的复仇不无关联。战无不胜的郑国之所以败得如此惨烈，很可能与祭仲专权、郑厉公调派不力有关，也就是说，郑国的失败是败在内部权力斗争之上。宋公冯十四年（前697年），随着郑昭公忽的回归，鲁、郑关系发生大裂变，鲁桓公瞬间失去了最强有力的盟友，立即与郑国反目成仇。此刻，他别无选择，只能再次投靠曾经让他颜面扫地的宋公冯。

① 详见前文"祭仲""郑昭公"两章。

宋公冯这一次并没有玩弄鲁桓公，郑厉公的出奔于他而言也是有害无利的。郑昭公原本就是因他的阴谋而被迫流亡，定然对宋国满怀仇恨，就这样，两个共同的敌人成了朋友。鲁桓公的目的是赶走郑昭公，护送郑厉公复位，而宋公冯的目的只有一半与鲁桓公完全贴合，那就是赶走郑昭公。至于郑厉公，虽然并不十分服顺，但毕竟是手下败将，又有着一半宋国的血统，再坏也好过死敌郑昭公。

这一年冬，由鲁国挑头，宋、卫、陈再次聚集在一处，汇成同盟军浩浩荡荡杀向郑国。但郑国权力的更替解决了之前内部斗争的内因，郑国上下一心，多国联军并没有取得任何战绩。失败让联军非常不满，转年夏，蔡国重新加入，多国联军再次杀向郑国。对于这一次结果的记载，《左传》说得相当含糊，只记载了鲁桓公回国时举行了饮至礼。这是一种出征凯旋时才会举行的礼仪，如此看来，当是联军取得了胜利。不过，我们也不能忽略一个问题：郑厉公仍然在外流亡，郑昭公稳坐国君宝座，鲁桓公的最初目的并未达到，这一次的讨伐仿佛只是为了半年前的失败出一口恶气，杀几个人就可得胜回銮了。

史书虽有遮掩，但不难推测到一个信息：联军无法彻底击败郑国，郑国强大的军事实力仍足以抵挡外来的任何侵略。若非次年冬国内发生弑君的政变，郑昭公足可以带领郑国恢复元气，再通过外交手段重新赢得朋友，再次结交鲁国也并不是完全不可能的事。但历史没有给郑昭公时间，也不再眷顾郑国，随着一任又一任国君的更迭，郑国无可挽回地衰落下去，这或许是宋国崛起的大好时机，却不料，北边的齐国来势更加凶猛，新君齐襄公连杀鲁、郑两国国君，震惊列国。也许这是一个联合鲁、郑转攻齐国的大好时机，但鲁国新君年少，郑国也是一片混乱，受害人自

133

信不足，外人难以帮忙。何况齐国地处偏远，与宋国之间隔着若干大小国，宋国是无法再联合南方各国讨伐齐国的，远离和观望是最好的选择。

宋国称霸之梦显得有些遥远，但宋公冯已没有太多遗憾，他的时间也不多了。在位第十九年冬，宋公冯卒，谥号庄，波折的一生就这样结束了。他品尝过被命运抛弃的辛酸，也成功赢回了命运的眷顾。作为宋国的国君，他是一位承前启后的君主，他的孙子宋襄公继承了他的遗志，继续奋斗在宋国称霸的路上。

第十章

周桓王

王室而既卑矣

我们都知道，周王室的衰落大抵从东周建立开始。作为东周开始的标志，周平王成了带领兄弟们走向没落的领头羊。但从他个人角度而言，这的确非他本意，周王室的衰落其实早在西周中后期就日见端倪，而他也不过是受害者之一。但有一个细节常常为人所忽略：即便是东周时期，王室的衰落也不是一蹴而就的，诸侯的强大更非一日而成。比如，晋文侯虽在东迁时功劳卓著，但晋国却随后陷入内乱，并没有借东风之力而崛起。其他参与的卫国、鲁国等也都没有真正崛起，特别是卫国，走了反向路线，跟着周王室一同衰落了。而郑国真正借了周王东风，但郑国的强大对手恰恰是给了它上升台阶的周天子，可以说，是郑国让周王室从诸侯的王跌落为事实上的一方诸侯，对决的双方正是郑庄公与周平王之孙周桓王（前719~前697年在位）。

让我们从头说起吧！

初登大宝，周郑交恶

周平王之孙名林，他的父亲原本是太子，可惜早死，爷爷便将王位直接传给了他。周王林是幸运的，没有叔叔大爷们来抢王位，在他继位以前，周王室曾与郑国交换人质，周平王派出的人是王子狐，不知其选择是否暗含着为孙子扫清障碍的意思。在后来的史书里，王子狐再也没有现身。

周王林继位之时，似乎还较年轻，有年轻人的锐气，对诸侯的崛起特别是郑国的崛起非常不满。爷爷还在世时，没少受郑国的气，当年郑武公在时还算收敛，可郑庄公继位后越发嚣张，竟然胆敢当面质问爷爷任命大臣的安排，俨然他自己才是天下王者。[1]而爷爷的妥协与软弱想必也深深刺痛了他的内心。周王室迁都洛邑后，威严日衰，周王林不甘心，他要重振王室雄风。

爷爷忌惮郑国，孙子却不屑一顾，周平王驾崩之后不及一个月，连纪年都还不曾更改，周王林就开始了大动作。

首先，周王林要做爷爷不敢做的事，公开提拔虢公，即"周人将畀虢公政"[2]。

在"周平王"一章中曾讲述过其晚年的一桩窝囊事。周平王有感于郑庄公骄慢跋扈，打算分掉一部分郑国在周王室内部的权力给虢公，岂料被郑庄公察觉，闹出了不愉快。周王林对此事一定耿耿于怀，否则不会在爷爷去世之后便如此迅速而招摇地扶立虢公。他看起来并不忌惮郑庄公和他的郑国，敢于公开对立，这就让郑庄公极为不满，于是周、郑之间展开了长达十几年的对峙，两方从此分道扬镳。

在最初的较量里，郑国小胜，周王林一继位就感受到了郑国的强霸：

> 四月，郑祭足帅师取温之麦。秋，又取成周之禾。周、郑交恶。
>
> ——《左传·隐公三年》

① 详见前文"周平王"一章。

② 《左传·隐公三年》，第27页，中华书局，2012。

对祭足我们已然十分熟悉，作为郑庄公的急先锋和不二忠臣，他第一个冲出来教训了初登王位的周王林。在古代，农业作物是非常宝贵的资源，偷盗抢劫别人的粮食等于断人家的活路。郑国抢的这点粮食当然不足以威胁周王室的饭碗，但这样的举动也是前无古人的逆天之举，郑国显然是在警告新王：你爷爷也不能奈我何，你又算什么！而更恶劣的是，此时正值平王丧期，春秋时期对待他国君主的丧期是非常重视的，依照礼法，即便是讨伐也要等丧期过后才可。如果已行至半路，则要立即撤军返国。而面对周已故天子的大丧，郑国竟敢如此嚣张，公然羞辱周王，周王林岂能不恨？

但恨归恨，周王林也因此清醒了些，意识到自己的实力不堪与郑国抗衡，故未敢有大动作，双方开始了冷战。就在此时，晋国国内发生内乱，周王林的注意力暂时分散去了那里，派了不少军队参与平叛，两三年里也没有再与郑国发生不愉快。

大概经过了几年的冷处理，郑庄公觉得新王吸取了教训，懂得服软低头了，而自己几年来都没有再踏入王畿，长此以往恐惹天下人非议，于是主动向周王林示好，进入王畿朝见天子。却不料，周王林心里的结还死死地扣着，从没有解开过。

> 郑伯如周，始朝桓王也。王不礼焉。周桓公言于王曰："我周之东迁，晋、郑焉依。善郑以劝来者，犹惧不蔇（jì），况不礼焉？郑不来矣！"
>
> ——《左传·隐公六年》

面对郑庄公主动伸出的友谊之手，周王林不屑一顾，摆明了是还记着仇。按照当时的观念，即便是天子也要遵守礼法，不能任性妄为，周王林的举动既违背了礼制也不够聪明，遭到了老臣的批评。大夫周桓公（又称周公黑肩）认为，郑国对平王东迁有功，总该礼让它才对，这是周平王的老政策。而从现实情况来看，郑国日渐壮大，早就不待见王室，王室更应该懂得顺应形势，做出一些姿态笼络住郑国，而不应该大摆王室架子，毕竟已今非昔比。这一段里没有交代郑庄公对此事的反应，也没有后续的周王林的描述，不过根据后面史实的记述，我们可以做一番合理推测。

首先看郑庄公如何看待此事。虽然他是周天子分封的伯爵，但从之前的做法来看，天子根本不在他眼里。这一次他主动入王畿，难免有些屈尊忍辱之感。但遭到周王林的无礼之后，他果真如周桓公所说没有再来吗？并非如此。两年后他又来了，不但自己来，还带来了齐僖公。

八月丙戌，郑伯以齐人朝王，礼也。

——《左传·隐公八年》

齐僖公想通过郑国取得在中原的重要位置，朝王是必须要有的一步。郑庄公为了拉拢齐僖公，引荐他朝王是最好的方式。郑、齐之间有利益同盟，两者间的利益远高于郑、周之间的交恶，郑庄公表面上并没有计较周王林的无礼，高高兴兴地又来见大王了。由此可以推断，上一次遭到无礼对待后，郑庄公并没有当即撕破脸，很可能仍然故作谦恭，也没有为此发兵抢王畿的粮食，一切风轻云淡般消逝。郑庄公能屈能伸，心怀城府，气量足够称霸诸侯。

再来看周王林。同样是从齐僖公朝王一事推断，周王林在听到周桓公的批评后想必也做了思考，认识到了自己行为的不成熟，意识到可能引发的一系列后果，而这些不良后果可能给周王室带来厄运，故积极收敛，在郑庄公陪同齐僖公再次觐见时，做到了天子应有的行为，这一次的朝见是愉快的。

周、郑之间进入了相对缓和的时期，这从之后几年郑国的对外关系中可以窥见。周王林六年（前714年），"宋公不王。郑伯为王左卿士，以王命讨之，"次年，"齐人、郑人入郕，讨违王命也"，[①]郑庄公的主要精力都放在了与其他诸侯间的战争上，并且都打着周天子的旗号，周王林也没有异议。双方达成了某种默契，周王林乐得郑庄公的矛头转向其他诸侯，让他们互相斗，也给王室扫除其他隐患。而郑庄公则借王室的名义为自己称霸的道路扫清障碍，为自己扬名立万。

但是，郑庄公有别于周王林之处在于，他始终是清醒的。此时的周王林可能还在做着王室重新崛起的大梦，而连年得胜的郑庄公却在胜利中看到了深重的危机：

> 乃使公孙获处许西偏，曰："凡而器用财贿，无置于许。我死，乃亟去之。吾先君新邑于此，王室而既卑矣，周之子孙日失其序。夫许，大岳之胤也，天而既厌周德矣，吾其能与许争乎？"
>
> ——《左传·隐公十一年》

郑庄公以王命讨伐许国并分裂了许国，命公孙获为许国西部的地方长官。这本该是大喜的日子，可他道出了三方面的隐忧：其一，王室衰败，再无回天之力。这已然是明面上的事，倒并不新鲜，也许只有周王林自己不这么认为。其二则非常重要，也体现了他深远的政治家眼光，他预见到了"周之子孙日失其序"，那

---

① 《左传·隐公九年》《左传·隐公十年》。中华书局，2012。

么，谁是周之子孙？周王林当然是，只有他一人而已吗？不，卫宣公也是，鲁隐公也是，还有不入流的蔡侯等，同样也包括他郑国的子孙。郑庄公说这番话时，恰是入侵许国大获全胜的最高潮时刻，而他竟然清晰地看到了历史的走向，嘱咐占有许地的大臣不要在许国置业，自己死后要立即离开这里。他不但看到了其他姬姓国的混乱与衰败，甚至预见到了自己死后郑国的命运，这不得不说是具有高度政治敏锐度和洞察力的。那么，既然他意识到了郑国的危机，为何不周密部署，给子孙以交代？紧接着他道出了第三点，"天而既厌周德矣"，如果说前面的话还是从政治角度看待问题，那么第三点则是着眼于大历史的走向，从更宏观的角度看待问题。看起来有些宿命论的色彩，其实他恰恰道出了历史的真相，姬姓人是无法再霸占天下了，将有更强大的族群取代姬姓一族。许国何姓？姜姓。许国当然无法称霸，不过，姜姓之国并不只有许国，还有齐国。在郑庄公之后称霸天下的恰恰就是齐国的国君。在齐之后，晋国虽然崛起，但南方同样崛起了芈姓的楚国，晋楚争霸绵延不绝，而最终，晋国亡于大夫之手，姬姓彻底沦落。

郑庄公明白，自己霸得了一时，霸不得一世，而历史的走向并非他一个人的力量可以左右。时代会淘汰以周德为核心的政治力量和历史包袱，他为子孙打算得再好，也无法改变历史的潮流。固然显得悲观，但却是难得的清醒。

与他相比，周王林就不那么清醒了，他的心思仍然停留在一件事上：复兴周室大业。

一战而王室卑

五年后，周、郑终于撕破脸皮，展开了一场决定命运的大战。

这场战争由周王林亲自发起，跟随他鞍前马后的有蔡、卫、陈三国，郑国一方却是孤军敌众，形势上处于劣势。然而，就是这样一场战争，让郑国一战而威震天下，周王室却因自己发动的战争而彻底衰落。

就在郑庄公嘱咐公孙获那一番话之后不久，周王林便有了动作：

> 王取邬、刘、芳、邘之田于郑，而与郑人苏忿生之田：温、原、绨、樊、隰郕、攒（zuàn）茅、向、盟、州、陉、陨（tuí）、怀。君子是以知桓王之失郑也。恕而行之，德之则也，礼之经也。己弗能有而以与人，人之不至，不亦宜乎？
>
> ——《左传·隐公十一年》

虽然周、郑关系一时缓和，但显然周王林还是在惦记着报仇雪恨。他趁着郑庄公连年与诸侯作战的当儿，私自做了个决定，拿走了郑国的部分土地，继而把原属于苏忿生的一部分土地强行塞给了郑国。苏忿生早已不在人世，他是周朝建立时期的大人物，任职周武王的司寇，掌管刑狱，他的封地就是引文中提到的温等地。几百年后，周王林突然把这块封地转手给了郑国，这是什么道理？从引文中君子的"己弗能有而以与人"那句话判断，似乎周王林已然失去了对这部分土地的实际管辖权，那么，他如何失去的呢？由于史料的匮乏，具体细节已不得而知。但我们不可忽略的一点是，就在八年前，郑国的祭足曾经率军在温地抢过粮食（郑祭足帅师取温之麦），这似乎说明此地已然被郑国染指，郑的势力渐渐大于周的势力，周王林索性将这块地方全部给了郑国。从字面意义上看，周王林划给郑国土地是出于补偿的需要，可是还有一个细节值得注意，即周王林为什么，又是如何从郑国手里"取"走"邬、刘、苏、邘之田"的呢？从古至今，只见为土地而血腥厮杀的国家，鲜少见过随随便便将土地拱手送人的事情，何况是一直以来占据上风的郑国。那么，周王林是不是趁郑庄公出征在外的空档，出兵夺走了这些土地，又假意将实质上属于郑国的土地从名义上正式划归郑国？也许是这样的，《左传》没有说周王出兵抢占，那是因为从法理上来说，"普天之下莫非王土"，虽然现实已远非如此，但政治上依然具有高度的正确性。

面对这样的情形，郑庄公如何应对？从现有史料记载来看，他没有采取军事行动，因为不具备政治正确性，法理上不成立。但他也不是没有任何应对措施，就在此事发生后的第二年（前711年），郑国再次与鲁国洽谈了交换土地的事宜，这就是"泰山之祊（bēng）易许田"。

早在周王林五年（前715年），也就是郑庄公向周王林引荐齐僖公的那年，郑国就已与鲁国展开了有关交换事宜的洽谈。祊这块地方原属于郑国所有，是周天子所赐，但地点却临近鲁国，因其处泰山脚下，故赐赠的目的在于天子祭祀泰山时，供郑国的国君休息斋戒之用。而许田为鲁国所有，地点却在郑国边境靠近许国的地方。还记得鲁隐公做公子时被郑军俘虏的那场战役吗？当时被俘地点是郑国的狐壤，此地在郑国境内，鲁国公子息胆敢孤军深入作战，后援何在？展开地图，许田恰在狐壤以东，很明显，这就是公子息远道而来、孤军深入的落脚点。

春秋时期，周天子已然不再祭祀泰山，许田孤悬郑国南境，无论从政治还是军事角度来看都是不妥当的。当年郑庄公有意与鲁隐公做交换却没有成功，原因自然是多方面的，从郑国一方看，应该也有不想以此激怒周王的意思，毕竟齐僖公还要借助郑国的势力朝见周王，于郑国也是有利的。而周王林私自夺取郑地的举动很明显惹恼了郑庄公，就在此时，鲁国国内发生政变，新君鲁桓公上台执政，郑、鲁、齐三国军事同盟也已取得了骄人的成绩，好得跟一家人似的，郑庄公便再一次提出交换土地的要求，附送给鲁国不少宝物。郑国终于控制了许田，军事上也就彻底摆脱了鲁国的威胁，但这无异于打周天子的脸，等于正式宣告，郑国将再也不会将王室奉为至尊，也不愿再侍奉王室。

周王林感受到了郑庄公的怒意。三年后（前707年），周王林正式剥夺了郑庄公的卿士职权，算是与郑国一刀两断，而郑庄公也不再考虑王室的面子，真的再也不来朝见了。

眼看着自己的惩罚措施对郑国毫无作用，周王林气得浑身发抖，他要制服郑国，要让郑庄公低头认错！于是便有了繻葛之战。

> 王为中军；虢公林父将右军，蔡人、卫人属焉；周
> 公黑肩将左军，陈人属焉。
>
> ——《左传·桓公五年》

这一次，周王林是认真的，也有备而来。王师分三路，周王林亲自统率中军，右军由虢公林父统率，参加作战的还有蔡军和卫军，左军由周公黑肩率领，陈军随从。从部署来看，可以说是完备的，三路大军压向郑国，而郑国根本没有外援，鲁国是王室一家，齐国巴结王室还来不及，自然都不会出援手。不过，郑国并没有惊慌失措，毕竟已不是第一次被人群殴，当年的东门之役也大抵也是这些诸侯，却并没有从郑国那里讨到什么便宜。而有丰富作战经验的郑国在军事部署上也不惧王师：

> 曼伯为右拒，祭仲足为左拒，原繁、高渠弥以中军
> 奉公，为鱼丽之陈，先偏后伍，伍承弥缝。
>
> ——《左传·桓公五年》

曼伯一说即为太子忽，我们已然对他的个人能力非常熟知了。从郑国的部署来看，郑庄公对这次战役也是分外重视的。与王师相同，郑庄公也坐镇中军，左右护法是大夫原繁和高渠弥。右军同样重要，交给了能征善战的太子，左军不可忽视，由疆场大将祭足压轴。郑庄公如此安排是有其理由的，而这番道理则来自他的次子子元，即公子突。

> 郑子元请为左拒以当蔡人、卫人，为右拒以当陈人，
> 曰："陈乱，民莫有斗心，若先犯之，必奔。王卒顾之，
> 必乱。蔡、卫不枝，固将先奔。既而萃于王卒，可以集事。"
> 从之。
>
> ——《左传·桓公五年》

关于公子突于其中体现的智谋，此处暂且不表，留待"郑厉公"一章中详细解读。总之，郑国抓住了王师的要害，人虽众、心不齐，陈、蔡、卫三国各有小九九，根本不是真心作战，这样的军队岂能得胜？都是乌合之众而已。郑庄公采纳了次子的建议，大摆鱼丽之阵，于繻葛与王师展开交锋。果不出公子突所料，王师一盘散沙，一击即溃。但这场战役仍然是惨烈的，陈、蔡、卫虽逃了，周王林却不甘心败北，不过，他所表现出的勇气倒的确令人敬佩：

王卒大败。祝聃射王中肩，王亦能军。

——《左传·桓公五年》

在全面溃败的情况下，周王林显然并没有弃军而逃，而是坚持作战，不幸被郑大夫祝聃射中肩头。但他仍不弃军，坚持战斗，这在周王室已然非常难得。想必郑庄公也被震撼，感受到了周王林的倔强。念及法理和政治道德，处于优胜地位的郑庄公没有赶尽杀绝，而是见好就收，再一次表明他是一位清醒的君主。晚间，他派遣祭足去慰问周王[①]，也给足了天子颜面，不想再与王室恶化矛盾。

周、郑一战而定乾坤，从此周王室再也没有能力与郑对抗，周王林也变得小心谨慎起来，王室一蹶不振，愈发落魄，到了周王林晚年，甚至出现了向鲁国索要车马的事情，可见王室的经济方面也出现了问题。而郑国却成了真正的霸主，非但没有遭到舆论谴责，反倒因战后的一系列尊礼表现而赢得了声誉，周王林的梦想就此破灭，他亲手将郑庄公送上了至尊之位。

最后的挣扎，身后的纷争

缧葛之战结束后，周王林的生命迈入最后的十年。此时的周王室已实质上成为地方诸侯，对于绝大多数诸侯国而言失去了统摄力，大家都是遵循着高度的"政治正确"而摆出尊奉王室的样子，内心却早已没了臣服之念，有的甚至连装都懒得装。不过，周王林也并非完全丧失了军事能力，大国无从插手，陷于内战泥

---

① 详见前文"祭仲"一章。

潭的国家还是可以伸伸手的，周王林的注意力再次被引向那个让他感受过王者之尊的晋国。

晋国在平王东迁后陷入了长达半个世纪的内战，连绵不绝的战争严重拖垮了晋国的实力，让晋国错失了平王东迁的红利，没有借着东风迅速崛起。早在周王林继位的第二年（前718年），周王林就曾经插手晋国事务，其一是派遣军队帮助晋国境内反叛势力曲沃庄伯攻伐晋国都，导致国君出逃。其二是镇压恩将仇报的曲沃叛乱势力，为了压制曲沃，又命大臣在晋都扶立了新的国君。两次插手都以胜利告终，让周王林感到很有面子。但此后，王室开始与郑国对峙，王室愈发衰落，直到十四年后[①]，周王林才又将目光转向了晋国，这一次又是成功讨伐了曲沃，扶立了晋国新君"晋哀侯之弟缗"。

就在同年，周王林生命中又发生了一件大事，这就是迎娶纪国公女为王后。

周王林已然在位十六年，不可能是第一次娶妻，很可能原配已经亡故，这才迎娶续弦。至于前王后是哪一国的女子，史书上没有交代，那么，周王林为何要从纪国挑选新王后的人选呢？

纪国是姜姓东方小国，爵位为侯爵，国君称纪侯。纪国的历史比周王朝还要悠久，在商朝时便已存在。纪国也曾强大而风光，甚至在周天子面前说齐侯的坏话，导致齐哀公被杀。可到了周王林的时代，纪国已然日薄西山，整日受齐国的欺负，更有郑国在旁为齐国助阵。此时的纪国为了生存，竭力巴结讨好鲁国，迎娶鲁国公女为夫人，跟随鲁国鞍前马后。鲁国也的确为纪国出力不

---

① 《左传》记载为周桓王十六年，而《史记·十二诸侯年表》及《今本竹书纪年》记载为周桓王十四年。

少，延缓了齐国吞并纪国的脚步，当然也是对鲁国自身较为有利的政治谋划。即便如此，齐国要吞并纪国的野心是不可动摇的，就在周王林十四年（前706年），纪侯不堪齐国侵扰，亲自去鲁国"请王命以求成于齐"①，然而却遭到了鲁桓公的拒绝。这一年，鲁桓公的夫人、齐国来的公女文姜刚刚生下太子，鲁、齐正处于蜜月期，鲁国自然不愿过多为纪国浪费精力。可如果连鲁国都放弃了纪国，纪国如何生存下去？纪侯的目光只能投向遥远的洛邑。

纪国有意投靠王室，王室自然有所察觉，而于周王林而言，能够牵制住东方强大的齐国也是战略上的需要。纪国虽危，但若做了天子的岳父，齐国便不敢吞并纪国。纪国在，无论大小强弱，对齐国都是一种掣肘，也是一种监视。如此，周、纪互有利用，达成利益共识，联姻也就不足为奇了。

可惜的是，纪国公女嫁到王室仅七年，周王林便驾崩归天，谥号桓。列国形势变化极快，齐国也已换了新的国君，纪国终究不能抵挡齐国的高压，被齐襄公灭国。回到王室内部，周桓王虽死，但却给儿子留下了隐患，导致王室出现了分裂，让已衰落的王畿更加衰落。

> 初，子仪有宠于桓王，桓王属诸周公。辛伯谏曰："并后、匹嫡、两政、耦国，乱之本也。"周公弗从，故及。
>
> ——《左传·桓公十八年》

子仪是周桓王之子，又名王子克，得到了周桓王的宠爱，甚

---

① 《左传·桓公六年》："冬，纪侯来朝，请王命以求成于齐，公告不能。"第138页，中华书局，2012。

至超过了嫡子太子佗。周桓王将王子克交给了最信任的宠臣周桓公，这个大臣已然多次出现在重大场合，在朝中颇有势力。当时有大臣劝周桓公不要接纳王子克，但周桓公不听劝，终于酿成了一场祸乱：

> 周公欲弑庄王而立王子克。辛伯告王，遂与王杀周
> 公黑肩。王子克奔燕。
>
> ——《左传·桓公十八年》

果然，周桓王死后没几年，周桓公就发动叛乱，意欲夺权，最后被新王诛杀，王子克也逃出了王畿。这是东周以来王室内部第一次发生内乱，而前因就在周桓王自身，他犯了和曾祖父类似的错误，宠溺庶子而没有适当分配权力。作为天子，周桓王有雄心而无智慧，有锐气却无实力，不但诸侯的事力不从心，连自己家里也自行点了一把火，他的执政生涯并不成功。而他的失败却造就了他人的胜利，时代如郑庄公所言，正在一步步地抛弃周王，曾经的辉煌一去不复返，新的变革即将到来。

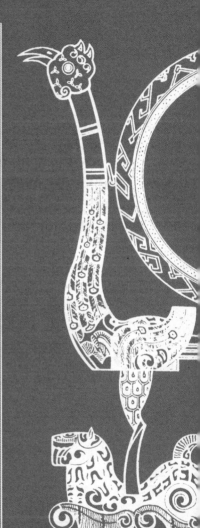

第十一章

楚武王、楚文王

——

南方崛起

还记得周幽王九年（前773年），郑桓公与史伯间那番预言东周变革的谈话吗？[1]史伯在帮助郑桓公寻找后代避难栖身之所的同时，大胆地预测了未来时局的变革，其中，他谈到了当时尚没有对周王室及中原诸侯各国造成实质影响的楚国："周衰，楚必兴。兴，非郑之利也。"一句话预言了未来的两国国运，楚国对中原的觊觎随着周王室的衰落而日渐加强，攻伐的脚步日趋紧迫，而在百年的晋楚争霸之中，楚国带给郑国的伤害则是郑桓公生前无法预料和想象的。

《春秋左氏传》的前十二年中，我们还看不到有关楚国的记载，而到了鲁桓公二年（前710年），却有一行简短的小字跳入视野，它那么简洁却那么惊心，预示着中原各国的命运将要受它的影响，甚至被它所改变：

蔡侯、郑伯会于邓，始惧楚也。

蔡侯是蔡桓侯，而郑伯就是叱咤风云的郑庄公。这一年两国国君在邓国会面，很显然，他们共同意识到了一个严峻的问题，南方的蛮夷之国楚国正在迅速崛起壮大，很可能会对中原诸国特

---

① 详见前文"郑桓公、郑武公"一章。

别是姬姓诸国造成威胁。而一个"惧"字说明两国国君的忧虑不是一般的担忧，已然上升到了十分焦虑的程度。也许郑庄公此时想起了当年史伯对祖父说过的那番话："（楚）兴，非郑之利也。"长久以来与中原大国纷争不断的郑庄公也尚无法预料，楚兴究竟会给郑国带来什么，不过，那是很久之后的事了。

那个让郑庄公分外焦虑的楚国正在一位壮年君主的手中稳步崛起，这一年恰是他在位的第三十一年，那位君主正跃跃欲试，打算向北部扩张，以赢得周王室的认可。他的名字叫熊通，《史记》中记载，他在位的第三十七年（前704年）时"自立为武王"（前740～前690年在位），成了春秋时期唯一一个胆敢称王的诸侯。令中原诸国都无法接受的是，这样一个南蛮之国，竟然在称谓上自我升级，与周天子平起平坐。楚国哪里来的勇气？熊通又缘何要这样挑战周天子的权威？

我蛮夷也

三十五年，楚伐随。随曰："我无罪。"楚曰："我蛮夷也。今诸侯皆为叛相侵，或相杀。我有敝甲，欲以观中国之政，请王室尊吾号。"随人为之周，请尊楚，王室不听，还报楚。三十七年，楚熊通怒曰："吾先鬻熊，文王之师也，蚤终。成王举我先公，乃以子男田令居楚，蛮夷皆率服，而王不加位，我自尊耳。"乃自立，为武王，与随人盟而去。于是始开濮地而有之。

——《史记·楚世家》

楚国攻伐随国，号称自己是蛮夷之国，因此无须师出有名，就是这么任性！但果真如此吗？从熊通的自述来看，这似乎是一场赌气的战斗，其结果是楚国自封王国，而其缘由则意味深远，熊通是想要一个名分。这还要从楚国的先祖开始说起，由于楚国早期史料的匮乏，历来学界关于楚国的来历有多种说法，本文为便于理解，依照司马迁在《史记》中的介绍，只做一个简要的梳理。

虽然楚国地处南蛮之境，但根据司马迁的叙述，楚人的祖先也是黄帝之后[①]，其后经过很多代的繁衍，在周克商的大历史时期果断选择站队周文王。《史记·楚世家》记载："周文王之时，季连之苗裔曰鬻熊。鬻熊子事文王，蚤卒。"这恰与熊通那句"吾先鬻熊，文王之师也，蚤终"相互对照，可以看出，楚国是曾经希望通过周王室的势力来壮大自我，并极其渴望得到周王室的认可的。也因此，熊通心中的那份不满是有其自发源头，也就是有其内因的。

很显然，周王室并没有重视楚国，更没有将楚人投靠自己看作大事，对楚国的分封也较低等，只是子爵而已。在《左传》中，常看到"楚子"这一称谓，即站在周王室立场上来称呼楚国的君主。

周王室非但没有重视楚国，相反总是提防这个南方国度，在汉水一带分封了若干姬姓小国，以遏制楚国北上的势力，这些姬姓小国有个统一称谓，叫"汉阳诸姬"，而引文中提到的那个随国，就是"汉阳诸姬"中势力最大的一个国家。

当熊通挑起战端时，我们发现了有趣的一幕，随国人感到十分委屈，自称"无罪"。有无罪是战争的重要理由，尽管战争其实另有目的，但挑起战争总需一个冠冕堂皇的说辞。因此，熊通的

---

① 《史记·楚世家》："楚之先祖出自帝颛顼高阳。高阳者，黄帝之孙，昌意之子也。"第 1341 页，上海古籍出版社，2011。

回答透着打破旧有体系格局制度的意味，即"我蛮夷也"。这看起来颇为流氓的作风其实是在向已延续几百年的周礼做出挑战。楚国是自立门户，而这"自立"二字中既有主动也有被迫，两者又是关联的。楚国要主动出击，除了扩大自己的势力范围，也是为"被迫"争一口气，即"我有敝甲，欲以观中国之政，请王室尊吾号"，说白了，楚国不满自己一片忠心却被轻视，一定要得到周王室的认可和赏识。

可惜，周王室尽管已然衰微，仍然看不起南蛮楚国，对其采取冷处理。周王的举动彻底激怒了熊通，最后的自尊被踩在脚下，莫如撕破脸皮，自给尊重。这才有了"王不加位，我自尊耳"的举动。楚国自此称王，再也不理睬周天子怎样看待自己了。而伴随着称王决裂的脚步，楚国正式迈开北上的步伐，横在楚国面前的汉阳大国随国就成了楚国眼中最大的阻碍，于是，楚、随之战拉开了帷幕。

汉东之国，随为大

熊通生前多次伐随，最后死在了伐随的道路上，可以说，熊通的后半生就是不断地与随国发生着冲突，在冲突中一次一次地刷新楚国的存在感。而作为"汉阳诸姬"代表的随国，其本身所代表的却并不仅仅是姬姓国这么简单，楚国对随的打击就是对周王室的攻击，随国成了楚人心中周王室的投影。

那么，随国究竟是一个怎样的国家？

无论是《左传》还是《史记》，随国的名字都不罕见，特别是在与楚国相关的记载中屡见不鲜。根据《春秋列国地理图志》的介绍，随国是侯爵国，地点在今湖北省随州市。随国历史悠久，虽然频频与楚国交战但并没有被楚国灭掉，而是延续到了战国时代，最终不知亡于谁人之手。到了春秋后半期，随国国力日衰，不能再与楚国对抗，终究顺服了楚国。不过，楚武王熊通在世时，楚、随两国势均力敌，熊通数次征讨并没有讨到大便宜，最终还搭上了性命。

与《史记》相同，《左传》记载的楚国第一次伐随也是在楚武王三十五年（前706年），与《史记》不同的是，《左传》侧重于楚、随两国在军事战术上的智谋，重点刻画了两国的谋士能臣，也借此交代了两国的实力对比。

> 楚武王侵随，使薳章求成焉，军于瑕以待之。随人使少师董成。斗伯比言于楚子曰："吾不得志于汉东也，我则使然。我张吾三军，而被吾甲兵，以武临之，彼则惧而协以谋我，故难间也。汉东之国，随为大，随张，必弃小国。小国离，楚之利也。少师侈，请羸师以张之。"熊率且比曰："季梁在，何益？"斗伯比曰："以为后图，少师得其君。"王毁军而纳少师。
>
> ——《左传·桓公六年》

以上引文是从楚国视角来分析战局。熊通第一次向随国发兵，似乎还不大自信，又或许他的目的真的十分纯粹，就是如《史记》中记载的那样，要求随国去替自己向周天子说和说和。于是，熊通将大军驻扎在一个叫瑕的地方，派自己的兄弟薳（wěi）章前去谈判，应该是提出楚国的政治诉求。随国应该也不想打仗，很快派出了官员少师参加谈判，双方谈判的内容很可能就是《史记》中记载的那些（见<u>前引文</u>）。这时候，楚国的大臣斗伯比出来为大王献策，他的看法颇具远见。他首先分析了楚国难以攻破"汉阳诸姬"堡垒的问题点，即楚国过于张扬自己的武力，导致"汉阳诸姬"十分恐惧，相互间形成了抗楚的凝聚力，楚国面对的是铁板一块，很难攻破。最好的办法是离间"汉阳诸姬"，各个击破，而离间的办法是先迷惑随国。斗伯比提出的具体方案是"捧杀"，楚国假装羸弱让随国骄傲自大，即所谓"随张，必弃小国，小国离，楚之利也"。他的意见遭到大夫熊率且比的质疑，因为随国不好骗，随侯可能很蠢，但他手下的一个叫季梁的大臣却很精明，一定会识破楚国的伎俩。面对质疑，斗伯比仍不失信心，他的考虑在长远，眼下要利用的是这个骄傲愚蠢的少师，他将会在一定程度上误导随侯。最终，熊通采纳了斗伯比的建议，自毁大军，假装羸弱不堪。那么，他们的计谋是否得逞了呢？我们接下来再来看看随国方面的反应。

> 少师归，请追楚师，随侯将许之。季梁止之曰："天方授楚，楚之羸，其诱我也，君何急焉？……"……对曰："……君虽独丰，其何福之有！君姑修政而亲兄弟之国，庶免于难。"随侯惧而修政，楚不敢伐。
>
> ——《左传·桓公六年》

随国的反应都被斗伯比和熊率且比料到了。少师果然轻信，随侯也不聪明，只有季梁识破了楚人的诡计，且为国君上了一课。随侯应当还不算彻底糊涂，听了季梁的一番分析和大道理，意识到了随国自身的不足，立即"修政"，楚国因而在短时间内不敢再来攻伐。表面上看，楚国输了，他们的计谋没有得逞，但斗伯比的计策并没有失败，他敏锐地觉察到少师将获得随侯的宠信。少师的得宠就意味着季梁的式微，随侯将被少师分心，分心就会给楚国以可乘之机。果然，两年后，楚国又出手了。

与《史记》的记载略有出入，《左传》中并未提及这一年熊通称王，也没有记载他对周王室的怨言，《左传》的记述自成一套逻辑，故事沿着它自身的脉络向下发展。

楚武王三十七年（前704年），觉得自己还不错的熊通打算搞一搞诸侯联谊，于是在一个叫沈鹿的地方召唤附近诸侯参加。对于这次聚会，随国没有理睬，令熊通很是不满，而这却恰恰成了攻伐随国的理由。又或许，所谓"合诸侯于沈鹿"本身就是一个阴谋，目的是为伐随找理由。于是，楚国大军再次出动，驻扎于汉水、淮水之间。

面对楚国来伐，随国内部对于作战方案和部署发生了分歧。这一次随侯不再如两年前那般对季梁言听计从，他的意志开始被少师左右：

> 季梁请下之："弗许而后战，所以怒我而怠寇也。"少师谓随侯曰："必速战。不然，将失楚师。"随侯御之，望楚师。季梁曰："楚人上左，君必左，无与王遇。且攻其右，右无良焉，必败。偏败，众乃携矣。"少师曰："不当王，非敌也。"弗从。战于速杞，随师败绩。随侯逸，斗丹获其戎车，与其戎右少师。
>
> ——《左传·桓公八年》

季梁还是那个聪慧多谋的季梁，而随侯已然不是那个谦逊肯纳谏的随侯，他显得狂妄自大，急功近利，正因此，少师的话正中其怀。季梁敏锐地察觉到了楚国的实力正在崛起，特别是军事实力更强于以往，随国其实有所不敌。但随侯想必是被两年来的政绩晃花了眼，并不将楚国放在眼中，想要正面对抗。表面上看，他死守礼节（不当王，非敌也），不懂用兵之道，但其实是毁于骄傲自满，而骄傲自满的根本原因是没有做到"知己知彼"，错误地估计了自己和对方的实力，以为可以正面对抗，其实早已不是敌人的对手。

随国惨败，国君弃车逃逸，不得不向楚国求和。此时的熊通也着实飘了起来，险些犯了随侯的错误。幸好，斗伯比及时出面，劝大王见好就收，随国是瘦死的骆驼比马大，想一口吃下只会让楚国消化不良。熊通采纳了斗伯比的建议，与随国谈和，两国暂时恢复了和平局面。

然而，熊通的心中仍然不能放下随国这块心病，十四年后，他终于还是再次踏上了伐随的征程，没想到这一次有去无回，他死在了"樠木之下"[1]，伐随重任不得不留给后世子孙。而随国的顽强恐怕也是他无法想象的，他生前的遗憾很长一段时间内并没有被子孙弥补。

大夫斗廉与莫敖屈瑕

还是回到楚武王三十七年（前704年），与随国交战大获全胜之后，熊通信心倍增，愈发对周边小国的存在不能容忍。从这一年到他暴亡的十四年时间里，楚国扩张的脚步并未停止，在这一系列的讨伐战争中又出现了两个生动的人物，他们就是大夫斗廉与莫敖屈瑕。

---

[1]《左传·庄公四年》："王遂行，卒于樠木之下。"第194页，中华书局，2012。

先说斗廉。

斗廉是楚国大夫，也是一员智勇双全的大将。就在楚武王伐随大胜的第二年（前703年），斗廉登上历史舞台，并显示出了过人的军事能力。

> 夏，楚使斗廉帅师及巴师围鄾。邓养甥、聃甥帅师救鄾。三逐巴师，不克。斗廉衡陈其师于巴师之中以战，而北。邓人逐之，背巴师。而夹攻之。邓师大败，鄾人宵溃。
>
> ——《左传·桓公九年》

这场战役较为复杂，涉及楚、邓、巴南方三国，发动战争的原因与之前的伐随不同，楚国这一次是被卷进来的。

事情的起因还要从巴国说起。这个巴国并不是蜀地的巴国，而是在今湖北襄阳一带，是姬姓子爵国，应该是与周天子沾亲带故的一个小诸侯。话说这一年，巴国国君想要与另一个侯爵国邓国交好，并派大臣韩服来楚国，意图请楚王帮忙牵线搭桥。巴国之所以来请楚国，除了楚国日益强大这个原因外，想必与楚、邓关系有关。楚武王的妻子邓曼就是邓国的公女，两国有着联姻关系。邓曼可不是等闲之辈，关于她我们后文再做详谈。

楚武王看巴国瞧得起自己，心里高兴，大方地派大夫道朔与韩服一同去邓国出访，却不料，行至邓国南境一个叫鄾（yōu）的地方时遭遇当地人的袭击，韩服、道朔双双被杀，聘问所携带的财物也被劫掠。此事重大，势必会危及诸侯国间关系，甚至会引发战争。楚武王得知此事后极为愤怒，派遣弟弟薳章去邓国讨说法，不想邓国死不认错，包庇袒护犯错的鄾人，楚武王遂派出军队，联合巴国军队一同讨伐邓国，打响了一场报复战。

奉王命领兵出征的就是大夫斗廉。斗廉率领楚、巴两国大军杀向邓国鄢地，邓侯不甘示弱，派出自己的两个外甥养甥、聃甥率军支援鄢人。这两个外甥也是有勇有谋之人，在后文中我们还会看到他们的身影。此时，养甥和聃甥充分展示了他们的勇武之力，三次向巴国军队冲锋，但双方未分胜负。战斗陷于胶着之际，楚大夫斗廉使出一计，将楚国军队列横阵于巴军之中，在邓军来袭击时假装溃败，邓军不知有诈，乘胜追击。巴军恰被邓军甩在身后，与楚军形成夹击之势，邓军腹背受敌，最终溃败，鄢人也溃散而逃。

斗廉可谓一战成名，成了楚国的著名军事人才。与他相伴出现的还有另一个大臣，这就是莫敖屈瑕。而与斗廉相比，屈瑕则更为复杂，在对待屈瑕的态度上恰也体现出了楚武王的胸襟。

莫敖是楚国官名，相当于大司马，是主管军政的大官，说起来应该是斗廉的上司。屈瑕的出场也伴随着一场战争，而这场战争比斗廉单独参战的那场还要复杂，涉的国家也更多。不过，屈瑕的处事能力显然不及斗廉，且看这一对上下级是如何应对危机的：

> 楚屈瑕将盟贰、轸。郧人军于蒲骚，将与随、绞、州、蓼伐楚师。莫敖患之。斗廉曰："郧人军其郊，必不诫，且日虞四邑之至也。君次于郊郢，以御四邑。我以锐师宵加于郧，郧有虞心而恃其城，莫有斗志。若败郧师，四邑必离。"莫敖曰："盍请济师于王？"对曰："师克在和，不在众。商，周之不敌，君之所闻也。成军以出，又何济焉？"莫敖曰："卜之？"对曰："卜以决疑，不疑何卜？"遂败郧师于蒲骚，卒盟而还。
>
> ——《左传·桓公十一年》

屈瑕将要与贰国和轸国会盟，这两个国家都是南方小国，地处今湖北境内。面对三国的结盟，一个叫郧（yún）的国家心里颇不痛快，想要破坏结盟，站在它背后的是随、绞、州、蓼（liǎo）四国，五国商量着要一同讨伐楚国。因为有随的参与，我们不能不怀疑，郧的不满可能来自随的挑唆，而郧实力不足，心中胆怯，其实不敢与楚作对，一心盼望着与四国一起打群战。面对这场危局，屈瑕与斗廉的反应极为不同。屈瑕十分忌惮五国联军，对接下来的行动充满忧惧，而斗廉则敏锐地分析出了五国联军的弱点，即郧人不敢单独作战，五国联军实乃一盘散沙。斗廉提出的作战方法是分头击破，屈瑕率军抵挡四国联军，斗廉亲自攻打郧军，割裂它们之间的联系。郧人见援兵不至，也只得乖乖投降。而那四国军队看到郧人降了，自然失去了作战的理由，也就不了了之了。这是一个极好的主意，但屈瑕则显得优柔寡断，一会儿要向大王请求援兵，一会儿要占卜吉凶，他的想法均被斗廉驳斥，犹疑不决只能错失最佳作战时机，并导致失败。最终，斗廉说服了屈瑕，他的作战方案也得到了验证，楚军大胜，屈瑕与贰国和轸国的会盟也顺利举行。

但如果仅凭这一事件就给屈瑕轻下论断也并不合理，屈瑕并不是草包，也有自己的作战智慧：

> 楚伐绞，军其南门。莫敖屈瑕曰："绞小而轻，轻则寡谋，请无扞采樵者以诱之。"从之。绞人获三十人。明日，绞人争出，驱楚役徒于山中。楚人坐其北门，而覆诸山下，大败之，为城下之盟而还。
>
> ——《左传·桓公十二年》

次年（前700年），楚国攻伐绞国。绞是一个小诸侯国，成了楚国的目标。这次攻伐由屈瑕率军，独自策划作战。而这一次，屈瑕没有优柔寡断，如斗廉一般敏锐地分析出了绞人的弱点，利用其贪婪的性情，施展计谋，最终大败绞人，使对方屈服。

两次军事胜利造就了屈瑕却也为屈瑕的悲剧收场埋下了伏笔。接连获胜的屈瑕开始骄傲自大，在攻伐罗国的战役中轻敌而不听劝谏，最终导致楚军惨败、自己自杀谢罪的下场。屈瑕的复杂与斗廉的单纯形成鲜明对比，从故事本身来看，斗廉更易被读者喜欢，但从人性以及人物塑造来看，显然屈瑕是更为成功的。斗廉近似于传奇而屈瑕更接近现实中的人，具备常人所有的一切优点和缺点，他的"人性化"也让关于楚国的记载更加逼真，历史接近于史实本身。

当楚武王听闻屈瑕自杀，并没有降罪其他参战的将领，而是说了一句"孤之罪也"，并全部赦免。那么，楚武王因何如此大度呢？

夫人的远见

虽然楚国自立为王，但楚王的妻子并没有如周室一般称王后，而仍称夫人。楚武王的夫人就是前文中提到的邓国公女邓曼。

关于邓曼的名字还需稍作解释。邓指出身国，曼则是她的娘家姓，先秦史籍中常以此方法称谓国君的妻妾，也因此会出现"同名"的现象。如果你还不曾忘记的话，郑庄公的妻子，也就是郑昭公（太子忽）的生母也叫邓曼，与这个楚国的邓曼来自同一个家族。

史籍中没有记载楚国邓曼的具体生平经历，但有两处记载着实出彩。在春秋时期的女性中，邓曼是一个颇具智慧的女子，也是难得的以正面形象出现的国君之妻。

时光回溯至楚武王四十二年（前699年），也就是莫敖屈瑕率军去攻打罗国的那一年，当屈瑕离开楚国时，送行的大夫斗伯比觉察到了屈瑕的骄傲之色，预感悲剧将要发生，于是向大王道出了自己的忧虑并请求增派兵马。然而，楚武王并没有听取斗伯比的意见，想必是百分之百地信赖屈瑕，又或者，他也同样骄傲自满，打心眼里看不上小小的罗国。打发走了斗伯比，熊通回到后宫向夫人邓曼说起了刚刚发生的一幕，而听完丈夫描述的邓曼却说出了下面这番话：

> 邓曼曰："大夫其非众之谓，其谓君抚小民以信，训诸司以德，而威莫敖以刑也。莫敖狃于蒲骚之役，将自用也，必小罗。君若不镇抚，其不设备乎？夫固谓君训众而好镇抚之，召诸司而劝之以令德，见莫敖而告诸天之不假易也。不然，夫岂不知楚师之尽行也？"
>
> ——《左传·桓公十三年》

邓曼评价屈瑕是个傲慢自大之人，他的态度必然导致轻敌，如果大王不采取警惕措施，恐怕此次征伐将不祥。她的话有鲜明的时代特征，由于出身邓国，她在思想上秉持周礼的精神，即注重德的培养和弘扬，并以此为国家是否长治久安、作战是否旗开得胜的决定因素。屈瑕的骄傲自满在当时人眼中就是无德的表现，他的情绪危害极大，作为国君的楚王必须及时加以遏制，而遏制的办法就是对其提出警告，施以适当的惩处。邓曼的话点醒了熊通，这才意识到大夫斗伯比的深刻用意，于是立即派人去追屈瑕，可惜脚步慢了些，没有追上。

也因此，当屈瑕果真败于罗国而自杀之后，熊通没有治罪其余的将士，他意识到其中有自己的责任，屈瑕的骄傲自满也正是他自身的缺点。而他未能听取贤臣劝谏，延误了遏制悲剧发生的最佳时机，这使他无法原谅自己的过失。从这件事中我们看到了熊通作为国君的失误和自省，而不可忽视的是，邓曼虽身为后宫的女人，却对国家大事颇具远见，其机敏和智慧丝毫不逊于朝中大夫，令人敬佩。从后世专制的角度看，邓曼的行为有干政之嫌，也许正因此邓曼未能名垂青史。但她的行为却有了典型的"贤后"特色，大抵可以看作后世大唐长孙皇后等人的楷模。

另一点容易被忽视的是熊通与邓曼的夫妻关系。熊通第一时间向妻子讲述朝堂政事，说明他与妻子的感情非常和谐亲密，没有丝毫防备，同时也对妻子非常尊重，视妻子为知己。在春秋时期的宫廷中，这样的夫妻关系是罕见的。翻开《左传》，我们看到太多因宠姬而昏聩的国君，甚至不惜杀害自己的亲生骨肉。宫廷女性也多以负面形象出现，要么毒害公子，要么祸乱朝纲，做得正的女人不受待见（卫庄姜），而妖媚的女子则为国家带来灾害（骊姬等）。君王的爱情是国家的毒药，一旦上瘾则害人害己。唯有熊通与邓曼之间的情感，不但真挚深情，且利国利民，只可惜，这样的爱情却并没有得到史书的大力传扬。

邓曼的再次出场是在熊通临死之前，即楚武王五十一年（前690年）。这一年，熊通再次整装出发，要去攻打随国。对于这次出兵的理由，《史记》中有一个交代：

五十一年，周召随侯，数以立楚为王。楚怒，以随背己，
伐随。

看起来熊通是一个极爱斗气的人，这一次因为周王室的关系
又心中不爽，要去教训教训随国。可是在临行前，熊通的感觉却
有些异样，不似以往清爽：

将齐，入告夫人邓曼曰："余心荡。"邓曼叹曰："王
禄尽矣。盈而荡，天之道也，先君其知之矣，故临武事，
将发大命，而荡王心焉。若师徒无亏，王薨于行，国之
福也。"

——《左传·庄公四年》

出征前要举行斋戒，此时，熊通觉得心里不能平静，于是对
妻子说了，可以看出夫妻二人真是无话不谈。但这一次，邓曼的
话却令人咋舌，她直接预言了丈夫此行将无所获，并且大胆预言
了丈夫的死，还说如果他死在行军路上，就是国家的福分。别说
是国君和夫人，即便是普通人家的夫妻，在丈夫出门前说出这样
的话也实在令人心情不快。这大概是邓曼的性格直爽不避讳，但
她敢说出这样的话，又何尝不是熊通长久以来的包容和信赖所
致？当熊通听完邓曼的话，史书并没有记载他的感触和反应，想
必并没有怪罪妻子。他果真死在了出发的路上，而手下令尹斗祁
和莫敖屈重临危不乱，秘不发丧，以王命和随国交涉。随国不知
有诈，惧怕楚武王的威猛，不战而和。楚军于险境中完成任务，
没有使国家遭受损失，一切都被邓曼说中了。

楚武王壮志未酬，楚国的崛起也非一代人便可完成，他未竟的事业将转交给下一代，这就是楚文王熊赀。

壮志延续在文王

根据《史记》的记载，楚文王熊赀在位十三年。但梳理《左传》后我们发现，楚文王实际在位大约十五年（前689～前675年在位），与父亲楚武王一样，后来他也死在了征伐的途中。楚文王留给后人最深刻印象的，是他的爱情与婚姻。在下一章"息夫人"中会详细解读两人的恩怨纠葛，在本章中只讲述他生命中两件重要的事。

第一件重要的事，即熊赀灭掉了外祖父之国邓国。

> 楚文王伐申，过邓。邓祁侯曰："吾甥也。"止而享之。骓甥、聃甥、养甥请杀楚子，邓侯弗许。三甥曰："亡邓国者，必此人也。若不早图，后君噬齐。其及图之乎？图之，此为时矣。"邓侯曰："人将不食吾余。"对曰："若不从三臣，抑社稷实不血食，而君焉取余？"弗从。还年，楚子伐邓。十六年，楚复伐邓，灭之。
>
> ——《左传·庄公六年》

灭邓由两次武装行动完成，前后相隔十年。据《春秋列国地理图志》，邓国地点在今湖北省襄阳市邓城村。楚、邓虽是联姻国，但矛盾由来已久，邓国不服楚国，但又败绩于楚国，到了熊赀继位之时，楚国已然无法容忍邓国的存在，邓国岌岌可危。

熊赀于继位的第二年（前688年）率军攻打申国，途经邓国，这时邓国的国君是邓曼的弟弟邓祁侯，他热情地招待了外甥，一句"吾甥也"道出了他内心的喜悦。然而，这时出现了三个谋臣，劝谏他趁此时机杀掉外甥熊赀，他们预见到邓国的可悲下场，而酿造悲剧的人就是国君那个可爱的外甥。这三个进谏的人叫骓甥、聃甥、养甥，后两人恰是当年与楚大夫斗廉正面作战却最终落败的那两位。因为曾经有过与楚人的正面交锋，聃甥和养甥想必对楚人最为熟稔，而新继位的楚王雄心勃勃，扩张之心不输其父，聃甥和养甥的建议是中肯的。虽然从历史的趋势来看，杀掉熊赀并不能阻挡楚国扩张的步伐，但或许总可以延缓一二。不过，邓祁侯并没有采纳三位谋臣的建议，为自己留下后患。待熊赀收拾了申国，转回身来便攻打邓国，虽然一击未成，但想必给了邓国致命的打击，邓国苟延残喘，终于灭亡在外甥的手中。

熊赀灭邓可以看作父亲楚武王野心的延续，武王生前与邓国结下仇怨，灭邓之心当已有之，之所以没有痛下杀手，很可能与邓曼有关。而楚武王死时，邓曼当已入晚年，待楚文王灭邓时，邓曼想必已然过世。母亲已死，作为儿子的熊赀自然更无挂念，他对舅舅邓祁侯本来也没有什么深厚的感情，就这样完成了父亲的心愿。

熊赀是一个有强烈扩张欲望的国君，在位十五年中多次出兵征战，目的非常鲜明，就是灭掉小国以扩大楚国的地盘，与父亲当年见好就收形成鲜明对比。在一系列攻伐中，有一件事多被后人忽略，但依笔者个人看来却是楚国历史上有一定标志性的事件，这就是对郑国的攻伐：

> 郑伯自栎入，缓告于楚。秋，楚伐郑，及栎，为不

礼故也。

——《左传·庄公十六年》

　　这里的郑伯就是当年被祭仲赶出郑国的公子突，后来的郑厉公。公子突逃出郑国后长期留居在一个叫栎的地方，直到回国复位。楚文王十二年（前678年），郑厉公返回郑国，但没有及时派人告知楚国，遂引发楚国伐郑，虽然短短的一句话，却透露出两个重要的信息。其一，郑国已然衰落到要向楚国通告国君继位之事。当年郑庄公与蔡桓侯在邓国会面时谈到了对新兴国家楚国的忧惧，那是三十二年前的事，也就是一代人的时间，楚国已然可以指责郑国"无礼"。作为楚武王的儿子，熊赀自然是骄傲的，可作为郑庄公的儿子，郑厉公想必是耻辱而痛苦的。其二，我们都知道，在春秋时期，特别是中后期的晋楚争霸的岁月里，郑国因地处晋楚之间，不断遭受两大国的欺负，受尽凌辱。楚国是先于晋国崛起的，也是率先赶来欺负郑国的，熊赀的这次伐郑拉开了郑、楚矛盾的序幕。

　　尽管试探了郑国，熊赀的主要目标依然是距离楚国较近的国家，除了申国、邓国外还有蔡国、息国、巴国、黄国等，而熊赀一生最为人津津乐道的故事就是发生在蔡国与息国间，关于那些久远的传说，关于那个传说中面若桃花的美人，还有那段缠绵悱恻的爱情故事，在下一章中将一一道来。

第十二章

息夫人

乱世桃花

春秋时期的女子，被后世引为谈资的颇有几人，而于怜惜中带着尊崇，令文人赋诗题句、百姓立庙拜祭的，也只有息夫人而已。

提起息夫人，清人邓汉仪的《题息夫人庙》令人难忘：

> 楚宫慵扫眉黛新，只自无言对暮春。
> 千古艰难惟一死，伤心岂独息夫人。

简简单单的四句诗，道出了息夫人悲苦多舛的一生，末二句却是诗人的点睛之笔，可谓千古咏叹息夫人诗的集大成者。我们自然知道死是人生最不愿面对的现实，但诗人又为何要在这样的主题上牵扯出两千多年前一个连名字都没有留下来的楚宫妃嫔？诗人究竟要在息夫人身上寄托怎样的情怀？那些在息夫人去世后不断地用文字咏叹她的文人墨客为何如此钟情一个弱女子？春秋二百四十二年历史中有那么多男男女女，仅有两次出场的息夫人究竟触动了后人的哪根心弦？

可怜金谷坠楼人

关于息夫人的生平，曾流传着一个凄美的传说。

话说春秋时期，楚王攻打息国，息国不敌被灭，国君息侯被楚王俘虏，做了守门人，息侯的夫人被楚王掳入宫中成为楚王的嫔妃。这一日，楚王带着息夫人出游，思念夫君的息夫人终于借机见到了久别的息侯，并说了如下一番话：

> 人生要一死而已，何至自苦！妾无须臾而忘君也，终不以身更贰醮。生离于地上，岂如死归于地下哉！

言罢又赋诗四句："穀则异室，死则同穴。谓予不信，有如曒日。"哭诉之后的息夫人再也受不住尘世间的痛苦，当即自杀身亡，见妻子自尽，息侯也不愿苟活于世，"亦自杀，同日俱死"。楚王得知息侯和息夫人双双殉情，大为感动，"乃以诸侯之礼合而葬之"，从此，息夫人为爱情而死的故事流传千古，其品格和操守令后人钦佩。

这个凄美哀艳的故事出自西汉刘向的著作《列女传》，被收录在《贞顺传》中，从这一分类的名称就可以看出作者刘向对待息夫人的态度。在他心中，息夫人是列女中的烈女，符合他心中最美好女子的定义，不论读者作何感想，他自己恐怕早已被感动得涕泪交流。作为一个故事，刘向的叙事虽简单却动人，但作为一段历史，刘向则罔顾事实，刻意编造，《列女传》中的息夫人与历史上的息夫人有着极大的出入。

首先，息夫人从没有写过诗，《列女传》中引用的那四句出自《诗经·王风·大车》，全文是这样的：

> 大车槛槛，毳衣如菼。岂不尔思？畏子不敢。
> 大车啍啍，毳衣如璊。岂不尔思？畏子不奔。

穀则异室，死则同穴。谓予不信，有如皎日。

这首诗的主旨是一对青年男女相互爱慕却又缺乏信任，向对方表达自己坚定的信念和敢于为爱付出的勇气。没有任何证据表明此诗与息夫人有关，收录在《王风》中的诗篇是洛邑一带民间传唱的作品，这里与南方的息国相距甚远。虽然其情感的炽热程度与《列女传》中息夫人的坚贞不渝颇为相衬，但此息夫人终非彼息夫人，那么，历史上的息夫人究竟是怎样的一个女子？

息亡身入楚王家

息夫人的确切生平已不可考，但她的信息零星散落于史册间，《左传》《史记》和近年整理出版的清华简《系年》中都有记载：

> 初，（蔡）哀侯娶陈，息侯亦娶陈。息夫人将归，过蔡，蔡侯不敬。
>
> ——《史记·管蔡世家》

从《史记》中这段记录可知，息夫人出身陈国，既然嫁给息侯，那么多半是国君之女。因陈国公室为妫（guī）姓，依据当时史书对女子称呼记录的惯例，《左传》中称她为息妫，至于她的真实名字，已经淹没在历史之中，无可追寻了。

《史记》中说，蔡哀侯和息侯是连襟，息夫人从陈国嫁往息国时途经蔡国，蔡哀侯对其"不敬"。如何不敬？是说了什么，还是做了什么？《史记》中没有说，不过《左传》和《系年》倒是填补了空白，做了较为细致的记录：

> 息妫将归，过蔡。蔡侯曰："吾姨也。"止而见之，
> 弗宾。
>
> ——《左传·庄公十年》

《左传》中记载了当时蔡哀侯说过的话，说息夫人是我小姨子，这是他要求面见息夫人的理由。既然息夫人的姐妹是蔡侯夫人，以姐妹团聚的名义留息夫人在宫中停留也是人之常情。可是，蔡哀侯显然心中另有盘算，他的目的不是为亲情考量，而是充满了龌龊的私欲。此处，关于蔡哀侯的举动，《左传》用了"弗宾"二字，听起来与司马迁笔下的"不敬"无甚差别，究竟做了些什么，仍旧不得而知。这里，《系年》又做了重要补充：

> 过蔡，蔡哀侯命止之，曰："以同姓之故，必入。"
> 息妫乃入于蔡，蔡哀侯妻之。

《系年》中的记载虽依然简单却非常露骨，它披露了一桩宫廷丑闻，关于这则丑闻，《左传》讳莫如深，若非《系年》面世，也许我们永远都不知道蔡哀侯在那一年究竟做了什么，以至于引发后来那一系列的爱恨情仇。

蔡哀侯的"以同姓之故，必入"与《左传》中那句"吾姨也"意思差别不大，而"妻之"则比"弗宾"和"不敬"赤裸得多。原本以为顶多是几句言语上的调戏，却原来是如此无耻的欺侮。蔡哀侯的无礼令人咋舌，而作为受害者的息夫人，一个刚刚从母

国启程、对未来充满忐忑猜想与美好期盼的妙龄少女，一个老牌诸侯国出身的公室女子，自此遭受了相当严重的精神打击，导致她耿耿于怀，长期无法面对。蔡哀侯不知廉耻、不顾邦交，只贪图及时行乐，客观来说伤的是陈国和息国两国的颜面，但因息夫人此行的目的地是夫家息国，那么最直接的受害国则非息国莫属。果然，息夫人一到息国，便把蔡哀侯的丑恶行径告诉了息侯。盛怒下的息侯决定狠狠地报复，绝不忍吞苦果。但对比息、蔡两国实力，一个是南方小国，一个是姬姓老国，无论如何自己不是对手。于是，息侯想到了借刀杀人之策，去怂恿楚国。

那个被息侯找上门的楚王就是刚刚继位几年而已的楚文王熊赀。

> 息侯怒，请楚文王："来伐我，我求救于蔡，蔡必来，楚因击之，可以有功。"楚文王从之，虏蔡哀侯以归。
>
> ——《史记·管蔡世家》

为一雪耻辱，息侯假意请楚国讨伐自己，并以此为借口向蔡国求助。他料定蔡哀侯必会出兵援助，届时便可引楚、蔡两国交兵，蔡国不可能是楚国的对手，必然被其击败甚至可能灭国。息侯对楚、蔡两国拿捏得十分精准，楚文王自继位以来的野心和壮志在前文中我们早已悉知，开疆拓土、征服汉水周边的诸侯国是自楚武王以来不变的国策。息侯主动来请，虽看起来是被其利用，但于楚而言是符合其国家利益的。何况，楚国的胃口不可能仅限于一个蔡国，蔡、息之间产生矛盾，楚国自是分外开怀，拿下蔡国，小小的息国又岂能苟且偷生？被楚国征服只是时间问题而已，息侯自以为聪明，不过是为楚国的霸业铺路，为自家的灭亡加速而已。

楚文王迅速捕捉到了有利的时机，立即出兵攻打蔡国并俘虏了蔡哀侯，这一年是楚文王六年（前684年），息夫人的生平中终于见到了确切的年份记录。根据《史记·十二诸侯年表》的记载，其被蔡哀侯侮辱就在同年。按照当时女子十五及笄便可以出嫁来推算，息夫人在这一年当不会超过二十岁，那么或许可以推断，其生年当在前699年至前704年之间，正是楚武王开始向以随国为首的"汉阳诸姬"挑起战端的时间，是十足的乱世。

还有一个值得思考的点是，息侯何以如此断定蔡哀侯会出兵助息抗楚，难道是为了偿还对息侯的亏欠？当然不可能是这个理由。翻看蔡、息、楚三国地图，或可寻获其中缘由。息国地处蔡、楚之间，从蔡国一侧看是其防守楚国的一道屏障，而于楚国而言恰是北上的围栏。倘若楚国灭掉息国，那么蔡、楚之间便失去了缓冲区，变成了正面之敌，这是蔡国不愿看到的。当年蔡桓侯与郑庄公会面时的忧虑，如今楚国对"汉阳诸姬"的攻伐与侵扰，都让蔡国心有隐忧，所以援助息国是必要的政治举动，息侯不会公然叫嚣要报复蔡哀侯，还沉浸在窃喜中的蔡哀侯在当时也大概不会想到这是息侯要置他于死地的计策。

根据《史记·管蔡世家》的记载，蔡哀侯被俘后，其余生是在楚国度过的，而在楚国的蔡哀侯并没有闲下来。他终于知晓了息侯报复他的那个"阴谋"，复仇之心不可泯灭。此时，他身陷囹圄，不可能图谋领兵攻伐息国。不过，息侯做过的事他也可以做，无非是借刀杀人的伎俩，并不难。

　　蔡哀侯为莘故，绳息妫以语楚子。楚子如息，以食
入享，遂灭息。

　　　　　　　　　　　　　　　　　　——《左传·庄公十四年》

蔡哀侯向楚王提起了美丽的息夫人，那个曾经被他侮辱的可怜女子，如今变成他要置息侯于死地的利器。楚王爱江山也爱美人，如今息侯身边正有一位绝代佳人，蔡哀侯动动嘴，便要成全楚王的美事，楚王焉能不谢他？蔡哀侯料得不错，楚文王并没有因为绝代佳人早已为人妇而放弃纳为己有的打算，蔡侯已然是俘虏，还留着息国何用？这对连襟为了一个女人斗得你死我活，都企图利用他来消灭对方，却不料最大的受益者恰恰是他们眼中被利用的楚王。

《系年》中亦有关于楚王入息的记载，其细节则更为生动：

> 文王为客于息，蔡侯与从，息侯以文王饮酒，蔡侯知息侯之诱己也，亦告文王曰："息侯之妻甚美，君必命见之。"文王命见之，息侯辞，王固命见之。既见之，还。明岁，起师伐息，克之，杀息侯，取息妫以归……

为了达到复仇的目的，蔡哀侯跟随楚王一同来到息国，并竭力怂恿楚王召见息夫人。从息侯表示拒绝这一表现来看，可以想见楚文王的要求是不符合当时礼法的，令息侯感到非常难堪。但楚国自称蛮夷，又是息侯的恩人，楚王一再坚持，息侯又能怎样？最终，人还是见到了。史书中没有记载楚文王见到息夫人时的所感和所想，但从他第二年便发兵灭掉息国、杀掉息侯的举动来看，那一场相遇可谓刻骨铭心，在楚文王心中留下了极深的印痕，想必余生难忘。

楚国灭息易如反掌，弹丸小国息国从此消失在历史之中，沦为楚国的一片领地。那美丽的息夫人则被楚文王带回了楚国，成为新的楚王夫人。江山与美人，楚文王两手兼得，必是甚为得意。

在楚国的岁月里，息夫人先后生下两个儿子。她在楚国的生活应当是安稳的，谁又敢与强悍的楚王争夺美人？

现世安稳，息夫人的岁月是否静好？

历史中的息夫人没有如刘向笔下那般以死明志，身不由己的她在史册中留下了两句话，第一句已成为千古名言：

> 吾一妇人而事二夫，纵弗能死，其又奚言？
>
> ——《左传·庄公十四年》

"千古艰难惟一死，伤心岂独息夫人"，自入楚以来，三年光阴须臾而过，生下两个儿子的息夫人从不主动开口说话，沉默寡言，对楚王的宠爱报以冷漠。而她的冷漠并没有让楚王动怒，反倒激起了强烈的与她交流的渴望。这渴望中掺杂了他复杂的感情，已然不是贪图美色这么简单，是精神上的交流。可以看出，楚文王动了真情，否则无须在一个拒绝自己的女人身上倾注三年光阴，息夫人再美，真的无可替代吗？未见得如此，但息夫人身上一定具有某种其他女人身上未有的特质，这深深吸引着楚文王，渴望征服天下的他竟发现无法征服一个女人的心。息夫人的话触动了他，为了让她有一点心安，楚文王再度伐蔡，以他自己的方式为息夫人报仇雪恨："楚子以蔡侯灭息，遂伐蔡。秋七月，楚入蔡。"然而，这真的是息夫人想要的结果吗？

后世文人怀念、怜悯息夫人的动机都是出于她那句旷世名言。在他们眼中，息夫人坚贞不二，正如士人对圣主明君不变的"忠心"。但不得不思索的是，息夫人所生活的年代，道德观念中忠君与守贞的思想都十分淡薄，并非普世价值观。何况息夫人来自巫风荡漾的陈国，一个偏离中原、敢爱敢恨的南方国度。那里的爱情自然纯朴、大胆泼辣、炽热浓烈。息夫人何以说出如此保守的话来？难道她为自己设置了道德的藩篱？

从笔者个人对史料的分析来看，息夫人的话并非出自道德束缚，而是出于愧疚和自责，她的沉默也与此有关。

我们仔细回想一遍息夫人短暂的过往，也许会发现她的性格有着一个转变。

当在蔡国遭受侮辱之时，她并没有忍辱认命，而是在到达息国后将此事透露给了丈夫。那时她很年轻，又是金枝玉叶，急于辩白、急于哭诉不幸、急于为自己讨回公道，便忽略了这里面复杂的政治因素和可能引发的一系列后果。她的性格应该是非常有陈国特色的，与《陈风》中那些泼辣果敢的女子极为相似。而当楚国坐收渔人之利，杀君灭国又抢占了她之后，她彻底认清了现实的残酷，终于明白她的屈辱不但无法抹平，反招惹来更大的麻烦，终致无法收拾。楚宫的生活是她想要的吗？当然不是。如果时光倒流，她是否还会选择那么做？或许未必。面对息侯，她是有愧的，尽管从当时来看她并没有做错，作为受害者丈夫的息侯也无非是下了错误的政治赌注，政治谋略不够深厚而已。但在近三千年前的江汉一带，政治形势复杂多变，虎视中原的楚国随时准备吞并江汉诸国，息夫人自然不愿成为楚王吞并息国的借口。从历史的这一端看，息国无论如何会灭亡，蔡国也终将被楚国吞并，但息夫人看不到历史的大势所趋，更不愿成为推动车轮的卒子。

回首春风一面花

息夫人不愿事二夫，是否可以证明她对楚文王是憎恨的呢？其实不然，在长久的相处中，息夫人也对楚文王产生了感情，虽然并非炽热的爱恋，却也足以影响她的后半生。

说起这段不被后人认可的感情之前，我们要先提到一个人，正是他撬动了息夫人心中那扇隐蔽的大门，让我们看到了一个别样的她。这个人就是楚文王的弟弟令尹子元。

> 楚令尹子元欲蛊文夫人，为馆于其宫侧，而振万焉。夫人闻之，泣曰："先君以是舞也，习戎备也。今令尹不寻诸仇雠，而于未亡人之侧，不亦异乎！"御人以告子元。子元曰："妇人不忘袭仇，我反忘之！"
>
> ——《左传·庄公二十八年》

令尹是楚国的官名，处于官僚阶层的最顶端，掌管一切军政大权，可谓一人之下万人之上。万是春秋时期的一种大型舞蹈表演，分文舞和武舞。振万特指武舞，因舞蹈时需要摇铃，因此叫振万。楚国没有出征的打算，却要在先君夫人的住所旁举行大型舞蹈表演，其意不言自明。当令尹子元以这种方式出场的时候，他的哥哥楚文王已然过世十年。此时乃息夫人的儿子楚成王在位第六年，作为叔叔的子元是辅臣也是威胁。不过，此刻最感到他威慑的还不是年轻的楚成王，而是寡居的息夫人。她的美丽不知何时吸引了小叔的注意，竟公然表示要叔嫂相通。这一次，息夫人公开表示拒绝，而她的理由颇耐人寻味。表面上，她批评子元不思虑国家前途，只顾自己行乐，将军事舞蹈用于娱乐，实则是在表明态度：其一当然是拒绝子元的勾引，其二则较为隐晦，那就是她对楚文王的感情。从"先君以是舞也，习戎备也（当年楚文王组织该项舞蹈表演是为了军事操练）"这句话语里我们可以感受到她对楚文王的敬重，他是一个努力思考国家前途、勇于进取拼搏的国君。而当她自称未亡人之时，或许已经在不经意间透露出了对楚文王的怀念。

息夫人约自楚文王七年（前683年）来到楚国，到楚文王病逝，两人共同生活不及八载，但可以看到楚文王对息夫人的影响不可小觑。除了灭息国、杀息侯、伐蔡国这样较为负面的伤害之外，楚文王作为楚国之君，也让息夫人看到了他的进取和气魄，当然还有他执着的爱慕。说到此处，让我们先给这位国君结一个尾，让上一章中楚文王的故事在这里终结。

司马迁在《史记·楚世家》中记载，楚文王在位十三年，《十二诸侯年表》载其逝于鲁庄公十七年（前677年）。但翻阅《左传》可知，司马迁记载有误，少了两年。《左传》中分别于鲁庄公十八年（前676年）和十九年（前675年）记载了楚文王最后的岁月及其死因，而这些却被司马迁漏掉了，并把这两年算在了其长子的在位年份之中。如前章所述，楚文王在继位后一直追寻着其父的脚步，誓要做一番事业出来，在他短暂的国君岁月内都在努力开疆拓土。在位第十四年（前676年），他吞并了权国，又与巴人攻伐申国，但在作战时与巴人发生矛盾，导致巴人叛变，两国交兵。楚国一方不敌，在津地兵败，转而去攻打黄国，这一次取得全面胜利。可也就在大获全胜之后，楚文王身染重疾，不及返回国都便于十五年（前675年）夏六月庚申（十五日）在湫（jiǎo）地病故。于楚文王而言，盛年突逝，可谓壮志未酬，而对于息夫人而言，仇人虽死却并未给她带来欣慰和快乐，因为他们还有两个儿子，即"堵敖及成王"。楚文王死后，两个儿子先后做了国君，可见息夫人在楚国宫廷内身份的高贵，也可见她在楚文王心中的重要性。如果抛开恩义，仅凭个人魅力而言，息侯与楚文王哪一个更会博得息夫人的倾慕，恐怕也不言自明。

自拒绝令尹子元之后，息夫人似乎消失在了史册之中，她何时离世，后来又有过哪些遭遇？这些我们都不得而知。只知道，她的两个儿子自相残杀，弟弟最终杀了兄长自立为君，也就是后来的楚成王，这样的事在楚国历史上并不鲜见，身为母亲的息夫人并没有干涉，也或许无力介入。

倔强美丽的息夫人消失在了史册中，却留在了后人心里，人们赋予了她很多美丽的传说，包括《列女传》中那个双双殉情的故事。她被称为桃花夫人，墓地称为桃花庙，桃花庙世代流传，到清代还在祭祀息夫人。关于她的诗文不胜枚举，出现了很多名篇佳作。在春秋时期的女子中，她是唯一一个牵惹战乱亡国却没有被视为所谓"红颜祸水"的女子，也许适当适时地表态真的很重要，不过，息夫人最渴望的也许只是和平安稳的岁月而已……

第十三章

郑厉公

被命运荒废的人生

在为郑厉公的一生结尾时，司马迁是这样说的："厉公初立四岁，亡居栎，居栎十七岁，复入，立七岁，与亡凡二十八年。"①简洁的叙述看似直白的陈述，却似乎暗含着某种复杂的情感，特别是当你细读过前面的那几段关于郑厉公生平的叙述后便尤其会有这样的感触。二十八年，一个拥有才智的一国之君的后半生，他本该拥有纵横捭阖的气魄、取得不输于生父的成就，在乱世中打开一片新的天地，然而，这二十八年中的每一天却都是辛酸的、愁苦的，在命运的道路上挣扎着变换方向，最终一败涂地。那年他重新回到久违的国都时，时代早已不再属于他，不再属于郑国。

公子多谋

《逸周书·谥法解》中对谥号"厉"有这样几种解释：杀戮无辜曰厉；暴虐无亲曰厉；愎狠无礼曰厉；扶邪违正曰厉；长舌阶祸曰厉。这五种说法每一种都透露着丑恶与狰狞，用来为国君后妃做谥，显然表明了后人对其生前作为的看法和评价。在司马迁所记述的二十八年的时光里，郑厉公真正在位的时间不过十一年

---

① 郑厉公，前700～前679年及前679～前673年在位。

而已，而有长达十七年是在外流亡，他又何以如此令国人记恨？他是否自儿时起便已有了暴力乖张的表现？

司马迁没有对郑厉公继位前的经历做记述，只提到他的母家出身：

> 庄公又娶宋雍氏女，生厉公突。雍氏有宠于宋。

关于这段过往，《左传》中也有较为详细的记述，可以与《史记》互为补充：

> 宋雍氏女于郑庄公，曰雍姞，生厉公。雍氏宗，有宠于宋庄公……

在"祭仲"和"郑昭公"两章中我们已做过详细的介绍，在宋雍氏女来到郑国之前，郑庄公已然娶了邓国的公女并生下儿子公子忽。雍氏在宋国是大族，甚至可以影响国君的施政方针，故这位叫雍姞的女子虽然并非如公子忽生母邓曼那般出身公室[1]，但其身份和背景显然不容小觑，从政治利益和整体形势考量，远远比邓曼之于郑庄公更为重要。郑庄公究竟更爱哪一个，史书中难寻线索，尽管他最终立公子忽为太子，但绝不仅止于感情的因素，内外政治势力的较量和太子忽自身的资质是影响其决定的重要因素。不过，从《左传》中留下的记载来看，他一定也很喜欢公子突，少年和青年时期的公子突绝无"厉"之表现，非但如此，更

---

[1] 姞是姓，故雍氏当并非宋国公室（子姓），可能是自宋国立国起便拥有权势和地位的大贵族。

是一位骁勇多谋的军师。

郑庄公三十年（前714年）对于郑国来说是个多事之秋。上半年，郑国对宋国进行了讨伐，理由是"宋公不王。郑伯为王左卿士，以王命讨之"。①虽然此时郑国已与周王室产生了裂痕，但表面上仍是成周的首功之臣，有为王室惩罚诸侯的义务，而日渐衰微的王室也乐得利用郑国的兵力教训不听话的诸侯。总的来说，上半年的伐宋还是顺利的，然而，螳螂捕蝉，黄雀在后，郑国盯着宋国，北边的戎狄就开始盯着郑国了。

是年冬，"北戎侵郑"，戎人不比中原诸侯，他们一向不讲章法，不按套路出牌。在中原不可一世的郑庄公面对来犯的戎人，心里也犯难了，于是难得地看到了"患戎师"的记载。那么郑庄公所"患"为何？正是担忧戎人与中原在作战上那极大的差异所带来的优势："彼徒我车，惧其侵轶我也。"

春秋时期，中原的作战方式中大规模采用战车，四马拉一车谓之一乘，但戎人缺乏制造技术，故基本用步兵。但技术上的落后却反造成了某种优势，即步兵灵活，穿插纵横、闪展腾挪皆来去自如。郑庄公怕的就是自己的战车在前，戎人分出一支队伍在后路包抄，届时好汉难敌四手。面对父亲的担忧，少年公子闪亮登场：

> 公子突曰："使勇而无刚者尝寇，而速去之。君为三覆以待之。戎轻而不整，贪而无亲，胜不相让，败不相救。先者见获必务进，进而遇覆必速奔，后者不救，则无继矣。乃可以逞。"
>
> ——《左传·隐公九年》

---

① 《左传·隐公九年》，第73页，中华书局，2012。

首先，公子突给出良策，让"勇而无刚者"去诱惑敌人，见对方冲过来不必缠斗，撒腿就跑。同时，郑国兵分三路做好埋伏。公子突为何要这样安排？紧接着他给出了理由，即对戎人的精准分析：戎人固然轻装上阵，但没有凝聚力和统一的行动力。贪婪无战友之情，得便宜绝不礼让，一旦队伍出现溃败，不会互相援救。前面被诱导的那批人必定以为自己得了便宜，一定冒进，而此时，我方埋伏好的士兵便可趁势而上。戎人发现自己中了埋伏，一定仓皇逃窜。而跟在后面的人发现前面的人大溃败也绝不会伸出援手，必定各自逃窜，届时便可一举击溃。说白了，戎人看着野蛮强横，其实就是一帮乌合之众，他们历来是抢一票算一票，抢到就算赚到，倘若遇到不顺，跑得比兔子都快。公子突以敏锐的观察力，迅速破解了戎人所谓的"优势"，转换思路，利用其弱点，再次将"优势"转化为劣势。郑庄公听罢茅塞顿开，于是采纳了儿子的建议。果然一切皆在公子突预料之中，于是"郑人大败戎师"。这一年，郑国有惊无险，完美收官。

如果说大败北戎是公子突的小荷才露尖尖角，那么郑庄公三十七年（前707年）的那场战役才是他的巅峰时刻，于是我们又要提起繻葛之战。

之前不止一次说过，这是一场决定郑国命运的大战，它彻底扭转了各诸侯国之间的形势，使郑国一战而成小霸。此战能够取胜，参与战斗的每一个人都付出了智慧与鲜血，都值得被嘉奖，而其中表现尤为突出的是公子突（前文已有叙述）：

> 秋，王以诸侯伐郑，郑伯御之。王为中军；虢公林父将右军，蔡人、卫人属焉；周公黑肩将左军，陈人属焉。

郑子元①请为左拒以当蔡人、卫人，为右拒以当陈人，曰：
"陈乱，民莫有斗心，若先犯之，必奔。王卒顾之，必乱。
蔡、卫不枝，固将先奔。既而萃于王卒，可以集事。"从之。

——《左传·桓公五年》

周桓王不但来者不善，且是有备而来。无论此战是否合情合理，作为周的天子，他的做法带有天然的合礼合法性，从礼法上讲他永远正确。面对道义和军事上两方面的强势压迫，在列国无不观望、无人伸出援手的劣势情形之下，郑国想要赢，只具备上下一心的凝聚力是远远不够的，更重要的是要有人才。郑庄公已入老年，起到凝聚作用是他的主要责任，作战还要靠儿子和朝臣们。危急时刻，公子突再次力挽狂澜。

从公子突的这一番简要分析来看，他对所谓王师的分析极为透彻。王师虽有四路人马，且领兵之人都非善类，但有一个致命的弱点，即他们面和心不和，各有小九九。公子突先从陈国入手展开分析，就在这一年的年初，陈国刚刚发生内乱，国君陈桓公病逝，而就在他奄奄一息之时，公室内为争权而互相残杀，太子免死于叔父文公子佗之手，陈国人心不稳，正所谓"民莫有斗心"。此次跟随周桓王而来很可能是迫于压力，他们根本无心恋战，只要敌方武力稍猛，必会抱头鼠窜。如此，王室军队既要顾忌郑军又要维护支援陈军，必会阵脚大乱。四支军队中的两支已然失去作战能力，剩下的蔡军和卫军本就是弱旅，面对此景更无力支撑，必将各自逃散。届时郑军再将武力集中于王室军队，一举击溃，此战必胜。除了战略上的献计献策，公子突也在战术上

---

① 子元为公子突的字。

做了考虑，即"请为左拒以当蔡人、卫人，为右拒以当陈人"，之后作战时采用的"鱼丽之陈"也极有可能出于公子突的想法。虽然在作战安排上我们没有看到公子突统领军队，但可以想见他应该就在父亲郑庄公的身边，或许就在同一辆战车上，坐镇于中军之中，在战场上参与实际的指挥。他的长兄太子忽与老臣祭足各领一支军队，在中军负责保护国君的是原繁和高渠弥。对于后者，我们已然十分熟悉，而关于原繁，后文将会对他展开详述。

郑庄公因完全采用了公子突的战略战术而使繻葛之战大获全胜，可以想见他是多么信任、欣赏和喜爱这个儿子。纵观郑庄公在位时有关两位公子的所有史料，太子忽擅长实战，而公子突则娴熟于计谋，善于抓住对方的弱点从而制定精准打击的策略。两个儿子各有所长且都为郑国立下赫赫战功，作为父亲，真可谓手心手背，缺一不可。

史书中没有再对公子突的青年岁月有更多记载，尽管如此，祭仲的那一番劝慰太子忽的言谈已然显露出其潜在的威力，让我们再重新回顾一番他当时说了什么：

> 郑昭公之败北戎也，齐人将妻之，昭公辞。祭仲曰："必取之。君多内宠，子无大援，将不立。三公子皆君也。"弗从。
>
> ——《左传·桓公十一年》

关于这次事件的来龙去脉，在此不再赘述，可以参考前文之"祭仲"与"郑昭公"两章。祭仲此处所提到的三公子，即后来先后继承君位的公子突、公子亹和公子仪，而在当时，最有可能对太子忽造成直接威胁的正是公子突。公子突母家的出身以及自身的才智较之长兄有过之而无不及，他虽保持沉默却已暗露杀机，但其存在本身就是杀意。可是，太子忽并没有在意，而他轻敌的结果就是当父亲去世之后被赶出了国都，君位被公子突取而代之。

命运的漩涡

关于郑昭公出奔和公子突夺位的前前后后前文已然详细地讲解过，此处我们所要关注的是，在权势斗争中全面胜出的郑伯突是否自此拥有了他想要的幸福。答案是，没有。非但没有，他个人的命运从此跌入了恶浊的漩涡，再未真正挣脱出来。而与他一同在漩涡中挣扎的是郑国的国运，郑庄公的两个好儿子非但未能将国运延续，而且身不由己地葬送了先祖辛苦创立的基业。

论理，作为因此次政变而顺利登上君位的人，郑伯突是最大的获益者，他应该高兴才对。但事实上，这次政变来得过于突然，突然到连他自己都是被绑上君位的，让我们再次通过史料回顾一下事件的前前后后：

> 宋雍氏女于郑庄公，曰雍姞，生厉公。雍氏宗，有宠于宋庄公，故诱祭仲而执之，曰："不立突，将死。"亦执厉公而求赂焉。祭仲与宋人盟，以厉公归而立之。
>
> ——《左传·桓公十一年》

关于整个事件的解读，已然在前文"祭仲"一章里详述，本文中我们转换角度，将目光集中于郑伯突。按照我们熟悉的政变套路，谁得利谁是主谋，如此看来，郑伯突和他的母亲雍姞一定深度参与或策划了此次行动，背后的宋国应当是其强大的外援。然而，这却是一次特殊的政变，主谋与参与者倒置，宋国是策划此次政变的始作俑者，而当事人郑伯突和雍姞至多只能算受益者，实际上是被利用的工具。这也就造成了一种罕见的错位——具有"拥立之功"的老臣祭仲不但没有与新君成为同盟，甚至彼此怨愤不满，怀恨在心。而对于策划者宋国，郑伯突也没有好感，心存埋怨。

祭仲是被迫屈服，而郑伯突是被迫向宋国称臣。宋国固然是爵位最高的大国，但在当时的郑国面前地位并不突出，尽管有其一半的血统，跟随父亲南征北战的公子突何曾将此国放在眼中？如今在宋国君位上耀武扬威的宋庄公当年曾是流亡郑国、前途渺茫的公子，说不定正是托了雍姞的福才能在郑国苟活下来。今昔对比如此残酷，那个曾受他们母子恩惠的人如今掐着他的脖子还要他感恩戴德。从被人身控制到被迫承诺纳贡，公子突遭受了人生中第一次羞辱，而那个扶植他上位的老臣祭仲正是他长兄的心腹。郑伯突里外不是人，虽然做了国君，却做得窝囊而懊恼。

而至于他与长兄太子忽的关系，虽然从逻辑上推断未必手足情深，但一条史料却告诉我们，兄弟二人倒也未必关系淡漠甚至你死我活：

> 四月，郑人侵卫牧，以报东门之役。卫人以燕师伐郑。郑祭足、原繁、洩驾以三军军其前，使曼伯与子元潜军军其后。燕人畏郑三军，而不虞制人。六月，郑二公子以制人败燕师于北制。
>
> ——《左传·隐公五年》

鲁隐公五年（前718年）的那场战役中，兄弟二人联手打了一场胜仗，倘若关系淡漠甚至彼此仇恨，战场上绝无配合默契的可能，更别说大获全胜了。郑国以实际行动诠释了"打虎亲兄弟，上阵父子兵"这句话的真谛，曾饱受亲情之苦的郑庄公或许在教育子嗣时刻意培养他们的感情，而非让悲剧重演。

只是，个人的意志永远无法左右迫人的形势，当一代英雄撒手人寰，再也无法为子嗣抵御外侮，就连最信任的老臣都会背叛他的遗愿。复杂的斗争形势下，手足不能共存，太子忽不得不逃亡国外，公子突不得不做了违背父志的罪人。

郑伯突的性情大约是从这时开始扭转的。

在执政的四年时光里，郑国对外失去了往日的神武，每年被迫向宋国纳贡。朝贡是诸侯对天子的献礼，宋国如此凌驾于郑国头顶，郑伯突内心颇感屈辱。对内，老臣祭仲看不上这个靠母家的阴险手段政变篡位的新君，自己把持朝政，处处给国君脸色看，郑伯突内心充满了仇恨。四年中，曾经才智过人的公子突没有任何作为，郑国正慢慢从辉煌的顶点掉落。想要扭转局面，唯一的突破口是先除掉祭仲，重获权力。于是，郑伯突使出了暗杀的计谋，却不料意外被祭仲获悉，最终导致自己被迫流亡。[①]

仓皇出逃的公子突先去了蔡国，后又辗转去了郑国边上的附属国栎，一住就是十七年。关于这个叫栎的地方，在《左传·昭公十一年》的一次对话记录中，也提到了这件事，当时的楚国大夫申无宇是这么说的："郑庄公城栎而置子元焉，使昭公不立。"申无宇的意思是，郑庄公在世时就把栎给了公子突，这才导致日后的政变。这句话可信吗？笔者认为存疑。首先，郑庄公自己吃

---

① 详见前文"祭仲"一章。

过弟弟共叔段的亏。当年母亲武姜请求给小儿子封地，郑庄公就把京地给了公子段。而后来公子段拥兵自重，以京为根据地意图谋反，让郑庄公很受了些波折。既然当年那么痛苦，面对这个才智远胜公子段百倍的二儿子，郑庄公会让历史重演吗？好似不会。其次，郑伯突被二次政变赶下台时没有第一时间去栎，而是去了蔡国，如果栎是他多年苦心经营的属地，他没理由弃之不顾先去国外；回到属地挟城以自重才是省时省力的上上策。其三，当他来到栎时，进入并不顺利，而是用计挑唆其上层统治者的矛盾，利用内奸杀了栎的所有者檀伯才进驻其地，是典型的抢地盘。①其四，申无宇说这番话时距离郑伯突入驻栎已经间隔了166年②，而申无宇又是楚国人，这时间与空间上造成的历史记载的混淆和流变实属自然，就像我们说距今166年前的事也不能句句准确，许多事情还存在争议。所以申无宇的话不够准确，这也是正常的，在《左传》的记载里也不是孤例。不过，从入栎这一事情看来，公子突的狡诈之处已然凸显。他似乎不太善于宫廷权谋，但在军事作战上依然百战不殆。

《史记·郑世家》记载，"宋颇予厉公兵自守于栎，郑以故亦不伐栎"，公子突得以留在此处相安无事长达十七年，原因是宋国的保护，而逐渐衰落的郑国无力与宋国抗衡，也就默许了他的存在。如此说来，公子突要感谢曾给了他屈辱的人，内心一定充满了煎熬。而对于一个拥有能力和野心的人来说，十七年的流逝和虚度是痛苦的。他看着国内的兄弟轮番登上君位，看着列国局势

---

① 《左传·桓公十五年》："秋，郑伯因栎人杀檀伯，而遂居栎。"第171页，中华书局，2012。

② 郑厉公入驻栎是在公元前697年，申无宇言论的记载是在鲁昭公十一年，即公元前531年。

不停变换，看着自己的祖国滑坡般地衰落，这一切他全都无能为力，一切与他有关，一切又不允许他参与。当年叱咤疆场的少年公子不见了，凭智慧扭转危局的大军师也消失了，世界已没有他的舞台，他唯一可以做的就是活下去，只这一件事就可以耗掉他所有的力气。

但，他仍不死心，命运欠他一个交代。

厉公之厉

根据《史记·郑世家》的记载，郑子^①十二年（前682年），一手带领郑国走上衰落道路的老臣祭仲死了。当年他在世时，列国多次合力出兵讨伐郑国、谋求拥立公子突复位的努力都没有成功。对于父亲生前的这位心腹，公子突也曾毫无办法，只能逃亡。如今，郑国之内再无人是他的威胁，那个在位的幼弟子仪根本才不配位，公子突重又看到了希望。他要回家，回到郑国，回到诸夏角逐的战场。再晚一点就迟了！也许，已然迟了。

是的，就在他回到郑国的这一年，齐国正式崛起为列国之霸，齐桓公当仁不让地成为春秋第一霸主。《左传》和《史记》都对这一重大事件做了记载。^②历史没有留给重新归来的郑伯突任何机会，留下的是关于他的一条条负面记载，他的狡黠、奸诈、残忍与无情。他身后被称为厉公的所有证据都可以在其归来后的记载中找到。

祭仲死后的第二年，公子突终于卷土重来。面对这位曾经叱咤风云的兄长，在位的郑伯子仪难免惴惴不安。他派出了一个叫

---

① 《史记》称其名为子婴，《左传》称子仪。

② 《左传》的记载为第二年春。

傅瑕[①]的大夫迎战，结果自然不敌，并被公子突擒获。关于他的被俘，《左传》的交代很简单，但司马迁在《史记·郑世家》中说他是被"诱劫"的，一个"诱"字令人不禁想起当年在战场上足智多谋的那个少年公子。尽管十七年蹲守弹丸之地，但在作战谋略上依然不减当年。面对来势汹汹的公子突，傅瑕料定他必将带着十七年的仇怨，不杀子仪夺回君位誓不罢休。于是，识时务的傅瑕主动投降，并以"吾请纳君"为条件请求释放。公子突选择相信他，傅瑕亦未食言，他杀掉了在位十四年的子仪，亦没有放过子仪的两个儿子。

扫清了国内全部障碍，公子突顺利回到阔别多年的郑国，继位为君。他做的第一件事便是杀掉了为他引路的傅瑕。《左传》中并没有交代傅瑕对此事的态度，但《史记》里记载了他的临终遗言："重德不报，诚然哉！"司马迁的史料或许来自已然失传的郑国古文献，郑伯突给出的诛杀理由是"子之事君有二心矣"，关于他的理由我们后面再谈。先来看傅瑕的遗言。"重德不报"应该是当时一句熟语，傅瑕在临死前切身地有了感悟。但用之于他自身的行为上是否合适，似乎值得思量。傅瑕为保命而不惜弑君，其出发点并不是出于对公子突的拥护和爱戴。两人当年在郑国时也许交往并不深，但对公子突的为人他应当是心中有数的。反过来对于郑伯突而言，傅瑕不过是他利用的工具，"德"字实属言重。当初释放傅瑕就是一笔划算的交易，如今目的达到，他势必要除掉此人。从当时的礼法道德看，傅瑕是弑君犯上之人，杀掉他也合礼合法。也就是说，傅瑕做了郑伯突弑君的替罪羊。

郑伯突的污点记录始于傅瑕，自此便一发而不可收。

---

① 《史记·郑世家》中称甫瑕。

紧接着是原繁。

前面在回顾繻葛之战时我们就已然看到了原繁的身影，那已经是二十七年前的久远往事。曾经参加繻葛之战的其他人皆已亡故，原繁是唯一一个在世的曾与郑伯突共同见证了那次战役的人。那时的原繁已不年轻，如今已是人到老年。对于这位熟悉的老臣，郑伯突做了什么？他直接将他逼上了死路。

> 使谓原繁曰："傅瑕贰，周有常刑，既伏其罪矣。纳我而无二心者，吾皆许之上大夫之事，吾愿与伯父图之。且寡人出，伯父无里言；入，又不念寡人，寡人憾焉。"对曰："……苟主社稷，国内之民其谁不为臣？臣无二心，天之制也。子仪在位十四年矣，而谋召君者，庸非贰乎。庄公之子犹有八人，若皆以官爵行赂劝贰而可以济事，君其若之何？臣闻命矣。"乃缢而死。
>
> ——《左传·庄公十四年》

郑伯突给出的理由与给傅瑕的如出一辙，表面上的理由是斥责他们不忠君，但其内心深层次的是恨与怨。而与傅瑕相比，郑伯突对原繁的怨恨则更为深重。也许恰恰是曾经并肩作战的情义让他对原繁当初没有站出来支持他而感到尤其愤怒和不能释怀，又因回国后原繁的冷漠而恨上加恨。多年的压抑和流亡扭曲了郑伯突的性情，此后的几年里他的生命主题是不停地泄愤，傅瑕和原繁只不过是序曲而已。

自郑庄公离世起的这二十几年岁月，原繁经历了多次政变，早已看透了当权者的嘴脸。他还有什么不舍的？面对郑伯突的强词夺理，他不过淡然一笑，有理有据地驳斥了新君的强加之罪：你弟弟子仪在位都十四年了！支持你叫叛国不叫忠君！倘若人人给点好处就可以篡位，你爸爸还有八个儿子呢，你可自重吧！说到这儿，原繁无心再辩，慨然赴死。

傅瑕和原繁皆死，郑伯突还没有解决心腹大患，那就是当年欲刺杀祭仲而不成的雍纠事件[①]。祭仲虽死，党羽尚在。回国第三年，郑伯突又先后诛杀处置了一批祭仲遗党，他在国内的统治地位终于稳固。

尽管如此，那曾经的荣耀与威武都已消逝。郑伯突回国的第二年便借机向宋国发起战争，但显然并没有讨到便宜，紧接着，宋国便纠集齐国和卫国反扑而来，郑伯突的报复并不成功。更糟糕的是楚国对郑国的欺侮：

> 郑伯自栎入，缓告于楚。秋，楚伐郑，及栎，为不礼故也。
>
> ——《左传·庄公十六年》

此时正是楚文王在位，当年让郑庄公有所担忧的那个南蛮之国如今已壮大，尽管不能与刚刚称霸的齐国相比，但已然可以给郑国颜色看了。郑伯突因回国后没有第一时间报告楚国便遭到其侵伐，理由竟是"不礼"！熟悉《左传》的读者都会发现，大国和强国都有着天然的"政治正确"，弱小国家向强霸者俯首称臣固然屈辱，但却是时代礼法和道德所接纳允许的。从前，郑国在诸夏间叱咤风云，说讨伐谁就讨伐谁，不服者不但被其惩罚还要遭受

---

① 详见前文"祭仲"一章。

舆论的嘲弄。而如今，郑国的命运竟也跌入了受强国欺凌、拼尽力气才能苟活的尴尬境地。郑伯突离开时，郑国还是诸夏中的强者，待他回来时，祖国已然羸弱不堪。

如果可以心甘情愿向齐、楚称臣，郑伯突便不是那个曾经意气风发的公子才俊。但郑国要如何才能重振雄风？诸夏中究竟还有郑国的出路吗？

没有出路的"和周"之路

在全面稳定了国内局势之后，郑伯突以他的方式展开了重回列强之路，他的手段是"和周"。

周就是周王室。郑伯突选择周王室，正是祖辈们走过的一条老路，也是眼下他唯一的突破口。毕竟，周郑是一家，何况当时整体格局已然重心向东倾斜，而齐桓公虽辈分上与郑伯突是一代，但年龄上是两代人。齐、郑之间已错过太多，再无当年紧密合作、互帮互助的甜蜜了。

此时的周王室也早已不复从前。当年率领联军气势汹汹伐郑的周桓王早已归天，眼下当政的是他的重孙周惠王。桓王之后，周室愈发衰落，其子庄王、孙僖王都很安静，没有什么作为，在位时间亦短。郑伯突归国的第四年正赶上周惠王继位，可他甫一登台就遭遇了政变：

> 秋，五大夫奉子颓以伐王，不克，出奔温。苏子奉
> 子颓以奔卫。卫师、燕师伐周。冬，立子颓。
>
> ——《左传·庄公十九年》

五大夫联合叛乱，势头不小，他们都曾被惠王伤害过，有的被夺了田产，有的被抢了房子。表面来看，惠王专横跋扈，但其根本原因恐怕是周王室日渐衰落，穷得要靠巧取豪夺来填补财政了。五大夫被逼之下让周惠王的叔叔王子颓钻了空子，王子颓是周庄王的宠姬王姚所生，当年颇得父亲宠爱，恐怕早有觊觎之心。但周庄王却依然把王位传给了周僖王，王子颓也就不得不黯然离场。也许他不曾想到，机会竟然在周僖王死后重现，侄子周惠王的任性恰恰成了他可以取而代之的最好理由，于是他欣然接受了"命运"的安排。

起初，叛乱遇到阻力，但双方两败俱伤。周惠王力有不敌逃亡到了温地，王子颓也没讨到什么便宜，被大臣保护着逃到了卫国。卫国也对周惠王非常不满，力挺王子颓，于是会合南燕国兵力向王城反扑，终于立王子颓为王。

就在此时，郑伯突出手了。

他没有选择王子颓，而是选择了周惠王。

史书没有交代他选择周惠王的原因，尽管从现有文字来看，周惠王确实有失王道，虽然王子颓是夺位，但颇有点得道多助的意思。那么郑伯突选择周惠王，难道是因为他自身的"邪恶属性"导致两人臭味相投？历史必然不会如此简单滑稽。私以为他这样做的原因有三：其一，周惠王是王室正统。从当年周庄王放弃王子颓而选择周僖王来看，僖王是嫡长子的可能性极大，这是周的传位正统，周惠王也大体是嫡长子身份。也就是说，王子颓不具备继位合法性。继承传统就是天然的政治正确，无论现实怎样，高调支持"政治正确"是没有错的。其二，周惠王对郑伯突有一定感情。就在五大夫联合叛乱的前一年，郑伯突刚刚帮助操办了周惠王迎娶王后的婚礼。王后出身陈国，也就是日后使王室动荡不安的惠后，参与婚礼筹备的还有王室大臣虢公丑以及晋国的晋献公。从郑庄公与祭仲的关系我们可以推断，君主对为其操办筹备婚事的人都有着亲密的感情和信任，作为臣子，郑伯突当然也愿意拥立对自己有感情的周王。其三，如果郑伯突选择王子颓，那么必然成了卫国的跟班，难以出头。当年，卫国是郑国的手下败将，繻葛之战时公子突是如何看待卫国的？如今的卫国也是一代不如一代，论实力根本不堪与郑伯突相提并论，他岂能甘心去做卫国的小卒？所以郑国想要重振雄风，必须是带头大哥。

尽管如此，现实还是让郑伯突感到了失望。他没有成功护送周惠王返回王城，这意味着反对周惠王的势力十分强大，也说明郑国的实力已是日落西山。无奈，郑伯突将周惠王带回郑国，并安置在当年他留居多年现已并入郑国的栎，也许是讨一个好兆头吧！此后，郑伯突又帮助周惠王夺回了象征王权的宝器，但仍旧未能使其实现还都的心愿，他们只能等待时机。

机会很快就来了。

> 王子颓饮三大夫酒[1]，子国为客，乐及遍舞。郑厉公见虢叔，曰："吾闻之，司寇行戮，君为之不举，而况敢乐祸乎！今吾闻子颓歌舞不息，乐祸也。夫出王而代其位，祸孰大焉！临祸忘忧，是谓乐祸。祸必及之，盍纳王乎？"虢叔许诺。郑伯将王自圉门入，虢叔自北门入，杀子颓及三大夫，王乃入也。
>
> ——《国语·周语·郑厉公与虢叔杀子颓纳惠王》

---

① 《左传》称五大夫。

此处的虢叔在《左传》中称虢公，也就是当年与郑伯突一起为周惠王操办婚事的那个人。王子颓志得意满、大宴宾客，宴请拥立他的大臣本也无可厚非。当然，他用了全套的乐舞，还如此张扬，确实让反对者甚为不快。这不，喜欢宣扬"政治正确"的郑伯突及时出来指摘，表面上是在维护法统，实则是在试探虢公的意思。其重点就在最后的那一问："盍纳王乎？"虢公在《左传》中的回答是："寡人之愿也。"两人一拍即合，趁势于第二年春杀掉王子颓和五大夫，成功拥立周惠王复位。

对郑国来说，这是一个好兆头。当年郑武公正是做了周平王的大恩人而崛起，如今周王室虽今非昔比，但依然有一定影响力，郑国或可再走老路，重新踏上复兴之路。如果顺利，日后齐国的"尊王攘夷"恐怕都是郑国的功绩，即便郑无法削弱齐、楚，总可以立足一方，在十几年的时间里大有希望实现三足鼎立的局面。

可惜，郑国再次丧失了机会，原因现实而又残酷——郑伯突去世了。

> 郑伯享王于阙西辟，乐备。王与之武公之略，自虎牢以东。原伯曰："郑伯效尤，其亦将有咎。"五月，郑厉公卒。
>
> ——《左传·庄公二十一年》

喜欢大力宣扬"政治正确"的郑伯突却最终掉入了"政治正确"的魔咒，自己犯了和五大夫同样的错误，大肆越礼使用礼乐，态度十分嚣张。原庄公预言郑伯突将有大难，这是春秋时期的观念：越礼逾矩而不加收敛悔改的人都必将以悲剧收场。郑伯突当然不是死于"天谴",从简短的叙述来看,他极有可能死于疾病,在当时是较为正常的死亡。但在相信"天谴"的时代,在一部写满了神奇预言的书里,郑伯突的死就显得那么不同寻常。我们似乎看到书中写满了"死有余辜",看到了时人和作者对他的不满和幸灾乐祸,比之兄长郑昭公,《左传》作者充满了对昭公的偏袒和对厉公的鄙夷。曾经都是天之骄子,最后却都不得善终。而今天来看,相较于郑昭公,郑厉公的突然离世更显无奈,更令人叹息。

如果说郑昭公的死预示着国运的衰败,那么郑厉公的死则是彻底为国运画上了句号。当然,从历史大的格局来看,郑国的衰落是必然的,郑厉公即便做到了复兴,也不过续航一二十年,身后局面恐怕仍然会是走下坡路。但从其个人一生的波折与抗争来看,命运真的亏待了他,仿佛是为了要毁掉一个国家而先扼杀他的存在。郑厉公的一生充满了绝望,绝望让他扭曲、虚伪、残忍,使尽浑身解数仍旧无力回天。

郑厉公死去的这一年是公元前673年,距离《左传》开篇刚好五十年。春秋时期的五分之一悄然逝去,他的父辈们早已退场,他的同龄人有些也先他离世,两个月后,文姜病逝,在他生前,这个曾经差一点就成为他长嫂的女人是不多的几个健在的同龄人,如今竟与他同年死去——属于他们的时代结束了。

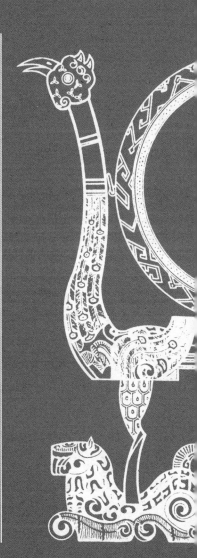

第十四章

鲁庄公

勤勉国君的悲情人生

公元前706年，这一年是鲁桓公在位的第六年，九月二十四日，鲁国公宫双喜临门。这一天是国君的生日，理应庆贺，而更令大家欣喜的则是国君的嫡长子也于同日降生。三年前，鲁桓公迎娶了齐僖公的女儿文姜，这是他们的第一个儿子，为了庆贺这个婴儿的诞生，鲁国公宫之内举行了盛大的庆典。鲁桓公"以大子生之礼举之"，这等于昭告全国，这个婴儿就是将来的太子。与此同时，公宫以牛、羊、猪三牲俱全的最高等级"大牢"祭祀祖先，以占卜来选择负责抱他的大夫和喂养他的大夫之妻。此外，鲁桓公慎重地与心腹大臣申繻讨论了嫡长子应如何命名，最终取与父同日所生这一美好的寓意而命名为同。之后，鲁桓公与夫人文姜率领宗族贵妇举行了命名仪式。①

　　这是《左传》中对国君出生的罕见记载，在普遍的有死期而无生日的春秋历史中是极为难得的一笔，何况同时记载了如此高规格的庆生大典。这个新生的婴儿倘能顺利长大，必是幸福顺遂，日后为一国之君。然而，谁也不曾想到，这满载期望、满承爱意的生命将会历经怎样的生死之劫，他的一生又充满了多少的爱恨纠缠与悲欢离合。

---

① 《左传·桓公六年》："九月丁卯，子同生。以大子生之礼举之，接以大牢，卜士负之，士妻食之。公与文姜、宗妇命之。"第135页，中华书局，2012。

寡人之生则不若死矣

　　鲁桓公十八年（前694年）春，太子同虚岁十三，周岁未满十二。这十几年的成长岁月是平静而顺遂的，在他出生后，母亲文姜又生下一子①，同样受到父亲鲁桓公的高度重视，出生前便为其占卜，得到的预言是"为公室辅。季氏亡则鲁不昌"。出生后，鲁桓公为其命名为友，日后，他将成为太子同最坚实的盟友和支柱。

　　就在前一年（前695年），鲁国与齐国有了点边境上的摩擦，但并没有酿成大的政治事件，两国关系依然牢固。故当父亲要前往齐国访问时，太子同与鲁国上下没有提出异议，唯一的一个争议是关于母亲文姜的。这一次，母亲会与父亲同行，关于这个决定，当初为太子同命名出过建议的大臣申繻站出来说话，明确反对国君夫人与国君一同回齐国，谓之："女有家，男有室，无相渎也，谓之有礼。易此必败。"②他的理由很坚决，鲁桓公却没有做出答复，但文姜一同回齐国一事却依然成行了。而关于申繻的那句似是而非、似明实晦的话，年纪尚轻的太子同恐怕还不能理解，但很快，事实将告诉他答案。

　　鲁桓公夫妻出发后，时间很快来到四月，平静的鲁国公室突然接到噩耗：国君死了。齐国人给出的死因和死亡经过是这样的：

---

① 公子友因排行最幼，又称季友。关于他的生母有两种说法：《史记·鲁周公世家》载"季友母陈女"，而《左传·昭公三十二年》中史墨称"昔成季友，桓之季也，文姜之爱子也"。从鲁桓公对其出生的重视及其日后的作为来看，《左传》的记载较为可信，故从其说。

② 《左传·桓公十八年》，第182页，中华书局，2012。

夏四月丙子，享公。使公子彭生乘公，公薨于车。

四月初十这一天，齐襄公宴请鲁桓公。鲁侯所乘之车由公子彭生驾驶，他死在了这辆车上。原文说得很隐晦，措辞也非常委婉，但其实，较之于《春秋经》中同样记载此事的"公薨于齐"四字，《左传》中的这句话已经提供了更多的信息。我们似乎可以猜测，鲁桓公的直接死因是他杀，凶手正是驾车的公子彭生。而在同样阐释《春秋经》的《春秋公羊传》里我们看到了更多的细节：

齐侯怒，与之饮酒。于其出焉，使公子彭生送之。于其乘焉，搚（lā）干而杀之。

——《春秋公羊传·庄公第三》

《春秋公羊传》明确了公子彭生为凶手，行凶手段是摧折了鲁桓公的躯干，这个说法也被《史记》所采纳，成为后世的定论。而关于"齐侯怒"一事，则正是著名的齐襄公与文姜兄妹乱伦一事①，他所"怒"的原因，是鲁桓公发现此事后责备了文姜，文姜又跑去兄长那里告状。这已经是被多本史书明确过的史实，但有趣的是，《春秋公羊传》记载了告状的细节：

夫人谮公于齐侯："公曰：'同非吾子，齐侯之子也。'"

鲁桓公的这句话触及了太子同的身份问题，也极大地触怒了

---

① 详见前文"齐襄公"一章。

齐襄公。但首先我们要明确的是，《春秋公羊传》起于战国，到西汉景帝时才成书，故它的记载可能有些是道听途说。其次，鲁桓公即便真的说过这样的话，那也一定是气糊涂了，要知道文姜归鲁后三年才生下太子同，而这三年中她从未回过齐国，所以太子同不可能是齐襄公的儿子。最后，齐襄公若因听此言而生怒，则恰恰证明他与文姜是清白的，鲁桓公大吃飞醋则是无理取闹，更是侮辱大国国君。那么历史就是另一回事了。故而《春秋公羊传》的记载很像是后人对古人的臆想，也非常符合战国时期春秋传言满天飞的时代特色。

作为鲁国太子，太子同则更不会相信自己不是父亲的骨血，在他人生的全部时光里，他的身份也没有遭到过质疑。但眼下，这个十二岁的孩子要承受最大的悲痛，要处理最棘手的麻烦，要面对最尴尬的局面。不用猜，惊恐、慌乱、无措、羞愧、愤怒这等等的恶劣情绪一定笼罩着他，也笼罩着鲁国公室，锦衣玉食、生活无忧的小小少年能否顺利渡过难关呢？

事情有轻重缓急，要一件一件办，一步走错就会酿成大错。首先，要从国家层面来处理国君的死。那么一定要查明死因并处理相关责任人。鲁国这边的认定是，国君为他杀，凶手是公子彭生，并要求齐国处理彭生以为交代：

> 鲁人告于齐曰："寡君畏君之威，不敢宁居，来修旧好，礼成而不反，无所归咎，恶于诸侯。请以彭生除之。"
>
> ——《左传·桓公十八年》

引文是鲁国递交给齐国的正式文书，文书的重点其实不在鲁国怎么认定这次责任事故，而在于开篇的那句"寡君畏君之威，不敢宁居"，这里的"寡君"指的是已死的鲁桓公，鲁国说鲁桓公畏惧齐国，但从已披露的史料来看，恐怕是谦逊的说法，至少，畏惧齐侯的鲁侯不会公然斥责大舅子与妻子的不可告人之事而招致杀身之祸。所以，文书中隐含了一层深意，即鲁国此刻畏惧齐国，但此"寡君"非彼"寡君"，真正感到威胁的不是鲁桓公而是还不及继位的少年太子同，因为主幼国弱，脆弱时期不敢较真。也正因此，鲁国"无所归咎"，即不敢指出幕后的黑手并为国君报仇，我们认了，您也给个说法，让彭生顶罪吧！

齐国立即给了鲁国颜面，处死彭生了结此事。然而，天知地知，诸夏皆知。彭生成了齐襄公的心结，也成了其死亡的前奏。而鲁国也并没有就此画上休止符，彭生化作了鲁国对齐国的仇恨，要等小小少年成长之后再来复仇。

紧接着是第二件大事：处理文姜。

这是令太子同最为尴尬的事。文姜从决定回齐国起就激起了鲁国的不满，申绣就是代表。而回国终究是她自己的意思还是丈夫的意思已然没有答案，事实是鲁桓公没有反对且最终成行。文姜回母家是不合周礼的，在鲁国人看来，不合周礼的事都会引来恶果，且往往与死亡直接挂钩。这样的例子在《左传》里比比皆是，文姜也不过是其中一例。此外，鲁国已经认定文姜的不合常理是出于乱伦之罪，乃至国君丧命，这就更是鲁国的奇耻大辱，公室对此非常不满。文姜一定想得到这个局面，因而一直躲在娘家不归，非但没有参加七月份的桓公葬礼，连儿子在次年继位[1]之时都没有回到鲁国。她的不归在《春秋经》和《左传》里都留

---

[1] 前693年，公子同即位，是为鲁庄公。他卒于前662年。

下了痕迹。《春秋经》于次年元月只记载"元年春王正月"，实乃微言大义，《左传》对此做出了解释："元年春，不称即位，文姜出故也。"即鲁庄公元年春，《春秋经》没有记载鲁庄公即位，这是由于文姜外出没有回国的缘故。简简单单的几个字道出了桓公之死留在鲁国人心中的伤痕。鲁国对齐国的仇、对文姜的恨我们都可以想到，那么，作为儿子的鲁侯同会怎样看待母亲呢？作为父母的第一个儿子，这些年想必得到了父母极大的宠爱、极多的教养，是父母心中的重中之重。作为受惠多年的儿子，常人之理一定是深爱父母并有深深依恋之情。而如今，父亲惨死，母亲竟然参与其中，是该憎恨母亲还是原谅她？如果恨她，愧为人子；如果谅解她，则愧对先父，更无颜面对公室国人，甚至会触怒公室，危及自身尚不稳定的国君之位。国君的情感会危及一个国家的命运，故而国君的爱恨情仇不会只是个人私事。这一年的《春秋经》写下了"夫人孙于齐"，而这一年的《左传》写下了"绝不为亲"四字。关于这条记载，前文"齐襄公"一章中已做过分析，此处再从鲁侯同角度做一些解读。

"夫人孙于齐"意即夫人文姜逃到了齐国。我们以前分析过，此句隐藏了一层深意，即在鲁侯同继位后不久，文姜回到过鲁国，那么她为什么会突然回来呢？推测可能是鲁国的意思，通过一系列外交手段使文姜回来，其初衷或许是为了保存颜面，也有抚慰国人之意。然而，文姜回鲁国未几便又回到了齐国，且是"孙于齐"，以出逃的方式离开则恰恰说明她回到鲁国后处境艰难，一方面公室众怒未消，宫里宫外对她并不友好，甚至有性命之忧；另一方面，鲁侯同也有心结，母子无法相处，甚至可能爆发了激烈冲突。作为女人，文姜在鲁国势单力孤，不得不出逃回到娘家。从《左传》的记载来看，用词非常决绝，可见此时此刻鲁国对文姜的憎恨是一致的。文姜回到齐国后，有两三年时间没有再回鲁国，当她再次出现在鲁国，已经是鲁侯同四年（前690年）的春天，而那一年她在鲁国境内会见了齐襄公①。

第三件事，是看似已成事实但又危机四伏的大事，即鲁侯同的君位问题。

鲁侯同本来就是太子，是鲁桓公生前就认定的合法继承人，故鲁桓公被杀后他顺理成章地继位为君。然而，原本的一切设想和规划是基于正常的权力交接，并没有想到会出现这么危重的局面。鲁侯同固然是鲁桓公嫡子，但也是罪人所出，这就使其继承的合法性大打折扣。在史料记载中，鲁桓公有四个儿子，除嫡长子同，嫡次子友外，还有庶子庆父和牙（行三，亦称叔牙）。太子同和公子友现在都有争议在身，两个庶子有没有篡权的机会？不敢说一定没有，倘若此时出现一个不支持太子同的权臣，鲁国公室就会发生剧烈动荡。眼下群龙无首，外界势力的干预就显得比较重要。自然而然，齐国就是非常强大的外界势力，而文姜就是外界势力的直接代表。我们在"齐襄公"一章里曾做过一个推测，文姜冒死回鲁国的一个重要原因是稳固太子同的地位，她很可能传达了齐国的意见，而鲁国此刻不敢得罪齐国，顶多当面责骂文姜，即便他们处死她，齐国的意志依然是强有力的。文姜在丈夫死后的未归已然松动了儿子的继位合法性（元年春，不称即位，文姜出故也），她必须亲自出面解决此事，她去了，完成了。尽管仍不愉快，但母亲的责任尽到了。

鲁侯同的怒气渐消之时会体会到母亲的良苦用心，他是心存感激的，在史书中我们可以处处看到。鲁侯同四年（前690年）春

---

① 详见前文"齐襄公"一章。

二月，文姜在鲁国的祝丘，史书一改当初的决绝，亲切地称呼她为"夫人姜氏"[①]，这代表的就是国君的意思，表明鲁侯同以及公室对文姜的态度发生了转变。而转变的背后则是鲁国对鲁齐政策的调整。

畏惧是不能解决问题的，要敢于面对，鲁国需要与齐国合作以解决诸侯国之间的争端。此时，卫国的国君在齐国流亡，卫惠公与齐、鲁皆有姻亲关系，与鲁国又是姬姓兄弟国，所以两国都有护送他回国的责任。同年冬，鲁侯同在齐国的禚参与狩猎，齐襄公很可能也在场。两年前，鲁国人记载文姜与齐襄公在此地幽会，羞愤难当，大呼"奸也"！两年后，鲁侯同就潇洒地在此追逐猎物——政治可以改变一切。

《诗经·齐风》中有一首诗名为《猗嗟》：

> 猗嗟昌兮，颀而长兮。抑若扬兮，美目扬兮。巧趋跄兮，射则臧兮。
>
> 猗嗟名兮，美目清兮。仪既成兮，终日射侯。不出正兮，展我甥兮。
>
> 猗嗟娈兮，清扬婉兮。舞则选兮，射则贯兮。四矢反兮，以御乱兮。

全诗用各种优美的词语赞扬少年高大帅气和骁勇善战，特别赞颂了他高超的武艺，总体而言是春秋时期的标准高富帅。《毛诗序》解读这位少年正是年轻时期的鲁侯同，而那位叫他外甥的人

---

① 《左传·庄公元年》："三月，夫人孙于齐，不称姜氏，绝不为亲，礼也。"此处又称姜氏，表明态度的转变。

则正是齐襄公。如果这个解读可以确信，那么这首诗的诞生时间也许就是这场狩猎活动，而此时的鲁侯同刚好十六岁。

次年（前689年）冬，鲁国会同齐国的伐卫之战开始，战争持续半年之久，可见不易。鲁侯同六年（前688年）夏大军才进入首都，宣告护送卫惠公归国胜利。七年，文姜与齐襄公两次会面，《春秋经》仍旧称她为"夫人姜氏"，可见对他们的行为已不再视为屈辱。鲁国对齐国是服从的姿态，而齐国对鲁国的态度则是照护的态度，其缘由正是文姜存在的关系。不过，表面上一片和谐，平静之下却仍有暗流涌动：

> 夏，师及齐师围郕。郕降于齐师。仲庆父请伐齐师。公曰："不可。我实不德，齐师何罪？罪我之由。《夏书》曰：'皋陶迈种德，德，乃降。'姑务修德，以待时乎。"
>
> ——《左传·庄公八年》

鲁侯同八年（前686年）夏，鲁齐再次合作攻伐小国郕国。虽然是联合出兵，但郕国却只向齐国投降而无视鲁国的存在。是无心之举吗？鲁国是中原大国，天子宗亲，郕国再小也不会不知道轻重，想必是想借此挑拨齐鲁关系。果然，鲁国就有人为此愤怒，此人恰是鲁侯同的庶弟庆父。他的反应也非常直接，要求向齐国出兵，危机局势一触即发。庆父的主张一定并不只来自他个人，他是领兵的将领，代表的是一个阶层的意志。那么鲁侯同会怎么想？他是否也同样感到了羞辱？一定会的。他虽只有十九岁，但不代表鲁国是可以被轻视的。何况在春秋时期，十九岁已不是孩子，尤其是公室子弟，战场杀敌、领兵率将的有众多青葱少年的身影。那么，准允庆父的请求，与齐国兵戎相见吗？国仇家恨犹未雪，此刻的羞辱更是雪上加霜。隐忍这些年，到了一雪前耻的时刻了吧？但最终，鲁侯同拒绝了庆父的请求，他的理由是"我实不德，齐师何罪？罪我之由"，但这些都是谦辞，最重要的是后面的这句"姑务修德，以待时乎"，是的，鲁国与齐国对抗还不是时候，鲁国还不是齐国的对手。国仇家恨都要报，但此刻仍需忍耐。

想是天助鲁国，同年冬，齐襄公被堂弟和大夫联合刺杀，齐国立即陷入无君的混乱局面。此时，齐襄公庶弟、鲁国公女所生的公子纠正在鲁国避难，鲁侯同抓住这个大好时机，立即安排其回国。倘若公子纠可以成为齐侯，那么齐国的命运将被鲁国所掌控，机会就在眼前。

战与和

齐襄公因骄横跋扈，损害了公室子弟和大夫阶层的利益，最终死于堂弟公孙无知和大夫之手。之后，公孙无知继承君位，但他与堂兄实乃半斤八两，不到三个月时间，自己就因相似原因被大夫所杀。此时，齐僖公的其他儿子都已在国外避难，他一死，公室无人继承君位，齐国立即出现无君的局面。公孙无知无形中为鲁侯同报了仇，此时也正是鲁国翻身的大好时机。

鲁侯同九年（前685年）春，公孙无知被杀不久，鲁侯同便与齐国重要大夫举行会盟。关于此次会盟，《左传》只解释了为什么国君与齐国大夫见面，即"齐无君也"，但没有说明与哪位大夫会盟，更没有说会盟的要旨和目的。要知道，选择这个关键时刻匆匆会盟，且是国君降级与会，一定不会只是简单的碰头会议。那么我们可以简单地判断，会盟的要旨是商量齐国新君的拥立问题。

前文已述，齐公子纠正在鲁国避难，鲁国的意思定然明确，要拥立他为新君。

一旦实现，将极大地利好于鲁国，甚至齐国将来的命脉都可能被抓在鲁国的手里。只可惜天意弄人，命运偏要向着齐国，公子小白抢先一步回国继位，鲁国的如意算盘落空了。

公子小白是为齐桓公，他的母亲是卫国人，与鲁国毫无瓜葛，加之鲁国是斗争对手的支持者，因此定然不会放过鲁国。在"齐襄公"一章的结尾处曾提到，齐桓公的本性与齐襄公无异，在继位初期尤为凸显，也因此他一上台便率先与鲁国开战，这便是乾时之战。

> 秋，师及齐师战于乾时，我师败绩。公丧戎路，传乘而归。秦子、梁子以公旗辟于下道，是以皆止。
>
> ——《左传·庄公九年》

同年秋，不甘心失败的鲁国与气势汹汹的齐国展开对决，鲁侯同与齐桓公虽不同辈分但年纪相差不大，此刻都是血气方刚的大好青年。一方已是忍无可忍，另一方则发誓要你好看，一番厮杀之后，鲁国惨败。有多惨？鲁侯同连自己的战车都丢了，换了别人的战车才得以逃走。为了掩护他，他战车上的大夫举旗诱惑敌人而被俘。《左传》中上一次类似的惨痛场景，还是周桓王被郑国大夫射中肩头，那正是周王室彻底衰败的重要标志。[1]鲁国真是赔了夫人又折兵！而作为国君的鲁侯同，此刻定然陷入了深深的悲痛和沮丧之中。原以为齐襄公的死可以为鲁国扭转危局，却未料

---

① 详见前文"周桓王"一章。

齐国依然威猛如虎，鲁国仍旧屈居人下。紧接着，更糟糕的事来了：

> 鲍叔帅师来言曰："子纠，亲也，请君讨之。管、召，仇也，请受而甘心焉。"乃杀子纠于生窦，召忽死之。
>
> ——《左传·庄公九年》

　　齐桓公的辅佐大臣鲍叔牙率大军压境，提出两项要求，其一是要求鲁国杀公子纠，其二是将跟随公子纠在鲁国避难的两位大夫管仲和召忽送回齐国。鲁侯同刚刚死里逃生，岂敢说不？无奈只得忍气吞声，杀死了公子纠，乖乖送上了管仲，召忽自杀殉主，成全了自己的名节。管仲回到齐国之后的事已是耳熟能详，那么战败忍辱的鲁侯同又将如何？鲁国能够绝死地而后生吗？

　　天不绝鲁国，鲁侯同等来了生命中的那一人——曹刿。

　　《曹刿论战》，收入《古文观止》的千古名篇，但这篇文章里将要应战的国君却被人遗忘了：

> 问何以战。公曰："衣食所安，弗敢专也，必以分人。"对曰："小惠未遍，民弗从也。"公曰："牺牲玉帛，弗敢加也，必以信。"对曰："小信未孚，神弗福也。"公曰："小大之狱，虽不能察，必以情。"对曰："忠之属也，可以一战。战则请从。"
>
> ——《左传·庄公十年》

　　以上引文已耳熟能详，此处我们重点来看看鲁侯同的言谈。

鲁侯同十年（前684年）春，鲁齐停战还不到半年，齐国又向鲁国发起进攻。此时鲁侯同的心情可想而知，齐国能人辈出，上下齐心，大有当年郑庄公父子的威猛之势，而鲁国则国中无人，国君空有治国之心。以何应战？恰在此时，曹刿来见。他问鲁侯同怎么应战，鲁侯同的回答则值得玩味，"衣食所安，弗敢专也，必以分人"，以此可知他不是一个贪图享受的人，可谓克勤克俭，有明君的底子，但与强国作战，这些根本不够。曹刿立即指出这只是小恩小惠，做不到人人皆有，没得到的人会忠于你吗？鲁侯同又马上说自己"牺牲玉帛，弗敢加也，必以信"，即祭祀祷告的时候都符合礼仪，向"上苍"如实汇报"人间"工作，可见他是个诚实且守礼的人，非常符合春秋时期对合格国君的要求。然而，曹刿依然觉得这些不够获得广泛的民心。鲁侯同再次剖白："小大之狱，虽不能察，必以情。"虽做不到明察秋毫，但尽最大努力不办冤假错案，鲁侯同可谓爱民如子了。曹刿得到了他想听到的答案，他对鲁侯同的肯定说明了鲁侯同虽不够出类拔萃，但底子非常好，且肯努力，又有一颗壮志雄心，值得辅佐。继而，大战开始，这就是著名的长勺之战。

公与之乘。战于长勺，公将鼓之。刿曰："未可。"齐人三鼓，刿曰："可矣。"齐师败绩。公将驰之。刿曰："未可。"下视其辙，登轼而望之，曰："可矣。"遂逐齐师。

——《左传·庄公十年》

我们继续来看鲁侯同。鲁侯同与曹刿同乘一辆战车，可见对他的重视不只是嘴上说说。两军对垒方拉开阵势，鲁侯同就急着擂鼓，显示出他的不善战，急于求成，幸好被曹刿及时制止。在曹刿的指挥下，齐军战败，而鲁侯同又犯了着急的老毛病，见齐军败走，立即要驱车追赶，曹刿再次阻止，经亲自分析了战况后才率领军队追击。长勺之战不但使乡野村民曹刿一战成名、流芳千古，于当时更是鲁国的翻身仗，使在屈辱中成长、积怨久存于心的鲁侯同一雪前耻、扬眉吐气。然而，鲁国上下欢欣鼓舞之时，鲁侯同以及鲁国的弱点也暴露得一览无余：他的确是一个好青年，一个肯委屈自己、勤勉努力的国君，但他的作战与治国能力的确远逊于齐桓公。从大的层面来看，鲁国人才不足，高喊周礼不可违的迂腐守旧势力坚实庞大，敢干加实干的治理和作战人才则较少。从之后鲁国的发展来看，以曹刿为代表的人才也没有发挥大的作用，与齐国的管仲、鲍叔牙等人不可同日而语。鲁国只胜在一时，持久的胜利仍属于齐国。

在长勺之战吃到苦头的齐国极不甘心，于夏时联合宋国一同讨伐鲁国。鲁国与宋国间一直是磕磕绊绊，在之前的文章里已经讲述过，自鲁隐公始，两任国君都在宋国那里受了不少气。只是，这会儿的宋国军心不齐、人心不整，鲁国略施小计便将其击溃。齐军眼见宋军是糊不上墙的烂泥，而自己连续作战，消耗太大，也只得作罢，垂头丧气地回去了。

此后两年，《左传》未见鲁齐交战的记载。鲁侯同十三年（前681年）冬，《春秋经》与《左传》皆记载两国"盟于柯"，却都没有详说，《左传》只补充说这是两国正式和好的标志。但很显然，后世著述者对这段简短的记述颇不满意，于是在《史记·刺客列传》里我们看到了这样的记载：

　　曹沫者，鲁人也，以勇力事鲁庄公。庄公好力。曹沫为鲁将，与齐战，三败北。鲁庄公惧，乃献遂邑之地以和。犹复以为将。

　　齐桓公许与鲁会于柯而盟。桓公与庄公既盟于坛上，曹沫执匕首劫齐桓公，桓公左右莫敢动，而问曰："子将何欲？"曹沫曰："齐强鲁弱，而大国侵鲁亦甚矣。今鲁城坏即压齐境，君其图之。"桓公乃许尽归鲁之侵地。既已言，曹沫投其匕首，下坛，北面就群臣之位，颜色不变，辞令如故。桓公怒，欲倍其约。管仲曰："不可。夫贪小利以自快，弃信于诸侯，失天下之援，不如与之。"于是桓公乃遂割鲁侵地，曹沫三战所亡地尽复予鲁。

　　历来认为此处的曹沫就是《左传》中的曹刿，但曹刿是怎么在史书里变成曹沫的，已然找不到连贯的线索。《春秋公羊传》中在这一年有相似的记载，但称为曹子。而更重要的是，"盟于柯"的前提，即司马迁提到的曹沫"与齐战，三败北。鲁庄公惧，乃献遂邑之地以和"这一事件在《左传》和《国语》里根本没有任何记录，这一整年齐国都在忙活宋国的事，并没有与鲁国交战。故而是哪三战，战于何时，已无从查考，真实性存疑。而导致这次失败的关键人物曹沫与《左传》里那个睿智果断的曹刿更是判若两人。曹沫在司马迁笔下以刺客之名出现，所作的都是战败、丢城池、以武力要挟齐桓公之类的鲁莽之举，没有一样特点可以与曹刿挂钩，故从逻辑上看，曹刿与曹沫不可能是同一人。战国时期，出于各家思想学说和各国统治的需要，关于春秋及更早历史的故事化、传说化、虚构化的现象极其严重。很明显，这段记载为了凸显管仲的诚实和贤明故意丑化了鲁侯同也矮化了曹刿

（如果他就是曹沫），故而，《刺客列传》中的这段记载可以作为一段有趣的故事来读，实则不堪推敲。

鲁侯同十五年（前679年）春，鲁齐再次会盟，而此时，齐国已通过在诸夏间的一系列作战正式成为霸主。鲁国也成了唯一一个在齐国称霸时与其公开作战并打败过齐国的国家，鲁国虽整体逊于齐国，有如此成绩已是非常难得。

说完与齐国的关系，我们再来看看鲁国与其他各国的交往。自鲁隐公始，外交一直是鲁国的头等大事，也为鲁侯同这一代打下了良好的基础。但是，诸夏风云变幻，时代剧变之快常常让人跟不上速度。鲁隐公时郑国是迅速崛起的小霸，到大侄子鲁侯同这一代，郑国已被内乱搞垮，上不得台面了。与齐国打得头破血流的同时，宋国则稀里糊涂地被拖进了鲁齐的矛盾之中，然而，宋国此时也正不堪一击之时，被鲁军偷袭而溃败。转年（前683年）夏，宋国不服，率军赶来报复，这次齐国没有出面，齐桓公正忙着娶媳妇[1]。原本宋国就是负气而来，并无充分准备，这一次也是毫无意外地惨败。

不过，鲁宋关系与鲁齐不同，鲁国与宋国没有那么多千丝万缕、错综复杂的恩怨纠葛，无论胜负皆是列国间的平常之事，何况鲁国也不愿树敌太多，鲁愿与宋和平相处是几十年来一贯的政策，尽管总是难以实现。同年秋，宋国发生水患，鲁侯同不计前嫌（毕竟他是胜利者），派人前去吊唁，两国和好。十六年（前678年），又因平定郑国内乱之事，两国与齐、陈、卫等国在幽地会盟，形成了一个齐、鲁、宋三国军事同盟的雏形，继而在三年后（前675年），三国再次会盟加固了同盟关系。从此三国关系进

---

[1] 此年冬周王姬嫁入齐国，故齐国公室当在此年做准备。

入了稳定的和平期。

摆平了齐与宋，鲁国与周边的郑国和戎之间的关系也迅速敲定。郑厉公受鲁国支持复位，自然不会恩将仇报，而来犯的戎也于鲁侯同十八年（前676年）被击败。虽然其后鲁国再次遭遇戎的侵扰，但都没有对国家造成什么损失，鲁国依然是作战中胜利的一方。

春秋时期的列国关系，向来是以战止战、以战养战。到鲁、宋、齐三国军事同盟达成之时，鲁侯同已在位近二十年，从一个惶恐的小小少年成长为一个有作为的国君，一路屈辱、一路艰辛，好在总算熬了过来。而此时，曾给他无限的爱也给过他巨大伤痛的母亲文姜，也到了告别历史舞台之时，只是，她还有一桩心愿未了，那就是儿子的婚姻大事。

一国之君的婚姻向来并不只是私事，更是国事，是政治。鲁侯同继位时还太小，鲁桓公仓促身亡，生前也没来得及给儿子择亲。及至鲁侯同继位，一路艰难求生，所以没有与他国缔结婚姻关系。在春秋时期，这是一件较为危险的事情，没有婚姻关系的诸侯国间的友谊往往并不牢靠。鲁桓公生前一定最看好齐国，可惜身毁齐国，鲁齐联姻一时成为泡影。如今鲁齐结盟，旧怨已了，出于新形势的需要，不能再拖下去了。

齐襄公在世时，文姜的政治活动十分频繁，她是鲁齐两国的沟通桥梁。齐襄公死后，她曾一度沉寂，但在晚年却再次活跃起来。鲁侯同十五年（前679年），也就是齐桓公称霸那一年夏，她再次回到齐国，史书未言其目的，似无深意。二十年（前674年）春，她又去了趟莒国，也没有说明去做什么。这是她最后一次出行。次年（前673年）秋，文姜去世，半年后入葬。从这简单的几条记录里似乎看不出什么深意，但就在其死后，鲁国开始准备一场盛大的婚娶，男主角自然是国君，新夫人就养在齐国深宫之中。可以想见，这是文姜的意愿和安排，她生前最后的活动想必都与此事密切相关。在春秋历史上，文姜是一个特殊的女人，她非但是传奇故事的女主角，更是发挥实际作用的政治人物。她影响了鲁与齐两国历史的走向，饱受非议却又大有作为，令人惊叹也令人佩服。最终，她赢得了鲁国人的谅解，鲁国原谅了她，史书便也原谅了她。

> 秋七月戊戌，夫人姜氏薨。
>
> ——《左传·庄公二十一年》

> （正月）癸丑，葬我小君文姜。
>
> ——《左传·庄公二十二年》

死时称之"夫人姜氏"是对其身份的肯定，"文"更是美谥，这最后的称谓是鲁国人对她温婉的告别。

被爱与恨困厄的余生

鲁侯同二十三年（前671年）是鲁齐关系的蜜月年。仅仅这一年之中，鲁侯同就先后四次出访齐国，明确记载的与齐桓公的正式与非正式会面就有两次，可见如果抛开国家竞争，两人一定是投缘的朋友。更有趣的是，鲁侯同去齐国并不仅仅是国事需要，还有旅游项目，这也就是他一生中著名的"如齐观社"事件，而他不曾想到的是，这次小小的放松竟然成了他人生的一个"污点"和转折点，从此毁誉参半。

社是一种祭祀活动，在夏日举行，男女老少成群结队，想必是非常热闹的聚集娱乐，可能还伴有商业集会。齐国不那么讲究周礼，有这样的活动并不稀奇，但鲁国是被各种规矩和条条框框束缚的国家，尤其是公室和国君，当年大伯鲁隐公去边境看钓鱼都会被载入史册作为反面案例，更何况国君跑去齐国凑热闹。因此，曹刿立即出来劝谏，他的言论在《左传》和《国语》中都有详细记载，不用看也知道定是一堆令人头秃的大道理。当年敢于不破不立的曹刿，在获得权力和地位之后也成了一个曾经被他自己鄙视的"肉食者"①，不见治国方略，只见教训之说。

鲁侯同平生第一次任性了一把，于是也被载入史册成为反面教材。虽然没有对国家造成任何损失，但后世的好事者抓住了这次"冶游"的问题，大肆揣摩：

> 初，哀姜未入时，公数如齐，与哀姜淫。
> ——《列女传·孽嬖传·鲁庄哀姜》

"数如齐"很明显指的是这一年的四次齐国之行，但能与"淫"相挂钩的必然是"观社"，也因此，鲁侯同的其他三次访齐也都连带着被污名化了。那么，哀姜又是谁？她就是文姜生前为儿子定下的那段婚约的齐国公女。

---

① 《左传·庄公十年》："十年春，齐师伐我。公将战，曹刿请见。其乡人曰：'肉食者谋之，又何间焉。'刿曰：'肉食者鄙，未能远谋。'"第213页，中华书局，2012。

看过了他成长的艰辛、治国的艰难，我们终于要进一步走入鲁侯同的生活，体味他被爱与恨困厄的余生。

鲁侯同二十四年（前670年），齐国公女哀姜正式来到鲁国。姜是齐国公室之姓，"哀"则是其身后一个不大正式的谥号，当我们见到这个字时，其实已经可以隐隐感到了某种不祥。的确，这是一桩非常典型的政治联姻，并由长辈出面牵线促成。在其到来之前，鲁侯同大肆修缮父亲鲁桓公的祭祀庙，将大殿柱子漆成红色，重新雕刻了梁上的椽子；婚礼时，没有派遣符合礼制的大夫去接亲，而是亲自上门迎娶。以上两点都违反了通行的周礼和祖制，引来不小的非议。而更"过分"的还在后面。八月丁丑（初二），哀姜正式嫁入鲁国公室。

> 秋，哀姜至。公使宗妇觌，用币，非礼也。御孙曰："男赞，大者玉帛，小者禽鸟，以章物也。女赞，不过榛栗枣脩，以告虔也。今男女同赞，是无别也。男女之别，国之大节也，而由夫人乱之，无乃不可乎！"
>
> ——《左传·庄公二十四年》

按照礼节，国君夫人嫁入公室，公室宗妇要出来迎接，迎接的见面礼一般是"榛栗枣脩"，都是平常的吃食，不能用贵重物品。但鲁侯同却为哀姜的到来破例，命宗妇献上"币"，即玉帛，是迎接贵族男子的最高等级礼品，这一举动令鲁国公室非常不满，说出"国之大节也，而由夫人乱之"这样的话，不祥之感溢出文字之外。

围绕哀姜嫁入鲁国的前前后后，鲁侯同实实在在地做了一回"昏君"，顶住了巨大的非议和压力，看起来颇为任性。这是在向齐国示好的政治作秀，还是真的在齐国就与哀姜产生了真爱，以致"色令智昏"？从哀姜未来在鲁国近十年的表现来看，几乎可以肯定是前者。首先，鲁侯同虽多次访齐，但出于国家尊严和个人颜面的考虑，不可能公然在齐国公室不检点，即便是在并不教条的齐国，这也是不道德的。其次，哀姜来到鲁国后无子，只有她的陪嫁叔姜生了一个儿子，但也并不得宠，这说明他们夫妻情感并不亲密。再次，哀姜与公子庆父私通，并引发十年后鲁国公室的内乱。女方出轨小叔，一切更不言自明。

看到此处，我们一定已经在心中产生了深深的疑问：鲁侯同十二岁仓促继位，三十六岁才正式成婚，难道他这些年为了国家守身如玉，牺牲了个人幸福？答案当然是不可能。就在他完婚的次年，他的长女就出嫁到杞国去做太子妃。按出嫁时至少满及笄之年即十五岁算，鲁侯同最迟于二十一岁就有了这个大女儿。那么，她的母亲是谁？有正式的名分吗？他们还有别的子女吗？鲁侯同与这个女子之间是政治联姻还是情感结合？

在史书中，我们找到了一个女人的名字，她叫孟任。

> 初，公筑台临党氏，见孟任，从之。閟，而以夫人言许之。割臂盟公，生子般焉。
>
> ——《左传·庄公三十二年》

党氏是鲁国的大夫，根据春秋以前"男从氏、女从姓"的传统，这个家族极可能为任姓，孟则是排行，孟任即任家大女儿。①

---

① 唐代司马贞则认为任不是姓而是字。见《史记》索隐部分，第1233页，上海古籍出版社，2011。

这是一段追述，"初"即鲁侯同年轻的时候，造了新居，恰好与党氏相邻，然后就有了机会见到了孟任。似乎是一见钟情，于是跟着人家。孟任立即回房关好门，鲁侯同则发誓要立她为夫人。孟任听到誓言后与鲁侯同割破手臂为盟，后来生了儿子公子般。史书没有记载鲁侯同是否兑现了诺言，但他对公子般非常喜爱，临终前托孤给胞弟公子友，嘱咐一定要保他继位，可见孟任没有夫人名分，如果公子般是嫡长子，没必要临终托孤。但从他对儿子的态度也可以推断，他对孟任的感情是真挚的，且直到死亡。国君偏爱的孩子一定是他最喜欢的女人所生，至于孩子本身的素质则并不重要。这在历朝历代都有实例可循，也因此，母亲失宠或过早去世的孩子一般都没有好下场。

那么，作为爱情结晶的公子般的个人素质如何呢？其实也并不怎么样：

> 雩，讲于梁氏，女公子观之。圉人荦自墙外与之戏。
> 子般怒，使鞭之。公曰："不如杀之，是不可鞭。荦有力焉，能投盖于稷门。"
>
> ——《左传·庄公三十二年》

在求雨的祭祀演习上，一个叫荦（luò）的养马官隔着围墙调戏公子般的姐姐（或妹妹），被公子般看到了。他上去就是一通鞭打。后来鲁侯同听说此事，责怪儿子没有立即杀了养马官，原因是养马官勇猛有力，将来（他身后）可能会来报复。虽然史书没有对鲁侯同的这段话做出评价，但从现代道德角度来看，鲁侯同未免溺爱孩子，竟视人命如草芥。而公子般以暴力来粗暴对待养马官，可见其高高在上的傲慢和骄横，但同时他的身体素质和武艺水平并不符合当时的最佳要求，抛开身份不过是一个一般人而已。

那么，还有一个小问题，这个女公子又是谁？从行文中我们似可体味到父子两人对她的照护和包庇。要知道，与养马官调情这样的事出在鲁国公女身上是极大的叛逆，但父兄皆未责备他，还因她留下"失格"言行，甚至引来后患。想必她的身份不同凡响，一定与父兄都非常亲密。那么按照常理推测，这位女公子应该与公子般同母所出。史书中是否有关于鲁侯同疼爱女儿的蛛丝马迹呢？

有。这个人就是杞伯姬。

鲁侯同二十五年（前669年），其长女出嫁到杞国做太子妃，这原本是一条平常记录。但不那么平常的是，就在隔年（前667年）春，杞伯姬便回到鲁国，并与父亲在鲁国的洮（táo）地见面。春秋时期，女子出嫁后也不乏回娘家的记载，但如此迅速则实属罕见。杞伯姬这次回来没有进国都，《左传》评论为"非事也"，意即没什么正经事，而鲁侯同亲自去洮见女儿则引来批评，即没什么正经事则国君不该出门，可见不同寻常。也许，只是女儿想爸爸了，回来看看。但没什么正经事，不方便进国都。而爸爸也想女儿，于是亲自跑一趟。短短几字便见其深味。如果仅止于此，也不值得大惊小怪，但有趣的是，同年冬，杞伯姬又回娘家来了，且这次有明确目的，即"归宁也"。可同年春明明刚刚见过父亲了，如果没什么事情的话何必又跑一次远路？所以，所谓"归宁"可能并不是真正的原因，因为就在不久后，杞伯姬的公公杞惠公也来了，且是来正式见面的，这就颇值得玩味。是不是杞伯姬在杞国的生活并不十分顺心，甚至存在回家告状的可能。而杞惠公亲自来，则有一些疏通关系，甚至来赔罪的意味。杞国是小国，哪敢得罪鲁国。而杞伯姬如此受父亲宠爱却只嫁给了小国太子，可以推测她虽然年长但不是嫡出。那么，她极有可能就是孟任的女儿，也就是那位女公子。从性情来说，在春秋时期，与养马官调情和动辄回娘家都是颇为任性的举动，也符合被父亲溺爱的女儿会有的状况。

从孟任到公子般，再到杞伯姬，鲁侯同在史书中展现了他个人情感生活的一面。他的情感是真挚的，尽管现实让他倍感压力。他也有教育失职的时候，对子女溺爱，也许其中掺杂了对孟任的愧疚和补偿。他的爱围绕着他们四个人，但也难免会令有心人妒恨，可以想见最恨他的人一定是哀姜。大国之女，贵为夫人，却得不到国君的爱，又没有自己的儿子，她怎能甘心？只是没有机会，一旦时机来临，她绝不会善罢甘休。

鲁侯同一定感觉到了来自哀姜的怨恨，当在位第三十二年（前662年）他身染重疾之时，感到大限将至的他最担忧的就是公子般未来的地位。他没有嫡子，但有壮年的弟弟和几个年幼的庶子，这个资质平平却得他万般宠爱的儿子能否继位为新的国君？他不得不思量筹谋一番。

> 公疾，问后于叔牙。对曰："庆父材。"问于季友，对曰："臣以死奉般。"公曰："乡者牙曰'庆父材'。"成季使以君命命僖叔，待于针（qián）巫氏，使针季鸩之，曰："饮此，则有后于鲁国，不然；死且无后。"饮之，归，及逵泉而卒。立叔孙氏。
>
> ——《左传·庄公三十二年》

鲁侯同的三个弟弟终于正式出场了。从引文里可以隐约感知到，鲁侯同最忌惮的人就是弟弟庆父。此人与他年纪最接近，早年便参与对外作战，在国中有自己的威望和势力。当年他小小年纪仓促继位之时，难说庆父不是暗中最大的威胁。好在鲁侯同有齐国的支持，有父亲近臣的力挺，顺利继位并坐稳了国君宝座。只恨自己身子骨不争气，刚过不惑之年便要撒手人寰。而自己的那个已经成年的儿子则没有他当年那般好运气。其母亲只是大夫出身，没有大国背景，也没有正式的名分。二十几岁的公子般能与庆父相争吗？于是鲁侯同先找来公子牙试探其口风，旨在探出他站在谁一侧。公子牙的答案也简洁明了，即他支持庆父。公子牙会不晓得国君的心意？恐怕未必。鲁侯同宠爱孟任母子不可能是他自己的秘密，故公子牙也不可能猜不到国君的心意。那么，他极有可能与庆父同母所出，而公子般的个人资质也不在他欣赏之列。

鲁侯同对此次谈话的结果颇不满意，心里放不下，立刻又找来胞弟公子友。公子友自然最懂长兄心意，且向来是其鼎力支持的近臣，立即表态支持立大侄子公子般，不惜以生命为代价。此时鲁侯同意味深长地说了一句"乡者牙曰'庆父材'"，刚才公子牙说了庆父有才。公子友当下会意，展开了一系列行动，以君命要公子牙去见大夫铖巫氏，并以铖巫氏之手逼迫其自杀。所给出的威胁是：若不从则诛其满门（死且无后）。公子牙自知难逃一死，为保家族周全，只得喝了事先为其准备好的毒酒自杀。杀掉了公子牙，庆父失去了支持者，八月癸亥（初五），鲁侯同病逝，结束了他劳心劳力、爱恨纠葛的一生，谥号庄。公子般作为指定继承人顺利继位。

讲到此处，或许会有一个疑问，为什么不一同诛杀庆父？公子牙只算是一个随从，庆父才是真正的威胁，为何留他？鲁侯同和公子友都没有给出答案，是思路偏差导致目标错误，还是庆父隐藏太深，使两人麻痹大意，以为除其羽翼便已足够？抑或是庆父势力庞大，要顾虑朝臣势力，不及仔细筹谋鲁庄公便仓促离世？以上或许都有可能，从后面的事态发展来看，最后一项的可能性较大。鲁庄公一死，庆父便立即出手了。

第一步，刺杀新君子般。

> 子般即位，次于党氏。冬十月己未（初二），共仲
> 使圉人荦贼子般于党氏。
>
> ——《左传·庄公三十二年》

子般继位后去了外祖父家里，庆父利用这个机会，唆使当年被子般鞭打过的养马官刺杀了他。子般一死，国中无君，公子友自知势力不敌，立即出奔陈国。他走后，国中便没有了反对派，于是实行了第二步，"立闵公"。

这个后来谥号闵的孩子名启，就是哀姜的陪嫁叔姜所生的儿子，此时也不过七八岁。庆父没有自立为君而是扶植了一个傀儡，是齐国人的意思。就在新君子般被杀后，庆父立即去了一趟齐国，其意不言自明，也即《左传》中所说的"齐人立之"。纵庆父想自立，既要顾及鲁国人的态度，更要忌惮齐国人的意志，搞不好会内外交困，众叛亲离。

然而，正所谓"不去庆父，鲁难未已"[1]，庆父心有不甘，不及二载便刺杀了新君启，但有趣的是他并没有自立而是出逃了。其缘由很可能是鲁国内部无人支持，而外部则有齐国和公子友的反

---

[1] 《左传·闵公元年》，第 295 页，中华书局，2012。

对。他出奔到莒国后，公子友回国扶立了鲁庄公的另一个庶子公子申（鲁僖公），并通过外交手段使莒国遣返庆父。庆父一入境便被诛杀。至于哀姜，她与庆父一同出逃，最后被母国诛杀，至此鲁国内乱正式平定。公子友成为辅佐新君的贤相，庆父、叔牙的后人也都在鲁国壮大，与季友的后人形成三股庞大的公族势力，因皆是鲁桓公之后，故合成三桓。三桓势力因过于强大，最终导致鲁国君位架空，而这已是百年后的事了。令人惋惜的是，鲁庄公之后，鲁国再未出现可与春秋霸主一决雌雄的君主，鲁国的整体实力一如郑国，持续下滑，在未来的岁月里，于诸侯中不停臣服摇摆于新崛起的霸主，春秋的主战场上不再有它的身影。

第十五章

骊姬 —— 魔咒

春秋时期最知名的女性非晋国的骊姬莫属。与其说她是男人故事中的一个出场较多的配角，倒不如说她是整个春秋大戏中最闪耀的女主角。然而，骊姬是一个可以毫无保留地以"邪恶"二字来形容的女人，她的内心和作为被史家们那么赤裸裸地公之于众，丝毫没有洗白或是为之辩解的余地。尽管世人痛恶女人为男人背恶名的传统史观，一旦熟读了有关那段岁月的记录，骊姬仍旧无法洗脱罪名。即便如此，史家在鞭挞她罪行的同时却又对她的言行举止如此津津乐道，以近乎夸张的手法深度挖掘，以猎奇的态度层层深入，以充满戏剧化的手段白描、渲染。若史家也会写小说，骊姬的故事可谓相当精彩。

骊姬的故事并非孤例，但无疑是同类故事中最生动的，她的形象也是最丰富饱满、激荡人心的。与她同一类型的女子，前有周幽王的褒姒，后有唐玄宗的武惠妃，可以发现骊姬们是帝王们的春梦也是噩梦，恐惧被其腐蚀却也甘心被其俘虏。然而，骊姬的武器仅仅是美丽吗？骊姬的欲望单单是权力吗？

晋献公的登场

郑厉公复位后的第五年（前676年），晋国的新任国君晋献公登场了。

在此之前的半个世纪时光里，《左传》中虽可见关于晋国的记载，但笔墨不多，更无令人印象深刻的大事记。读者往往会忽视掉这个与周王室血脉相连，又曾在平王东迁时立下战功的诸侯国，对几十年来晋国内的分裂和权力更迭只是一团糊涂。的确，晋国的崛起还远未到来，而平王东迁后的晋国非但没有如郑国一般吃战功的红利，一跃而居大国之位，却陷入了无休止的内战和内耗之中，直到郑厉公复位前后才总算统一了起来。郑厉公复位的第三年，刚完成统一大任的晋武公死了，继承君位的是公子诡诸，也就是后来的春秋五霸之一晋文公的父亲晋献公。

在历史上，晋献公因他的爱妾骊姬而名著史册。从他以前的历史案例看，因好内宠而祸乱宫廷乃至国体的君主都是昏庸无能好色之辈。那么，他也是一个昏庸无能之辈吗？他是一个糊涂而轻易为女色所左右的国君吗？

并非如此。晋献公的登场预示着晋国将要走入强盛，迈入时代舞台的中央。

晋献公继位的这一年是齐桓公称霸的第三年，齐国已经成为诸夏最强，而当初的小霸郑国早已衰微。就在诸夏间衡量着各方实力的时候，南方的楚国也正在崛起，对中原虎视眈眈，甚至可以讨郑国的不是。刚刚统一内部政权，平息了内乱的晋国看不出有什么出头的机会，当几大老牌诸侯国在鄄（juàn）地会盟而推举齐国为霸主的时候，晋国并没有参加。然而，想要在纷杂的列强中出人头地，单打独斗是绝无胜出的可能的，晋国必须站一方队伍。与郑厉公的选择相同，晋献公也选择了站在周王室一侧。

晋国选择周王室也是顺理成章之选。晋献公的祖先并非正宗的国君一系，而是分封在晋国内曲沃的公族的后裔。曲沃一支逐渐壮大，势力超过国君公室，经过半个世纪的争斗，最终以武力夺取政权。在这无数次的厮杀中，周王室的态度由支持晋国君而转变为支持曲沃一族，最终扶助其夺权胜利。因此，晋献公自然是要与周王室坚定地站在一起，血缘、恩情还有利益是牵引周、晋的三大绳索。

这一年，也是周惠王元年。新王登基，拉拢支持者尤为重要。然而，形势并不乐观，齐国的崛起本身就是对王室的削弱，尽管礼仪上仍要俯首称臣，尊王仍是"政治正确"。但齐国虽尊王，齐桓公却不是周王的跟班，周王是忌惮他的，周、齐之间是相互制衡的关系。周惠王需要的是愿意对他效忠且为他付出的人，郑厉公已然献出投名状，晋献公就是紧随郑厉公前来投奔的人。周惠王需要晋国的支持，晋献公需要周王室的扶持，双方一拍即合，互惠互利。

也是这一年，周与晋为对方各办了一件大事。首先是来自周惠王的厚爱：

> 虢公、晋侯朝王，王飨醴，命之宥（yòu），皆赐玉五瑴（jué），马三匹。
>
> ——《左传·庄公十八年》

虢公是虢国的君主，名丑，开国先祖乃周文王之弟，是周王室正经的自家人。我们看到周惠王对虢公和晋献公的赏赐是一模一样的，这引来了史家的批评，认为周王此举有违礼制。虢国是公爵，而晋国只是侯爵，赏赐怎么可以相同？所谓"名位不同，礼亦异数"，周惠王做的实在不对。但这不对之中却恰可以看出他的用心，就是要用这份厚礼买来晋国的忠心。晋献公很快就用行动表达了对周王的诚意，同年，他与虢公和郑厉公一同参与了周惠王迎娶王后的大事，前前后后一定没少出人出力。能为王室操办婚礼，不但是至高的荣耀，也证明了与王室非比寻常的关系。晋国自此在春秋时期拥有了自己的政治地位。

但仅仅拥有周王室的肯定是不够的，毕竟，周惠王不是周平王，此时的周王室更是大不如前。晋国如同郑国，努力想走祖上的老路却不得不面对老路不再高效的事实。一如郑厉公，晋献公心中也有不甘，要为晋国打开新局面。从登基后不久，他便开启了对外征伐，史书记载的他的第一次征伐是攻打姬姓国骊戎，这一年是他即位的第五年（前672年），这场战役让他获得了影响他一生的女人——骊姬。

不过，眼下我们暂时放下这一段插曲，先把晋献公前期的政治生涯理一理。

就在晋献公取得了初步的成绩，正雄心勃勃要干出一番事业之时，他意识到了一个大的问题，刚刚被父亲统一起来的国家，正面临着新的动荡，很可能会有重新分裂的危险。

　　晋桓、庄之族逼，献公患之。士蒍曰："去富子，则群公子可谋也已。"公曰："尔试其事。"士蒍与群公子谋，谮富子而去之。

　　　　　　　　　　　　　　——《左传·庄公二十三年》

桓是桓叔的简称，庄便是庄伯，桓叔是第一个分封在曲沃的公族，他是晋昭侯的叔叔，庄伯是他的继承人。曲沃与原晋公室的夺权从桓叔便开始了，如今曲沃好容易获得了胜利，自己却因子嗣壮大而出现了分歧和内斗，又将演变分裂的祸端。"桓、庄之族"对新晋国公室的逼迫不仅仅是权势的压迫，更重要的是，分裂和争权会再次削弱晋国刚刚恢复的元气，甚至会彻底撕碎这个国家。晋献公当然不能眼睁睁看着父亲和自己的心血就这样付之东流，更不能容忍晋国亡于无休无止的内耗。他必须要做点什么，这便是肃清异己，让晋国真正地统一起来。

来具体执行他这一计划的是谋臣士蒍（wěi），他是晋献公早期执政生涯中最重要的大臣，堪称伙伴和知己。晋献公信得过士蒍，给他足够的时间和权力。士蒍对国君忠贞不贰，谋篇布局，步步为营。他用了三年的时间，采取逐步分裂其阵营的策略，先用谗言赶走"桓、庄之族"的内部军师，让他们失去"大脑"，再逐步取得了"桓、庄之族"群公子们的信任，摇身一变成为新的军师。他看出群公子中游氏的两位公子势力最为强大，必须除掉。于是分裂群公子与"游氏之二子"之间的关系，并成功挑拨群公子诛杀了他们。士蒍曾向晋献公保证，"不过二年，君必无患"，果然，此话之后的第二年（前669年），"晋士蒍使群公子尽杀游氏之族"[1]。游氏一亡，"桓、庄之族"的群公子便一盘散沙，被晋献公纷纷驱逐而流亡到了虢国。[2]从此，晋国开始形成了自己独特的政治模式，国内没有公族势力。[3]短期来看，这的确解决了国君公室一脉被削弱和架空的风险问题，没有如鲁国和郑国那般，国君逐渐沦为傀儡。但长远来看，却也发生了意想不到的大裂变，大夫势力取而代之，慢慢崛起，两百年后导致了晋国的彻底分裂。

---

[1]《左传·庄公二十五年》，第266页，中华书局，2012。

[2]《史记·晋世家》称"九年，晋群公子既亡奔虢"，但《左传》却说"晋侯围聚，尽杀群公子"，两书记录有一定矛盾。

[3] 最终完成这种模式的是晋献公，他为了扶立骊姬之子而赶走了自己的其他儿子。

彻底解决了国内的纷争，晋献公终于没有了后顾之忧。他听从士蒍的建议迁都新址于绛，又封士蒍做了大司空。不过，因流亡公子们的缘故，晋国从此与虢国结下了梁子，几年前在周惠王面前获得同等赏赐的晋献公与虢公从远亲变成了敌人。

在骊姬正式登场之前，史书为我们留下了这样的晋献公的身影。此时的他应当正值中年，政治上稳扎稳打，用人不疑，无论对内还是对外，能屈能伸，行动缜密而果决，从不失手。在此后的岁月里，他继续奉行对外攻伐的策略，灭虢、耿、霍、魏[①]，伐夷狄，扩大了晋国的疆域，也壮大了势力。如果没有后来将要发生的一切，他会成为晋国历史上没有争议的一位明君。

而这一切皆由骊姬而改变。

骊姬的晋国二十一年

骊姬出现在晋献公生命之中的那一年是他继位的第五年（前672年），关于这一确切时间，有关骊姬的史料中只有《史记》做了记载。这一年，晋献公已经因周王室的扶持而小有声望，他的注意力开始转向对外征伐，伐骊戎就是他的第一步。而围绕这次攻伐，史书中留下了不少争议，君心初动的那一刻便预示着灾祸的来临。这也是晋献公征伐历程中唯一一次的负面记载。

> 献公卜伐骊戎，史苏占之，曰："胜而不吉。"公曰："何谓也？"对曰："遇兆，挟以衔骨，齿牙为猾，戎、夏交捽。交捽，是交胜也，臣故云。且惧有口，携民，国移心焉。"

① 古魏国，即《诗经·魏风》中的魏。

239

公曰："何口之有！口在寡人，寡人弗受，谁敢兴之？"……

公弗听，遂伐骊戎，克之。获骊姬以归，有宠，立以为夫人。

——《国语·晋语·史苏论献公伐骊戎胜而不吉》

　　史苏是晋国一位叫苏的史官。那时的史官不但要记录每日发生的大事，还要做点占卜一类的工作。国君每有重大活动，都要提前找来史官做测算和预言。晋献公对待继位后的这次出征自然十分看重，于是找史官来给看看，不料，史官竟然预言这是个不吉利的兆头，令雄心勃勃的晋献公十分懊恼，最终没有采纳史官的建议，直接驳斥了他的"封建迷信论"，言语间颇为自信。仔细研读这段记述，我们有疑问也有思考：从前文中我们已经可以看到，晋献公并不是一个固执愚鲁之人，特别是在继位之初，他的头脑非常清醒。从后面的记事里我们将要看到，他手下能人众多，不逊于当年郑庄公麾下的强兵良将。那么这样一个人，为什么会对这次征伐如此执着，以至于在普遍以占卜结果为天意的时代，公然有违天意，一意孤行？史书做如此史笔，其用意非常明确，就是要展现一个自大而固执的国君，要让后人看看他将如何自食恶果。但作为晋献公本人，他担负着复兴晋国的重任，心中自有一番抱负，必然不是为了祸乱国体而去攻伐的。

　　晋献公是狂妄自大之人吗？显然不是。前文中我们已经看到在处理内乱时他与士蒍之间默契的配合。而之后在与虢国的斗争中，他非常耐心地听取士蒍的建议，不急不躁，静待时机，最终取得了决定性胜利，且额外获得了红利。这些决定晋国走向的内政外政都发生在骊姬出场前后，显然，晋献公与昏庸二字相距甚远。那么，他为什么在攻伐骊戎这件事上如此傲慢呢？笔者分析可能有这么几个原因：其一，骊戎是一个小部落，他确实没放在

眼里。且不但他没放在眼里，从出征前只有史苏一人表态来看，
晋献公的谋臣们也都没当大事。这次攻伐也许就是晋献公的一次
对外试探。其二，史苏的话实在玄妙，即便是相信"天意"的时
代，也听起来有些飘。他认为此次攻伐是"胜而不吉"，这就令人
费解，晋献公占的就是胜败，胜就是吉，所以他不能接受这个观
点。史苏紧接着解释将有口舌是非，这就令晋献公非常不满，从
"口在寡人，寡人弗受，谁敢兴之"一句可以看出，他对自己的理
智非常自信，是个自认为十分克制清醒的人。并且，他在治理朝
政和用人方面也较为理性，继位五年间没有不良记录。他的自信
是有道理的。

于是，没有听从史苏建议的晋献公在攻伐骊戎中大获全胜，
骊戎国君将两个女儿献出，也许不得不作为战利品，他自己也已
经国破家亡了。这两个女儿便是骊姬和她的妹妹，两人都没有留
下确切的名字，骊姬的意思是骊戎的姬姓女子，而她的妹妹则连
代称都没有留下来。

获胜归来的晋献公得意洋洋地向史苏炫耀他的错判和自己的
出色，并当众罚他只准喝酒不准吃菜。而史苏的表现则颇值得玩
味：国君面前巧言令色，先以"兆有之，臣不敢蔽"来洗脱自身
责任，表明自己忠君的立场。进而以"臣之不信，国之福也"来
哄国君开心。末句"何敢惮罚"给足了晋献公面子，自己还演绎
一番大义凛然。可退席之后呢？他的态度陡然一变，对朝中大夫
大谈晋国必亡论，以夏桀妹喜、商纣妲己、周幽褒姒为例，预言
晋献公得骊姬必将亡国。

各种史料都记载了骊姬来到晋国后的得宠，却没有给出原因，
只指责了晋献公是好色之徒。如此说来，骊姬有美色是得宠的主
要原因。让我们看看骊姬来到晋国时她所要面对的后宫局面：

> 晋献公娶于贾，无子。烝于齐姜，生秦穆夫人及大
> 子申生。又娶二女于戎，大戎狐姬生重耳，小戎子生夷吾。
>
> ——《左传·庄公二十八年》

晋献公的原配夫人来自贾国，这是一个姬姓小国，由此我们可以发现，晋国已经打破旧有规矩，开始同姓通婚了①。关于这位原配夫人，史书中没有更多记载，只说无子，且很可能早亡。比较引人注意的是齐姜。这是一位来自齐国的姜姓女子，显然是齐国公室所出，且与晋献公年纪相仿。齐姜在晋国是什么身份？"烝"是与父亲的姬妾通奸的意思，那么她一定是晋献公之父晋武公的妾，很可能是作为陪嫁来到晋国的，且极可能是不大受宠被冷落的那一个。晋献公钻了父亲的空子与其私通，生下一女一男，即"秦穆夫人及大子申生"。这样的经历不由得令人想到卫宣公，历史在不同国度重演。骊姬来到晋国的时候，齐姜很可能已经过世了，她直接要面对的是来自另一个戎人部落的一对姐妹大戎狐姬和小戎子，她们都为国君生了儿子，也一定一度得宠。不过，两位戎女年龄已长，而此时的骊姬应当非常年轻，估测只是十几岁的少女，必定诱人极了。晋献公喜欢女人，且生育能力强，很快，骊姬和妹妹都生下了自己的儿子，在宫中的地位日渐稳固。

骊姬有别于晋献公的任何一个女人，牢牢攫取了国君的心，归晋不久，晋献公执意要给她名分，立她做夫人。前面的那些女人中，原配和齐姜的亡故时间很可能在晋献公还是公子时，戎狐姬和小戎子也都不曾获此殊荣。而晋献公为了骊姬，再次违背了"天意"：

---

① 周代实行同姓不婚制，但从春秋时期开始有所松动。

> 初，晋献公欲以骊姬为夫人，卜之，不吉；筮之，吉。
> 公曰："从筮。"卜人曰："筮短龟长，不如从长。且其
> 繇（zhòu）曰：'专之渝，攘公之羭（yú）。一薰一莸，
> 十年尚犹有臭。'必不可。"弗听。立之。

——《左传·僖公四年》

占卜结果是立骊姬不吉，虽然说得很玄乎，但其实暗含了一个众人皆知的道理，即骊姬之子会与现太子争权。但晋献公再次固执己见，难道他不清楚其中的道理？不担忧公室的斗争？也许都不是，或许从这一刻起他就已经想好了太子申生的未来，废太子无非早晚而已。

骊姬缘何能在美色众多的晋国后宫获得如此殊荣？何以令阅遍女色的晋献公一再为她犯禁？生子并非她独有的本领，有妹妹做加持也并不稀罕。她在晋国生活了二十一年，直到晋献公死后被杀。而这二十一年里她始终占据着国君的心，再没有别的女人可以分拨她的宠爱。再美的姿色总有老去的一天，晋献公的晚年时光里骊姬也已不再年轻，她的特别之处究竟在哪里呢？也许我们能从更多史料里寻找到答案。

让我们回到骊姬获立夫人并生下儿子奚齐的那段时光，那时她已经毫不费力地得到了其他后宫女人努力一生也得不到的一切，但她仍旧不能满足，因为得到的越多，要承担的风险就越大，想要规避风险就必须得到更多。

得宠的骊姬首先不满于老男人精力的不足，她也偏爱美少年。

宫里有一个伶人名施，史书里称优施。他靠表演为国君公子们解忧，想必年少俊俏，与骊姬年纪相仿，又常在国君面前走动，其表演深受喜爱，也就自然与夫人走得近些。这一日，骊姬私下

找到他，告诉了他心中的隐秘："吾欲作大事，而难三公子之徒如何？"三公子即太子申生、公子重耳（日后的晋文公）和公子夷吾（日后的晋惠公），《史记》中说他们三人"皆有贤行"，说明他们在晋国的人望很高，都有自己的支持者。骊姬的大事却因这三个贤明之人而感到棘手，可想而知这大事不是什么好事，必定是关系到宫廷国本的谋权之事。骊姬开始考虑自己儿子的未来，这就必然要扫清儿子前路上的障碍。骊姬是亡国之女，外无靠山，内无援手，虽有国君的宠爱，想要撼动三人的地位真比登天还难。骊姬敢对优施说这样的事，其关系必然亲密至极。优施虽没什么大本事，但头脑极为聪明，看人精准，他首先分析申生，认为他"小心精洁，而大志重，又不忍人"，即为人纯粹真诚，忠君爱民。不过在他看来，这样的人虽然看着是满身的优点，但极其脆弱，特别禁不起攻击。因此，他的建议是：扳倒三公子，一定要先从申生下手。他为申生量身打造了一个绝妙的计策，但实行计策需要一个演技绝佳的演员，这恰恰也是骊姬的专长，于是，一出宫廷大戏拉开了帷幕。

优施的计策是"外惮善而内辱之"，也就是表面上对申生释放善意，暗地里使手段诋毁他，破坏国君与申生的父子关系。骊姬立即付诸行动。她很聪明，没有自己去吹枕边风，而是使了一招借刀杀人。

强大的国君身边不但有能臣和忠臣，也一定有宠臣。晋献公亦不例外，此时，围绕在他身边的宠臣有两人，一个称外嬖梁五，一个称东关嬖五。骊姬出钱贿赂他们向国君进言，让国君派遣三公子分别到曲沃、蒲与屈三地筑城。为什么要这么做呢？理由是此三地远离国都，曲沃是老家，即"宗邑"，蒲与屈是边疆，如果无人镇守，会让周边的戎狄产生侵扰之欲。三公子都是举国上下爱戴的贤人，气场大、名望高，由他们三人分别担当重任，哪个蛮夷小儿胆敢来犯？当然，进言时绝对不能透露这是骊姬的意思。那么晋献公听罢如何？正合孤意，快乐极了！于是，晋献公十一年（前666年）夏，"使大子居曲沃，重耳居蒲城，夷吾居屈。"非但如此，做事要做绝，干脆让"群公子皆鄙，唯二姬之子在绛"[1]。

骊姬的手段颇为高明，说坏话永远是最低级的手段，骊姬的策略是抓住晋献公的隐忧，进而对三公子进行捧杀。晋献公的隐忧是什么？一是儿子都很有能力，如今年龄都大了，聚在身边恐生是非。二是自从迁都到新城绛后，老巢曲沃无人打理，边疆之地无人把守。春秋时期，受生产力的限制，中央对地方的管控是薄弱的，基本只辐射到所在城池的周边，所以分封给子嗣去分头管理是适合当时环境的选择。而此时，晋献公的子嗣们都聚集在绛，外面的重要城池很可能会荒废或被侵占，这未尝不是国君的心病。此前，孩子们可能都还小，现在，他们都成年了，又有贤名，是时候为父亲分忧解难了。晋献公当然欣然接受这样的提议，将儿子们都派了出去。须知距离易生隔阂，三公子失去了与父亲亲近的机会也就失去了在发生误会时及时解释证明自己的优势，晋献公的视线和认知将很可能被身边人影响和左右，而这也正是骊姬所期盼的。这第一步举动没有给她在国君心中带来任何猜疑，反倒顺了他的心，似乎可以看到她嘴角浮现的微微笑意。

接下来，骊姬利用已经形成的局面，让形势按照它自己的逻辑顺势发展。

派走了儿子们，晋献公并没有沉溺于床第之欢，而是加快了对外征伐的脚步。在他在位的第十六年（前661年），他更改了军

---

① 《左传·庄公二十八年》，第274页，中华书局，2012。

制，将军队分为上军与下军，上军由自己亲自率领，下军则交给了太子申生。此次对外征伐的目标是同姓小国霍国、耿国和魏国，战果相当喜人，但人们却已看出了暗藏其间的隐患——国君与太子之间嫌隙已生。曾经为晋献公平内乱、除异己的大夫士劳则大胆预言：“大子不得立矣。”[1]

谁都清楚，嫌隙的根源是骊姬。于是国内渐生流言，一部分人担忧太子的前途，而另一部分则剑指骊姬，有“虽好（hǎo）色，必恶心”[2]的断言，直指其为红颜祸水。对于这一切，骊姬当然了然于心，晋献公同样心知肚明。但永远保持沉默是不行的，如若申生获得同情和支持，声势壮大，骊姬势必受到威胁。此时此刻，她必须亲自出面，而她的目的，是让国君毫无保留地加入她利益的阵营。

虽然在此之前，晋献公已经明显将偏爱给了骊姬之子奚齐，引来不小的非议和猜度。但这也只是一种暗示，并没有明确表示与太子决裂抑或下定决心改立。父子之情仍是有的，君臣礼数仍是要顾及的。但骊姬显然不愿再不明不白地等下去，她已入晋十一年，国君明显地衰老，太子则日渐强大，支持者众多。她必须要一个明确的表态，要断绝晋侯父子间最后的温情。

《国语·晋语·优施教骊姬谮申生》中对骊姬的亲自下场有一番精彩而生动的描述，补充了《左传》的空白，且让我们看看她是如何层层布局，攻破晋献公心中最后一道防线的。

经与优施的另一番精心商议后，骊姬选择在一个深夜，男人最意乱情迷的时候，开始了她的表演。她首先是这么说的：

---

① 《左传·闵公元年》，第 297 页，中华书局，2012。
② 《国语·晋语·史苏论骊姬必乱晋》，第 283 页，中华书局，2013。

> 吾闻申生甚好仁而强，甚宽惠而慈于民，皆有所行之。
> 今谓君惑于我，必乱国，无乃以国故而行强于君。君未
> 终命而不殁，君其若之何？盍杀我，无以一妾乱百姓。

这段开场白虽简短却直逼要害，没有半句废话。骊姬先亮明太子申生目前在朝廷和国人心中的地位，即"好仁""宽惠""慈于民"，并表明太子这么做是有深层次的打算的（皆有所行之）。这一开场的目的在于离间父子关系，直捣国君内心深处的隐忧。进而，骊姬摆出外面的传言，即"君惑于我，必乱国"，那么是谁在说这样的话？骊姬虽没有明言，但结合刚刚提到太子的话，晋侯势必会认为是太子在说，进而朝臣们才敢私下议论，是太子在背后唆使的这一切。最后，骊姬以退为进，以还国君清白为由，要求国君杀己，以给国家和百姓一个交代，重新获取民心。

一番表述逻辑环环相扣，深夜里对着娇妻梨花带雨般的面庞，晋献公当下无法安眠，不过，他还是捕捉到了一个小漏洞，于是问："夫岂惠其民而不惠于其父乎？"意即难道申生会爱百姓而不爱父亲？这在他看来实在不合常理，什么时候开始，国人与他处于对立的局势？显然，这是他之前完全没有意识到的问题。面对晋侯的疑问，骊姬不慌不忙，显然早有预料，亦是有备而来。她的一番回答非常精妙，颇有朝臣论政的风采：

> 妾亦惧矣。吾闻之外人之言曰：为仁与为国不同。
> 为仁者，爱亲之谓仁；为国者，利国之谓仁。故长民者无亲，
> 众以为亲。苟利众而百姓和，岂能惮君？以众故不敢爱亲，
> 众况厚之，彼将恶始而美终，以晚盖者也。凡民利是生，
> 杀君而厚利众，众孰沮之？杀亲无恶于人，人孰去之？

苟交利而得宠，志行而众悦，欲其甚矣，孰不惑焉？虽欲爱君，惑不释也。今夫以君为纣，若纣有良子，而先兼纣，无章其恶而厚其败。钧之死也，无必假手于武王，而其世不废，祀至于今，吾岂知纣之善否哉？君欲勿恤，其可乎？若大难至而恤之，其何及矣！

好一番洋洋洒洒，仿若朝堂劝政。熟悉春秋历史的朋友们都知道，当时士大夫论政议事时都有一个套路，即在表达自己的观点前先抛出一段古语箴言，有的是古书上的话，有的是流传的谚语一类，骊姬也先做了这样的铺垫。她说曾听外面人说过这样一段话：做一个好人不等同于利国利民，如果只单纯做一个好人，对亲朋好友友善钟爱就可以了。但如果是为国为民，那么百姓就是亲人，凡是不利于百姓的就要整饬铲除。这段话表面上看起来只是简单的引用，深层次的含义则是再次提醒晋侯，您的百姓已经不再支持您，他们都已经是太子的人了。太子为了百姓与您对立不是合情合理的吗？也因此，骊姬接下来说了一句较重的话：如果除掉国君是对百姓有利的，谁又会反对呢？最后，她更加了把劲儿，明言已经有国人将国君比作前朝暴君纣王，如果纣王有一个可以提前结束他生命的好儿子，那么不但国家不会被周武王推翻，纣王生前的所作所为也都无人知晓了。这番意味不禁令人想起千年后白居易的那四句著名的诗："周公恐惧流言日，王莽谦恭未篡时。向使当初身便死，一生真伪复谁知？"未知白公是否也想起过骊姬的这番话？当然，白公是劝诫，而骊姬是蛊惑。说到这，骊姬觉得火候到了，于是道：您还不着急吗？再不急可就来不及了！

晋献公果然恐慌起来，问骊姬该怎么办，于是骊姬出了一个馊主意：

> 君盍老而授之政。彼得政而行其欲，得其所索，乃其释君。且君其图之，自桓叔以来，孰能爱亲？唯无亲，故能兼翼。

骊姬请晋侯做"太上皇"，让太子提前继位，太子得到了满足就不会对父亲动手了。骊姬是认真的吗？不然。一方面，在此以前，还没有父亲提前退位的先例，无祖制可寻，实行起来极其麻烦。而更重要的是骊姬的那后半句话"自桓叔以来，孰能爱亲？唯无亲，故能兼翼"。曲沃一支经过几十年不断的厮杀才吞并了晋国原有的国都翼，从而统领晋国。那么曲沃一支的成功靠的是什么？是仁义和爱亲吗？显然不是，是"唯无亲"，即六亲不认，只认权力。那么按照这个逻辑，只认权力的太子在继承君位后会爱他的父亲吗？毋庸多言，晋侯懂，骊姬亦懂，所以她的这个主意完全只是一个试探，并非她的真正意图。果然，晋献公立即予以否决，他的理由与上面分析的一脉相承：

> 不可与政。我以武与威，是以临诸侯。未殁而亡政，不可谓武；有子而弗胜，不可谓威。我授之政，诸侯必绝；能绝于我，必能害我。失政而害国，不可忍也。尔勿忧，吾将图之。

晋献公虽然会在深夜意乱情迷，但显然脑子并不糊涂，依然清醒得很。他非常清楚地知道自己的成功靠的是什么，是武力与威慑，一旦他提前退位，诸侯面前简直无法做人。其他各诸侯国会怎样对待这样一个令人耻笑的、羽翼尚未丰满的诸侯国？恐怕届时讨伐和侵略将不断了。骊姬立即捕捉到了国君话里的深层次含义，即晋国还没有真正强大起来，国内还没有富庶起来，对外也没有完全站稳脚跟，这也是晋国迟迟没有改立太子的原因。奚齐毕竟还是个孩子，而申生已经是成人，是可以利用的。于是骊姬立即建议国君派太子去平戎狄，如果失败了，正好办了他；如果胜利了，"仓廪盈，四邻服，封疆信，君得其赖"。也就是说，无论胜负，晋献公都是获益之人。

晋国在向外扩张时有一点有别于其他诸侯国，即它所要面对的外族势力特别多，晋献公的征伐有相当一部分都是针对这些部族的，统称为狄。眼下，晋国还没能从与狄的战斗中全完脱身，边境时常受到皋落狄的侵扰，极大地影响了百姓的生产生活，进而影响了晋国内部的富强之路。想要彻底解决问题，必须诉诸武力，但国君已老，幼子尚弱，谁来执行？必然也只能是太子。这个大的形势摆在面前，是骊姬无法撼动的，她能做的是利用这个局势，让最终的结果朝着她所期待的方向发展。果然，晋侯被说动了，于次年（前660年）派太子申生攻伐东山皋落。

也许大大出乎了骊姬的预料，太子申生此番出征力排众议，旗开得胜。虽然达到了"仓廪盈，四邻服，封疆信，君得其赖"的效果，也加深了晋侯对儿子的猜忌，但却也不可否认更难抓住太子的把柄，没有口实将其铲除，故东山胜利后的五年时间里太子申生没有受到什么冲击，反倒民心愈加稳固。骊姬怎会甘心？她再次向国君进言：申生已然羽翼丰满、广得人心，再不动手恐怕后患无穷。而这一次，晋献公终于说了心里话："吾不忘也，抑未有以致罪焉。"

一个国君要改立太子，他最忧虑的是儿子没有犯错吗？并非如此，最担忧的还是朝臣和国人的非议及反对。既然太子已然广得人心，那么支持者必众，谁会带头出来反对？会引起多大的连锁反应？会不会与太子联合弑君？在杀国君如杀鸡一般容易的春秋时期，晋献公必须考虑全面。但想到了未必可以去做，至少不能亲自去做，必须有人替他去做。晋献公只说了这么短短的一句，后面大段的隐藏句子却引而不发——我顺了你的意，你也要做我的执行人和替罪羊。

骊姬仿佛得了密令，立即展开了行动。她再次找到优施，告诉他国君终于表明了态度："君既许我杀太子而立奚齐矣"，而接下来的话恰恰是晋献公没有言明的那部分："吾难里克，奈何！"

里克是谁？骊姬为何如此忌惮他？里克是晋国的大夫，也是晋献公一朝中分量极重的大臣。到底有多重？史料中虽没有给出明确的官职，但就在太子申生征伐皋落狄前，晋献公曾经私下问了里克这样一句话："寡人有子，未知其谁立焉。"原本里克是去向国君谏言，他不赞同此次征伐，却未想国君突然冒出这么一句话来。谁不知道国君有儿子？谁又不知道申生是太子？自古储君才有继位的合法性，国君突然问起"未知其谁立"，其深意还不明白吗？而就在晋献公向骊姬亮出底牌的那一晚之前，除了这一次在里克面前，他还不曾向任何人透露这番心思，哪怕是骊姬都没有得到一句明话，从此可以看出里克的地位和分量。那么，面对国君的突然一问，里克是如何应对的呢？他"不对而退"[1]，沉默着离开了。晋献公没有得到满意的答复，心里能不顾虑？能不忌

---

[1] 《左传·闵公二年》，第308页，中华书局，2012。

惮？他的忌惮就是骊姬要攻克的难关，里克必须给出一个明确的答复，有了他的态度，才可以决定后面的行动。

优施听完骊姬的话，主动请缨出战。他亲自来到里克府上，借着酒劲载歌载舞：

> 暇豫之吾吾，不如乌乌。人皆集于苑，己独集于枯。

里克听出话里有话，于是笑着问："何谓苑，何谓枯？"优施于是半明半暗地回答道："其母为夫人，其子为君，可不谓苑乎？其母既死，其子又有谤，可不谓枯乎？枯且有伤。"

"其母为夫人，其子为君"，虽未指名道姓，所指再明白不过了；同理，"其母既死，其子又有谤"则是指已经丧母且被国君疏远的太子申生。优施的话就是告诉里克，国君要有大动作了，你赶快选择站队吧！那么里克最终是如何做的呢？他选择了"中立"以"免"，免什么？当然是死。里克为什么在此刻做了缩头乌龟，此处暂且不表，容后面再详细解读。我们还是将镜头转回到骊姬视角，得到了里克不干预的许诺，她终于可以顺利实施她的计划了。于是，春秋历史上那场著名的潜杀太子的故事正式上演了。

晋献公二十一年（前656年），骊姬来到晋国的第十六年，她终于出手了。关于这次行动，《左传》《国语》《史记》和半野史的《列女传》都做了详细的记载，只细节处略有出入，互为补充，让我们结合四则史料来还原这段历史片段。

这一年的秋冬之际，骊姬传话给太子申生，告诉他国君梦见了他的生母齐姜，要他赶快去曲沃祭奠并带回祭品。太子不敢怠慢，立即行动。根据史料记载，他带回的是一块腊肉。此时，未知是有意还是无意，晋献公恰好外出行猎，不在宫中。国君行猎原本也是常有之事，是各国国君必备的娱乐项目。申生没有多想，就将腊肉交给了骊姬。四则史料皆记载，骊姬趁国君未归，在肉中下毒。几日后，晋献公回到宫中。就在他要进食之时，《史记》与《列女传》记载骊姬上前制止，要求先测试饮食是否安全。而《左传》和《国语》则没有记录这个细节，是晋献公自己要验毒的。这就是一个很有意思的细节差别，如果是骊姬进言，说明她是绝对的主谋，但如果骊姬没有说话，是晋献公自己要求的，那么是否隐含着他也有参与其中的成分？无论如何，验毒还是进行了，四则史料记载相同，都是先祭地，再喂狗，最后给小臣吃。结果是地面隆起一大块，狗和小臣都死了。晋献公当下震怒，根据《国语》的记载，当地面隆起之时，在场的申生便"恐而出"，后面的情形他应该没有亲见。紧接着，骊姬开始了她的表演，《列女传》说她"仰天叩心而泣"，十分传神，最生动的还要数《史记》：

> 骊姬泣曰："太子何忍也！其父而欲弑代之，况他人乎？且君老矣，旦暮之人，曾不能待而欲弑之！"谓献公曰："太子所以然者，不过以妾及奚齐之故。妾愿子母辟之他国，若早自杀，毋徒使母子为太子所鱼肉也。始君欲废之，妾犹恨之；至于今，妾殊自失于此。"
>
> ——《史记·晋世家》

先是谴责太子丧心病狂，等不及父死继位，继而自责没有早早自杀，挡了太子的前路，使晋侯在愤怒之余对她产生无限的怜惜，洗脱了嫌疑。盛怒之下的晋献公先杀了太子的老师杜原款，继而申生逃至新城，于同年十二月自杀。

申生死后，骊姬诬陷其异母弟重耳与夷吾对投毒一事"皆知之"，两人遂分别逃亡国外。晋献公还不放心，"尽逐群公子"[1]。奚齐被立为太子，骊姬终于如愿以偿。然而，幸福来得太晚了，仅五年后，晋献公病卒。骊姬与奚齐原本就不得人心，国君一死，托孤大臣力不能保，终被里克诛杀，《列女传》说是"鞭而杀之"，是小说家合理的想象，一同被杀的还有骊姬的妹妹和外甥卓子[2]。

骊姬的一生就此结束，留给晋国的是内部的撕裂和多年的混乱，统一和平不久的晋国迅速倒退，人虽死，遗毒要多年后才会彻底清除。然而，这个故事似乎讲得有点匆促，还有许多的细节与人物不甚清晰。人们一定会生出许多疑问：里克为什么会中立？朝中大臣为何无人敢言？申生如此出色，又为何会甘受屈辱，以致不明不白以死谢罪？最令人费解的是，晋献公为何虎毒食子？这一切的答案尚无法从刚才的叙述中找到缘由，那么让我们转换视角，重新梳理一下这个故事。这一次，我们从太子申生说起。

申生，无处可逃

在整个骊姬之乱的故事中，申生是最悲情的一人。无论是其生前还是身后，人们提起他都无比痛惜。生前，人们劝他不必死，身后，人们说他何必死。在之前的叙述中我们已经可以清晰地看到，申生并非孤家寡人，他的身边围绕着一众支持者，骊姬亦频频提及，晋国百姓无不爱戴其人。那么，拥有如此强大的支持，

---

① 《国语·晋语·骊姬谮杀太子申生》，第315页，中华书局，2013。
② 奚齐死后，卓子被短暂立为国君。

申生又为何偏偏走向绝路？是谁，抑或是什么力量给了他非死不可的选择？他的死又如何影响了晋国的历史？让我们从头说起。

前文已经交代，申生是齐姜之子，那么申生究竟生于何年，目前没有任何史料有明确的记载。但《史记·晋世家》较为明确地记载了申生异母弟重耳（即晋文公）的年龄，说"自献公为太子时，重耳固已成人矣。献公即位，重耳年二十一"，既然如此，按照申生最小年龄不低于重耳算，晋献公继位时他至少也是二十一岁，那么在《左传》正式提及骊姬之乱这一年（晋献公十一年，前666年），申生年当三十二岁以上，正是年富力强之时，同时也是一个思想成熟、能够为自己的行为全权负责的年纪。

根据《左传》的记载，申生并非嫡出，非但如此，前文已述，他的母亲"来路不正"，这在任何时代都是非正当的，属于私德有亏。春秋时期此类事件屡见不鲜，就在半个世纪前，卫国的卫宣公同样做了类似的事，生下了三个儿子，其中的长子也被立为太子。然而太子最终的结局早已尽人皆知，这似乎本就不是一个好兆头，预示了厄运的开始。但隐藏在命运后面的那个不能明说的缘由，才是太子伋死亡的真正起因，一个由通奸而生的孩子在父亲心中的地位不是光耀，而是尴尬的隐痛，对自身非道德行径的羞耻感会隐秘地转化为对子嗣的厌恶。那么，同样具有出身污点的申生，其在晋献公心中的地位亦可想而知。

尽管申生的母亲来自齐国，但申生之所以被立为太子可能仅仅由于他是长子。《史记·晋世家》说"太子申生，其母齐桓公女也"，此处应为司马迁误记，查《史记·十二诸侯年表》可知，齐桓公当与申生年龄相仿，故他的女儿来不及做申生的母亲。既然不是齐桓公之女，那么齐姜在母家的出身和地位则大打折扣，这也就暗示了申生在齐国没有外援，此点极为重要，后面还将提及。

早死的母亲，私通而生的孩子，父亲心里不愿明说的结，命运的轮盘已然注明了起点。

尽管晋献公没有表现出对长子申生的疼爱，但培养上并没有马虎。申生有自己的老师，名杜原款，是一名忠厚老实但思想迂腐的贤臣。申生也有一众追随者，他们是狐突、先友、梁余子养、罕夷、先丹木和羊舌大夫，这些人都是晋国有名望的贤臣和良将，在晋国早期开疆拓土的战斗中做出过贡献。申生被这些人簇拥围绕，必定会成长为一个正直知礼之人，对自身有较高的道德要求，对民众有一套符合德政的理念。他的性格和为人恰如优施所言："小心精洁，而大志重"，最了解他的往往是敌人，所谓"甚精必愚。精为易辱，愚不知避难"，温雅君子的另一面恰恰是"愚"。这也是被骊姬牢牢抓住的性格弱点，决定申生命运走向的主要原因。

尽管如此，申生并非后世那种文弱书生，他骁勇善战，在晋献公晚期的对外征伐中屡屡得胜，可谓替父亲打下了"半壁江山"，立有赫赫战功，也为自己积攒了极高的人气和广泛的支持。他是最有实力挑战父权与君权的，也是有能力保护自己的。日渐衰老的君父，成年勇武的太子，矛盾的主体便也悄悄成立，只待有人将它引爆。

骊姬恰恰是引爆矛盾的那一人。

骊姬甫一生下儿子奚齐，曾预言过伐骊戎不吉的史苏就再次做了预言，道出"乱本生矣"，只不过碍于先前的教训，这次他没有向国君直说，而是向朝中几位重要的大夫传了小话。史苏是史官，史官之言有着相当的分量，国君也许不听，但朝中之人都极为重视，而他们重视的缘由是史苏说了一句话："然而又生男，其天道也？"其表面意思是指骊姬不但立为夫人还生了儿子，那么天道又有何深意？此处史苏没有明言，但有一句俗语在当时流传颇广，人人心知肚明，那就是日后大夫狐突说的："突闻之，国君……好内，嫡子殆，社稷危。"这里的内即指宠妃，宠爱妃子的结果就是嫡子被杀，而嫡子的死又会牵扯出国家的动荡。这一逻辑链条从宗周开始便有了先例，大夫都知道，国君岂能不知？明知而故犯，国君之心便不言自明了。无非是新子尚幼，该来的还没来，一切走着瞧。

果不其然，随着奚齐的长大，骊姬的活动日益频繁，申生与弟弟重耳和夷吾被派往国都之外分城戍守，朝中大夫也渐渐感到事态的不妙。终于，晋献公十六年（前661年），晋侯作二军攻伐耿、霍、魏三国之事让朝中之人彻底明白了国君的意向。

> 士蒍曰："大子不得立矣，分之都城而位以卿，先为之极，又焉得立。不如逃之，无使罪至。为吴大伯，不亦可乎？犹有令名，与其及也。且谚曰：'心苟无瑕，何恤乎无家。'天若祚大子，其无晋乎。"
>
> ——《左传·闵公元年》

曾经帮助晋献公平定内乱、诛杀群公子的士蒍敏感度最高，也是最早对此事发言的一位。《左传》在这一年关于晋国的记述里孤零零地拎出了士蒍的话，既没有说明他在与谁对话，也没有任何对方的回答，那么分析一下他的这段话，让我们猜测一下听话之人究竟是谁。

士蒍开篇便直达主题，"大子不得立"，言简意赅，震慑力极强，无论是谁听了都会心里一惊。继而，士蒍给出了太子不得立的理由，即"分之都城而位以卿"，这里面指的是申生被派往曲沃之事。《左传》分别于晋献公十一年（前666年）和晋献公十六年（前661年）两次提及申生与曲沃的关系，前者是申生与两个弟弟被分别送出都城，而后者则着重提到申生凯旋后，国君"为大子城曲沃"。申生已然在曲沃驻扎了些年头，这次隆重地为其筑城，这极大地引起了士䓨的警惕。表面上看是嘉奖，内藏的深意是与太子分家，分家便可分庭抗礼，乃至针锋相对。士䓨预估到了一切，于是说了"不如逃之，无使罪至。为吴大伯，不亦可乎？犹有令名"这样的话。前半句可以理解，那么吴大伯又是怎么回事？由于后面还会提及此人，这里先简单介绍一下。

吴大伯又称吴太伯，是春秋时吴国的祖先。关于吴太伯的出身和经历，《史记·周本纪》和《史记·吴太伯世家》均有记载，我们看一下后者：

> 吴太伯，太伯弟仲雍，皆周太王之子，而王季历之兄也。季历贤，而有圣子昌，太王欲立季历以及昌，于是太伯、仲雍二人乃奔荆蛮，文身断发，示不可用，以避季历。季历果立，是为王季，而昌为文王。太伯之奔荆蛮，自号句吴。荆蛮义之，从而归之千余家，立为吴太伯。

周太王是周文王的祖父，又称古公亶（dǎn）父。周文王的父亲季历是古公亶父最小的儿子，且根据《史记·周本纪》的记载，他的生母太姜不是原配，也就是说，古公亶父的长子太伯不是太姜所生。古公亶父喜欢小儿子季历，想立季历为继承人，长子太伯看出了父亲的意向，遂与弟弟一同逃亡，来到南方荒蛮之地自立为王，便有了后来的吴国。吴太伯的主动逃亡在春秋时一直被奉为美谈，《诗经》里有多首诗讲述了古公亶父和季历的故事，也是以颂扬为主。和谐美好的背后，真的是父慈子孝吗？血淋淋的事实是否被文雅的言辞所掩盖？士劳又是否相信吴太伯的令名果真是微笑与温情使然？他可能是不信的，但无论如何，太子若效仿吴太伯，至少可以保全性命，且博一个父慈子孝的好名声。那么话说到这儿，很容易猜出他在对谁进言，当然是太子申生。士劳在劝太子早做打算。《左传》中没有记载太子的言行，《国语·晋语》中则同样记载了这件事，申生给了士劳一个回复：

> 子舆之为我谋，忠矣。然吾闻之：为人子者，患不从，不患无名；为人臣者，患不勤，不患无禄。今我不才而得勤与从，又何求焉？焉能及吴太伯乎？

子舆是士劳的字，申生的话听起来非常的谦卑，大道理说得有模有样，严于律己、宽以待人，一番正人君子的慷慨陈词。这应该是他第一次听到这样的建议，心里一时接受不了，内心也充满了焦虑，犹豫不决。但他内心深处却不能忘却此事。就在次年（前660年）的东山之战前，他有了彷徨的表态。

大夫里克听说国君要派太子伐东山，立即赶去谏言，意在阻止，然而晋献公却没头没脑地问出"寡人有子，未知其谁立焉"，里克沉默着离去，在大殿之外，他遇到了申生。

> 见大子，大子曰："吾其废乎？"对曰："告之以临民，教之以军旅，不共是惧，何故废乎？且子惧不孝，无惧弗得立，修己而不责人，则免于难。"
>
> ——《左传·闵公二年》

259

申生如此直白地问出这句话，证明他已经彷徨日久，为此苦恼不已。他是一个忠厚的人，情感上不敢也不愿相信父亲会做出周幽王那样的事来，但他也是一个受过教育的聪明人，理智上知道国君的位置决定了一个男人可以为所欲为。他在怀疑与自我欺骗中苦苦挣扎，努力想要一个确切的答案，但里克却用一番政治正确的大道理蒙骗了他，"告之以临民，教之以军旅，不共是惧，何故废乎"意即国君把曲沃城交给他治理，把军队交给他带领，这是多么信任他，怎么会废黜他？听起来非常在理，申生此时一定是相信他的，至少他愿意选择相信。里克的后半句则是虚伪的道德说教，看似安慰太子不要胡思乱想，无非用说教来麻痹其思想行动。他明明已经在内廷获悉了国君的意图，却出门便说瞎话。里克用意何在，我们后文会重点分析。而前一年听到士劳诚挚劝告的申生，宁愿相信正确的废话，也不做私人打算，是愚蠢还是诚挚，我们接下来继续分析。

太子申生即将率军出征，作为君父的晋献公此次特意为其披挂，让我们看一下原文细节：

> 大子帅师，公衣之偏衣，佩之金玦。
>
> ——《左传·闵公二年》

关于这一细节，《左传》与《国语》中都多了十分详细的记载，可见这一小小的动作多么的重要。何谓偏衣？一件衣服左右两种颜色，还有一种说法是，其中一种颜色与国君所穿相同。何谓金玦？即铜做成的有缺口的环状配饰。晋献公这两个动作是什么意思？申生自己感到有些迷惑，显然，这是君父第一次有这样的动作，《国语·晋语》记载，申生从大殿中出来便问此次一同出征的大夫先友："君与我此，何也？"大夫先友做了回答，觉得这是一个好兆头，竭力劝勉申生。但大夫狐突则对此持悲观态度，他认为这是国君表明他要与太子父子君臣决裂之意，并与士苪相同，力主太子出奔，放弃此次受命征伐。那么申生又是如何做的呢？

> 申生曰："不可。君之使我，非欢也，抑欲测吾心也。是故赐我奇服，而告我权。又有甘言焉。言之大甘，其中必苦。谮在中矣，君故生心。虽竭谮，焉避之？不若战也。不战而反，我罪滋厚；我战死，犹有令名焉。"
>
> ——《国语·晋语·申生伐东山》

申生明知君父此次的言行对他不善，但他认为如果就这么逃走是加重自身的罪孽，不如战死，还能博得美名。从申生的这番话里，我们可以听出他已不再彷徨和犹疑，他的心里充满了绝望，因为他发现没有退路。整篇话中他没有提及如果凯旋会得到什么，只提战死，表明他已认命，对君父没有期待。

晋献公大概也没想到太子会如此轻松凯旋，一时间没了对策，申生有了五年的平静期。《国语·晋语》中提到过晋献公曾经让幼子奚齐代替太子主持祭祀一事，但没有标明确切的年份，笔者个人推测极有可能就发生在晋献公十七年（前660年）之后的某一年新年。事情发生后，一位叫猛足的大夫十分为太子忧虑，问他打算怎么办，申生这次又是怎么回答的呢？

> 太子曰："吾闻之羊舌大夫曰：'事君以敬，事父以孝。'受命不迁为敬，敬顺所安为孝。弃命不敬，作令不孝，又

何图焉？且夫间父之爱而嘉其贶，有不忠焉；废人以自成，有不贞焉。孝、敬、忠、贞，君父之所安也。弃安而图，远于孝矣，吾其止也。"

——《国语·晋语·献公将黜太子申生而立奚齐》

申生又是侃侃一番大道理，并且这次还搬出了羊舌大夫。此人是谁？就在申生伐东山的那次战役，羊舌大夫也随军出行，职位是军尉。当一众大夫们讨论国君的小动作时，羊舌大夫也发表了自己的看法，他是这么说的：

狐突欲行。羊舌大夫曰："不可。违命不孝，弃事不忠。虽知其寒，恶不可取，子其死之。"

——《左传·闵公二年》

狐突力主太子弃战出奔，而羊舌大夫则站出来竭力反对，他给出的理由与申生复述的那番话极为契合，可见此人非常重视忠孝义节，奉行"人对我不仁，我不能不义"之类的准则。申生非常喜欢这样的观念且身体力行，他极其坚决地驳斥且拒绝了一切以他为中心的建议和保护，一定要做一个没有瑕疵的完美受害者。劝谏的大夫们一个个被劝退，时间终于来到决定太子生死的那一年。

关于晋献公二十一年（前656年）的那场阴谋，前文已然详细地讲述，骊姬的一番表演，滴水不漏，参与事件的双方没有一人质疑，可见计划之周密。此处我们着重分析一下申生的言行。由于《国语》对此次事件的来龙去脉记载最为详尽，关于申生的表现记载也最多，我们此处仅引用其文。

先来重新回顾一下事件过程：

> 骊姬以君命命申生曰："今夕君梦齐姜，必速祠而归
> 福。"申生许诺，乃祭于曲沃，归福于绛。公田，骊姬受福，
> 乃寘鸩于酒，寘堇于肉。公至，召申生献，公祭之地，
> 地坟。申生恐而出。骊姬与犬肉，犬毙；饮小臣酒，亦毙。
> 公命杀杜原款。申生奔新城。
>
> ——《国语·晋语·骊姬谮杀太子申生》

当骊姬向申生提出"今夕君梦齐姜，必速祠而归福"的要求时，饱受其诟病和谗言的申生竟对其动机没有丝毫怀疑，是由于五年来骊姬的隐忍不发导致了他的麻痹大意，抑或是骊姬一直奉行了优施的"外惮善而内辱之"的计谋，巧妙地迷惑了他，错使他认为她是个善良的女子？史籍中找不到佐证。此时也没有大夫再站出来阻止或是劝谏他，当初劝他不战而奔的狐突也早已闭门谢客，只待悲剧之日了。就这样，申生立即按照骊姬的要求，带着祭品去了国都绛，此时恰好君父外出狩猎，申生毫无防备地将腊肉给了骊姬，尔后在都城内静静地等待父亲回来。倘若他去郊外参与父亲的活动，事态会不会朝着有利于他的方向发展？也许会有变，但申生既然选择静待，有一个隐含的原因是他与君父已然没有那么亲密，晋献公很可能是一个在儿子面前极其威严、不容亲近的父亲，父子间（包括对重耳与夷吾）缺乏感情的维系。当在君父发现饮食落地，地面凸起时，申生"恐而出"。此时还没有用狗和小臣做毒物实验，不能完全证明饮食有毒，而申生一句话都没说就悄悄地逃了出来，这个细节着实不像喜欢抛洒人伦大

道理的一国太子所为，倒有那么点猥琐小人见事迹败露而仓皇出逃的意味。假若他不逃，当场为自己做一番辩白，哪怕最终不得不死，毕竟死得光明磊落，亦说不定会有大夫赶来支持他。一方面见饮食有毒，一方面太子默默跑路，盛怒之下的晋献公当然会听信骊姬的谎话，即使她不说，他自己也会这样怀疑吧？于是立即下令杀了太子傅杜原款，申生呢？他逃回了曲沃。

杜原款临死前给申生留下一份遗言，让我们看看他是怎么说的：

> 款也不才，寡智不敏，不能教导，以至于死。不能深知君之心度，弃宠求广土而宵伏焉；小心狷介，不敢行也。是以言至而无所讼之也，故陷于大难，乃逮于谗。然款也不敢爱死，唯与谗人钧是恶也。吾闻君子不去情，不反谗，谗行身死可也。犹有令名焉。死不迁情，强也。守情说父，孝也。杀身以成志，仁也。死不忘君，敬也。孺子勉之！死必遗爱，死民之思，不亦可乎？
>
> ——《国语·晋语·骊姬谮杀太子申生》

杜原款此番话只有两个意思，前半部分自责无能没有保护好太子，而后半部分是劝太子自杀。听来慷慨激昂的大道理实则荒唐而可笑，有其师必有其徒，申生之所以有那么重的忠孝义节的精神枷锁，除了羊舌大夫的影响外，最重要的当是老师的教导所致。面对老师的遗言，申生又是如何做的呢？"申生许诺"，意即他答应以自杀来了结此事。可既然选择以死明志，又何必奔回曲沃而死？当场死在君父面前岂不更为悲壮？可见申生的内心是混

乱而矛盾的，他渴望生，但不敢为自己辩白，遇事躲着君父，将
主动权交给了自己的敌人，将刀口对着自己的心脏。一面这样做，
一面又忍不住希望事情会有转机，君父会手下留情或回心转意，
故而一等再等，等到毫无转圜余地为止。

在他的人生最后阶段，虽然大夫们都不再出来说话，但还是
有人替他着急，说："非子之罪，何不去乎？"罪不在你，为什么
不出奔呢？申生却再次断然拒绝："不可。去而罪释，必归于君，
是怨君也。章父之恶，取笑诸侯，吾谁乡而入？内困于父母，外
困于诸侯，是重困也。弃君去罪，是逃死也。吾闻之：'仁不怨君，
智不重困，勇不逃死。'若罪不释，去而必重。去而罪重，不智。
逃死而怨君，不仁。有罪不死，无勇。去而厚怨，恶不可重，死
不可避，吾将伏以俟命。"

除去一贯的大道理之外，重点在此处的"章父之恶，取笑诸
侯，吾谁乡而入"，意即对外宣传了父亲的罪恶，诸侯怎么会接纳
我呢？提起申生最后的死，总是有一颗巨大的孝心悬于眼前，却
使后来人忽略了一个问题，即申生临终前才吐露的心声：往何处
去呢？

曾经有多人建议申生做吴太伯，申生为什么没有听从，甚至
断然拒绝了这个提议？激昂陈词的背后是残酷的现实，去哪里做
吴太伯？当年吴太伯与弟弟逃至荆蛮之地，而如今此地吴、楚兴
起，已被人占据了。经过宗周几百年的经营与发展，诸侯各国已
经将可开发的地段填满。与此同时，小国正不断遭受大国的吞并，
申生自己就是曾经的征伐之人，寻一块空地自立小国又能有什么
好下场？何况，存留在各国间的缝隙则被狄人占据，哪里有上好
的地段留给申生做吴太伯？出逃而自立为国早已是久远的神话，
自平王东迁起至申生时百余年，多少出奔的太子和公子，哪一个

能做吴太伯？还不都是躲在他国的公宫或边地苟活而已。申生是个聪明人，南征北战看了不少血淋淋的现实，只是真话说不出口罢了。

其次，如果他愿意接受他国流亡，那么他又可以去哪里呢？这一点我们可以以后来重耳的遭遇为参考。重耳第一站去了狄，娶妻生子。十二年后去了卫，没有受到礼遇，意即被赶走。继续向东流亡到齐，本打算就此安度余生，未想随行大臣反对，逼着他离开，于是又到曹。曹共公羞辱重耳，不得已流亡到宋，虽受到礼遇但没有停留，又去了郑。郑文公不礼，重耳南下到楚国，楚成王礼待且有"退避三舍"之约，并送他去了秦。秦穆公不但礼待，且最终送重耳返国做了国君。重耳在外共流亡十九年，一路悲欢交加，总体来说非常辛苦，甚至曾向乡下人乞食还遭到了羞辱，一国公子凄惨之极。那么此处则有一个疑问，重耳为什么要一国又一国地流亡？在他之前我们已然知道了一些出奔公子的遭遇，比如公子晋（卫宣公）出奔邢国，公子冯（宋庄公）出奔郑国，公子朔（卫惠公）出奔齐国，最后都被护送回国做了国君。重耳为什么要到处流亡呢？原因很简单，直到秦国为止，之前任何一国无论是愿意收留或是拒绝，都没有意愿（或能力）送他回国做国君，而重耳是非常渴望回国做国君的。各国不愿送重耳回国为君当然原因十分复杂，但有一个因素不可排除，即重耳本身就不是太子，没有合理合法性。可申生是太子，如果他出奔，果真会像他想象的那样，因为他有毒杀君父的嫌疑而不收留他吗？答案是，不收留是可能的，但理由不成立。

因权力斗争的出逃已经太多，各国情形大同小异，众人心里通透明澈，根本不会相信晋献公和骊姬的说辞。但不收留申生，各国均有不同的原因。第一，申生不可能去狄，原因很简单，狄与他有国仇家恨，谁会收留一个曾经征伐甚至灭亡自己的敌人？第二，申生无法去齐，这一点我们前面也提到过了，他的母亲已死，且在齐国地位并不突出。此时齐桓公的注意力在郑国和南方的楚国，如果收留申生则有了担当送他回国复位的隐含义务，就会与现行的晋国政权为敌，且陷入树敌太多的困境。第三，申生不可能去秦。这一点要展开说一下。据《左传》记载，申生的姐姐是秦穆公的夫人，按理说姐夫家完全可以替自己做主。但我们梳理史料会发现，秦穆公继位是在晋献公十八年（前659年），而就在他继位的第五年再次迎娶了晋献公的女儿为夫人[1]，这一次据说是公子夷吾的姐姐[2]，那么，秦穆公是何时与申生的姐姐成婚的，又为何再娶晋献公之女做夫人？

查《史记·秦本纪》，"成公立四年卒。子七人，莫立，立其弟缪（穆）公"，也就是说，秦穆公是从兄长那里继承的君位，结合前文分析申生临死时不小于四十二岁算，秦穆公此时也差不多四十多岁。如此说来，秦穆公与申生之姊结婚当在约二十年前的公子时代。而从秦穆公继位不久即再次迎娶晋献公女儿一事来看，申生之姊很可能在秦穆公未继位或继位之初就已亡故了，故而继位不久的秦穆公再娶晋国之女是合乎情理的。那么，公子夷吾的姐姐也是申生的妹妹，他为什么不去投靠妹夫呢？这是因为申生死在秦穆公四年，很遗憾没有等到姐夫成为妹夫的那一天。

最有实力和关系保护他的齐与秦都非良选，申生还能去哪儿？申生是一个自尊心很强的人，岂能甘愿受辱？四处流浪的事

---

① 时间段从《左传》，《史记》记载时间有误。

② 《史记·秦本纪》记载："夷吾姊亦为缪公夫人"，根据年龄推算应该是此人。

想想都锥心，如果申生是个没有心结、放得开的人，恐怕也不会坐以待毙，被骊姬一次次地算计了。

《国语·晋语·骊姬潜杀太子申生》中还记载了一个细节为其他史料所没有，就在申生自杀前，骊姬亲自来了个神补刀：

> 骊姬见申生而哭之，曰："有父忍之，况国人乎？忍父而求好人，人孰好之？杀父以求利人，人孰利之？皆民之所恶也，难以长生！"骊姬退，申生乃雉经于新城之庙。

骊姬仍在表演，申生毫无怀疑。骊姬此番言论就是给申生的伤口再撒一把盐，利用申生的思考逻辑，再次告诉他杀父之人不得人心，没有好下场。他已众叛亲离，当无颜苟活。申生便知不得不死，在他的信仰里，已经失去了生的理论依据。就在临死前，他留下了最后的话：

> 申生有罪，不听伯氏，以至于死。申生不敢爱其死，虽然，吾君老矣，国家多难，伯氏不出，奈吾君何？伯氏苟出而图吾君，申生受赐以至于死，虽死何悔！

这段话是他托人留给大夫狐突的，意即请他出山重整局面，别再闭门谢客了。可是，谁又能奈何得了晋献公呢？申生作为晚辈都不曾听取狐突的建议，难道战无不胜、攻无不克的晋献公会吗？如果晋献公是一个肯听劝的人，会亲自纵容骊姬作乱吗？事实告诉我们，晋献公根本不需要狐突，就在申生死后次年，晋献公成功灭亡虢与虞，还把虞国大夫井伯做了陪嫁送去了秦国，也就是百里奚故事的起源。灭两国，嫁女儿，晋国喜事连连，死了一个太子，跑了两个儿子，丝毫没有影响晋国的国运，相反，晋国仍蒸蒸日上，几年后"西有河西，与秦接境，北边翟（狄），东至河内"[1]，已经具备强国的雏形，为日后成为霸主打好了坚实的基础。这时的晋献公会听从狐突的话吗？申生至死是少年。

晋献公死后，经过一轮宫廷厮杀，公子夷吾回国继位，于当年"改葬共大子"[2]，"共"通恭，是弟弟夷吾给哥哥申生的谥号，他一回国就急着办这件事，可见两兄弟当年关系还不错，夷吾对兄长有感情，有敬慕。同时出于政治上的考虑，亦可争得民心。然而，事情还没完，申生还有"鬼故事"。

> 秋，狐突适下国，遇大子。大子使登，仆，而告之曰："夷吾无礼，余得请于帝矣。将以晋畀秦，秦将祀余。"对曰："臣闻之：'神不歆非类，民不祀非族。'君祀无乃殄乎？且民何罪。失刑之祀，君其图之。"君曰："诺。吾将复请。七日，新城西偏，将有巫者而见我焉。"许之，遂不见。及期而往，告之曰："帝许我罚有罪矣，敝于韩。"
>
> ——《左传·僖公十年》

这一年，复出的狐突去了趟曲沃，遇到了申生的"魂魄"，申生表示对弟弟夷吾很不满，于是请求"天帝"，让秦国攻占晋国，

---

[1] 《史记·晋世家》，第1312页，上海古籍出版社，2011。
[2] 《左传·僖公十年》，第377页，中华书局，2012。

以后自己的灵位由秦国祭祀。这可把狐突吓坏了，连忙请求共君开恩，别让晋国百姓都成了秦国的亡国奴，你又不是秦人，他们怎么会好好地祭祀你呢？申生觉得有道理，于是决定再去和"天帝"聊聊，约定七日后再约。果然，七日后狐突再次遇到申生的"魂魄"，这一次说"罚有罪"，晋国不会亡国了。地点在韩，意指后来的韩原之战。

这段记载言之凿凿，可信度有多少？世间哪会真有灵魂？如果申生有，他会轻易让晋国灭亡吗？他还会随便听从狐突的劝谏吗？申生生前何等大义，死后会因一己之私而置国家于不顾吗？申生生前又是何等执拗，若果真三言两语就可说动，狐突又何必闭门谢客若干年？不过是一个"鬼故事"罢了。其杜撰者可能就是狐突自己，至于其目的，就是申生的"魂魄"说的"夷吾无礼"，狐突对他非常不满。那么夷吾究竟做了什么，让狐突如此，还要请出申生的亡灵来说事呢？有一种说法，夷吾与申生的未亡人有染，但这并非最重要的，能让狐突感到愤懑的，首先一定是新国君威胁到其阶层利益的一些举措。

一国三公，吾谁适从？

公元前650年，公子夷吾从梁回到晋国，是为晋惠公。他回到晋国后立即着手做了一系列大事，除了前文已经提到的改葬和追谥申生，还杀了一批人。这些被杀者都是晋国的大夫，其中最重要的也是第一个被杀的即是重臣里克。

前文已经在两个重要的节点提到了里克，虽然没有过多展开，但我们已然可以对此人有一个较为初步的认识，即他是一个特别善于明哲保身的人，那么，晋惠公为何对他如此狠毒，偏要除之而后快呢？

故事仍要从头说起。

当骊姬的儿子愈发年长，当朝中关于改立太子的传言愈发逼真时，有三个人私下碰了个头，这三人是里克、丕郑和荀息，从发言来看，此次碰头会的发起者应当就是里克。三人一见面，里克率先发言："夫史苏之言将及矣！其若之何？"这里的"史苏之言"恰是前文提到过的史苏的预言"乱本生矣"，也就是骊姬要作乱的意思。里克也感觉到了苗头，很想听听众人的看法以决定对策。荀息听罢，说："吾闻事君者，竭力以役事，不闻违命。君立臣从，何贰之有？"他的立场是"君立臣从"，态度是"不闻违命"，看来是晋献公的死忠粉。接下来丕郑表态："吾闻事君者，从其义，不阿其惑。惑则误民，民误失德，是弃民也。民之有君，以治义也。义以生利，利以丰民，若之何其民之与处而弃之也？必立太子。"丕郑就不同了，他的立场是"从其义，不阿其惑"，态度是"必立太子"，可以看出他对晋献公的作为早有不满，坚决不妥协。两人都说了掏心窝子的话，可以想见，目光都凝视着里克，老里你找我们表态，你又是什么意思呢？里克的回答的确非常的里克，他要"静也"。什么意思？没意思。听里克说完，丕郑和荀息什么也没说，会议结束，三个人相互告别。围绕着立嗣夺嫡，众朝臣纷纷出谋划策，里克、丕郑和荀息则是众人中最重要的角色。①

此处，有一个问题引起了笔者的兴趣。里克召开此次碰头会的出发点，即直接原因是什么？

---

① 《国语·晋语·献公将黜太子申生而立奚齐》，第285页，中华书局，2013。

我们已经知道，晋献公虽然早就暗自有了废太子的心，但并没有过早亮出底牌，即使在骊姬面前也迟迟不给明话，众人虽然心里都在犯嘀咕，但也看不出明确的指向。那么，是什么让里克突然间明确了国君的意思，急匆匆地要召开此次会议呢？也许你已经想到了，对，就是伐东山之前的那次谏言，晋献公私下里当面问里克："寡人有子，未知其谁立焉？"

当时里克明哲保身，"不对而退"，出门还对申生说了一番瞎话。然后就真的再没有出头。那么很有可能，里克就是从晋献公那回来后不久召开了这个碰头会。但有趣的是，他并没有提及国君的话，史料中也没有记载他在任何场合说起此事，哪怕是之前我们提到过的那次与优施的对话。

时间来到晋献公二十一年（前656年），骊姬请优施出面稳住里克，优施欣然前往并做了一番表演。表演结束后，优施离去，接下来，里克晚饭也没吃，觉也睡不着了。五年来国君那边一直没什么动静。优施今天突然来，疯疯癫癫说了一番话，不会是国君要来真的吧？越想越害怕，深夜，他再次命人找来优施，要打开天窗说亮话："曩（nǎng）而言戏乎？抑有所闻之乎？"你白天说的话是玩笑还是已经有所风闻？优施知道里克找他来，就不是为了摆迷魂阵的，于是直白地回道："然。君既许骊姬杀太子而立奚齐，谋既成矣。"里克一听，都这么明确了吗！那还等什么？活命要紧！于是说："吾秉君以杀太子，吾不忍。通复故交，吾不敢。中立其免乎？"里克的态度是一以贯之的——"静"。"静"可以保身吗？优施允诺。①

优施走后想必里克仍是一夜未眠，一大早就急匆匆去见了丕

---

① 《国语·晋语·骊姬谮杀太子申生》，第308页，中华书局，2013。

郑。但这一次，荀息不在。

里克开门见山，说："夫史苏之言将及矣！优施告我，君谋成矣，将立奚齐。"看似老调重弹，但这次是真的。他和盘托出了昨夜与优施的交易。而丕郑听罢问里克如何回答的，里克也不瞒着，说："吾对以中立。"丕郑一听这哪成！说："惜也！不如曰不信以疏之，亦固太子以携之，多为之故，以变其志，志少疏，乃可间也。今子曰中立，况固其谋也，彼有成矣，难以得间。"可以看出丕郑对里克的表态不以为意，甚至有点捶胸顿足的意思，觉得里克这样做太可惜了。原因在于这其实是一个很好的将计就计的机会，即假意对优施之言表示质疑，让优施摸不清里克的意思，不敢擅自行动，从而拖延。拖延久了，骊姬就会对优施不耐烦，直到不信任，由此，两人之间会产生嫌隙。敌人之间不再团结，恰是利于我方的良机，也给了我们谋划的时间，说不定可以扭转翻盘。而你里克直接表态要保身，对方得了准信会立即展开行动，我们也来不及做什么了。那么里克又是怎么回答的呢？里克说："往言不可及也，且人中心唯无忌之，何可败也！子将何如？"说都说了，还能收回咋的？再说，骊姬一心要弄死申生，根本拿她没办法。然后又问了丕郑一遍"子将何如"。丕郑说得很委婉："我无心。是故事君者，君为我心，制不在我。"意即国君的事国君说了算，隐含的意思是我也管不了了，没意思了。于是里克吃了定心丸，再次表态他要保身。第二天开始，他称病不朝，从此与大夫狐突一样闭门谢客。[①]

三十天后，申生自杀。

时间转眼来到晋献公在位的最后一年，此时他已老迈多病，

---

① 《国语·晋语·骊姬谮杀太子申生》，第308页，中华书局，2013。

而新立太子奚齐不得人心，在朝中没有根基。就连骊姬也似乎志得意满，五年来没有任何为自己和儿子拉拢结交朝臣的动作。无论是中立的里克，抑或是晋献公的死忠粉荀息，史书均无与之勾结的记载，似乎奚齐做了太子，她便以为稳赢了。然而，晋献公可不这么想，他太了解手下这些七七八八是什么样的人——个个都是虎狼之辈。自己归天之后，少年奚齐便是待宰的羔羊，必须找一个托孤大臣才能安心。那么，找谁呢？

看起来有三个人选，分别是继位以来立过汗马功劳的大司空士蒍，自五年前一直静静地生活着的里克以及著名死忠粉荀息。三者中荀息实力最弱，而最终他却选择了荀息。

晋献公为什么要选择最弱的人？让我们来看下前两人为什么会被排除在外。

自从晋献公十六年（前661年）作二军，士蒍预言太子不得立之后，史书中就再没有关于他的消息。骊姬忌惮里克却不提士蒍，这并不合理。太子申生自杀这么大的事，他都没有出来说话，及至晋献公死后，朝廷内激烈的厮杀，他也没有站出来，所以合理推测，他可能已经去世了。毕竟，士蒍自晋献公继位始便是其左膀右臂，可谓股肱之臣。他很可能比晋献公还要年长，里克等人皆是晚辈。

那么晋献公没有找里克也不难解释，谁会找一个静静地生活着的人来做这冒死的差事？即使信得过他不会坏事，恐怕也未必会成事。里克这只老狐狸心里究竟藏着什么小九九，晋献公不一定都摸得透，但有一点他很明白，那就是信不过。

最后只剩下荀息。

荀息是奚齐的老师，对奚齐忠心耿耿。虽然政治实力不敌里克，但从里克从前与荀息的交流中我们可以看出两人的关系并不

坏，故晋献公会认为即便里克的隐逸是伪装的，荀息也可以在一
定程度上稳住他。于是，就在晋献公病重之际，他找来荀息做了
临终托孤。

晋献公先试探地问荀息能否接受此项重任，荀息恭敬地表示
他一定竭尽全力，要是能完成，就誓死效忠；如果不成，就以死
明志。有了荀息的保证，晋献公大为放心，《史记》载"荀息为相，
主国政"，他的政治地位得到了空前的提升。同年九月，晋献公病
逝。他一死，局势迅速逆转，荀息仍旧是那个荀息，在政治舞台
上无能为力。

静静地生活了五年的里克突然间满血复活，有一个血渐宫
闱的大计划正待他去实施，行动前他私下找到荀息，再次试探其
意。里克毫不隐瞒地告诉荀息："三公子之徒将杀孺子，子将如
何？"我们要行动了，你有什么打算吗？一般来说，弑君这么大
的事是不会提前向外透露的，何况荀息是托孤大臣，当朝国相，
难道里克就不怕事败被杀吗？他之所以敢这么做，一是奚齐不得
人心，除了荀息无人支持。二是荀息虽为国相，但如新君一样无
人信服，手下没人。三是之前提到过的，里克与荀息关系不错，
五年前就聊过未来规划，当时也是言无不尽。此次里克胜券在
握，提前找荀息来说，意在劝荀息明哲保身，不要参与进来。可
见里克虽然老谋深算，但并非大奸大恶之人，是讲同僚情谊的。
而荀息一成不变，誓死捍卫新君："死吾君而杀其孤，吾有死而
已，吾蔑从之矣！"里克听罢非常为荀息担忧，觉得他的选择
不值。奚齐肯定是会死的，那么荀息的死就毫无意义，因为他的
死无法扭转局势。但荀息非常坚持，并说起晋献公临终前托孤之
事，里克没有回答，他知道荀息抱定了必死的决心。继而，他又
去找了丕郑："三公子之徒将杀孺子，子将何如？"还是同样的

开场白，丕郑却先不表态，而是想知道荀息的想法。里克如实相告，而丕郑接下来的回答则充满了奸诈："子勉之。夫二国士之所图，无不遂也。我为子行之。子帅七舆大夫以待我。我使狄以动之，援秦以摇之。立其薄者可以得重赂，厚者可使无入。国，谁之国也！"他的主意是利用他国的势力来要挟晋国，同时阻止逃亡在外的重耳和夷吾回国，找一个血亲较远的公室子弟来做傀儡，如此，"国，谁之国也"？那就是里克和他丕郑的晋国了。里克听了直摇头，他不同意丕郑的计谋，并给予了长篇的驳斥。首先他认为做人不能过于贪图利益，否则会引发不良后果。其次，虽然奚齐不得不死，但罪魁祸首是骊姬。再次，他认为从重耳和夷吾两人之中选一个回来做国君是对晋国有利的，既可以得到外部势力的支持，也可以平定抚慰晋国的民心。最后，扶持二公子回国继位，拥立者也会青史留名，用当时流行的话说就是"有令名"。丕郑听罢没有反对，未知是真的被说服抑或是单纯畏惧里克的势力。不过，自此开始他一直是里克的追随者，没有动摇过。

于是，里克迅速展开行动，"冬十月，里克杀奚齐于次。"荀息立刻要自杀，但有人劝他别急，骊姬的妹妹还有个儿子卓子，立他为君也不算食言。于是荀息立卓子为君。但很快，里克再次出手，"十一月，里克杀公子卓于朝"。在朝堂上公然弑君，可以想见当时的惊心动魄、血雨腥风。这一次，荀息以死明志，很可能当朝一同被杀。

此时国中无主，权力集中于里克之手。按照他先前的打算，从重耳和夷吾里挑一个回来，两人之中他更倾向于重耳，原因可能是重耳年长，也可能是里克比较喜欢他。但重耳拒绝归国，而夷吾欣然应允，并许以重赂，于是便有了晋惠公。

讲到这里，我们再次回到本章开篇的那个问题，里克对晋惠公有拥立之功，为何晋惠公一回国就先除掉拥立之臣？史书里是这么说的：

> 而杀里克，曰："子杀二君与一大夫，为子君者，不亦难乎？"
>
> ——《国语·晋语·惠公杀丕郑》

二君指奚齐和卓子，大夫指荀息，给这样的大臣当国君，是不是有点难度？这是疑问句吗？明明就是肯定句。里克岂能不懂，《史记》中记载了里克的回答：

> 里克对曰："不有所废，君何以兴？欲诛之，其无辞乎？乃言为此！臣闻命矣。"遂伏剑而死。
>
> ——《史记·晋世家》

欲加之罪，何患无辞，里克的回答让我们想起郑国的傅瑕，说了极其相似的话。在国君眼中，他们都是投机者，为了自身利益两头下注，谁给的好处多便倒向谁。今日里克能杀奚齐与卓子，他日如果对他夷吾不满，也同样可以痛下杀手。何况里克手握重权，不除掉他，晋惠公只能做一个傀儡，重复当年郑厉公的下场。里克也心知肚明，伏剑而死，看起来像是自杀。里克死后，丕郑亦被杀，前后长达二十二年之久的骊姬之乱宣告正式结束，其留下的伤痛与迷思则交由晋国后人慢慢厘清消化。

骊姬之咒

骊姬之乱结束了，终于，我们可以回答在开篇提出的那些问题了。

骊姬的武器仅仅是美丽吗？

显然并非如此，甚至可以说，骊姬是春秋历史上最有头脑和学识的女性之一。骊姬作为被征服者的女儿，一个命运悲惨的战利品，最初得到晋献公的宠爱，当然首先是美貌的原因，但骊姬却坐了其他人都没有得到的夫人之位，一跃成为国君的正妻，牢牢把控后宫和国君之心长达二十一年之久。

这一切不可能仅凭美貌获得，必然还有头脑的加持。从史料中我们可以看到，骊姬头脑灵活，不但善于伪装，亦善于表演。国君离不开她，朝臣奈何不了她，国君之子也只能忍气吞声。而骊姬的表演并非一般意义上的戏剧化的演出，她利用了晋献公、太子申生和里克等人性格上的弱点，掌握了其思维逻辑，顺着他们的意思得到了自己想要的结果，其手腕之高明非一般后宫女子所能有。

其次，骊姬具有当时女性所罕见的极高的文化程度。春秋时期女性的受教育程度可想而知，即使是后宫女性，整体而言恐怕也大多是识字水平。能如宣姜之女许穆夫人那般吟诗作句的女子仅有一例，其他女性能留下只言片语已属非常。而史籍中却留下了大段骊姬的言谈，经过细致的梳理和分析，我们发现她极善言辞，且条理清晰、逻辑通顺，一张口就是引经据典、侃侃而谈。她虽是外族出身，但对中原文化礼仪、行为准则及思维逻辑的掌握极其精准，这也就是她可以游刃有余地利用各路人等之间的矛盾以及他们自身的原则底线来坐收渔人之利的原因。

然而，骊姬的智慧也有所不及之处，即她目光短浅、格局狭小。在申生自杀后，她没有任何进一步的布局和谋划，没有看清政治局势的波谲云诡，过早地享受起了胜利的果实，最终被杀也是必然的结局。

那么，骊姬的欲望单单是权力吗？

史苏在与里克等大夫的那次言谈里曾提到过骊姬会扰乱晋国的原因，谓"子思报父之耻而信其欲"，即骊姬会筹划替父报仇。根据《国语》的记载，晋献公"灭骊子，获骊姬以归"，也就是说骊姬之父先被晋献公诛杀，继而骊姬作为战利品被带回晋国。但无论是哪种，骊姬的家园被晋献公覆灭了，骊姬的身份是亡国奴。作为晋国人，史苏以及朝中大臣有此忧虑是合乎情理的，符合一贯的思考逻辑和晋国的政治立场。但如果骊姬这么做仅仅是为了复仇又会大大低估了人性的复杂，骊姬的目的不排除复仇的因素，也包括对权力的渴望，而最根本的原因是为了生存。

作为亡国奴和战利品，骊姬最有可能成为的不是国君夫人，而是国君的奴隶。在一般意义上的想象里，骊姬应当是柔弱的被损害者，被侮辱被踩躏的对象。骊姬之所以能够逃过此劫，前面已述的几点都是重要原因，而这些恰是骊姬艰难求生、维持生存所要付出的成本。晋献公的宠幸是爱吗？爱是持久不变的吗？晋国后宫的女人都是骊姬的前车之鉴，晋献公还不算太老，征伐的脚步至死方歇，理论上还会有无数的亡国奴进入后宫，成为下一个国君最爱的女人。骊姬显然是个野心大、不甘屈于人下的女人，她的欲望也随着不断得到的越多而愈发膨胀。站在她的立场上，晋献公是仇人也是赖以生存的依靠。晋国之人皆是敌人，敌人的死对她来说不算作恶，不存在道德上的负担，故而可以肆无忌惮、放开手脚。而史书是站在晋国的立场来写的，春秋时期的观念是大国绝对正确，连小国被灭都被认为是顺应历史，何况蛮夷，何况骊姬出身外族。史书立场和个人立场存在巨大偏差，当我们站在史书角度，骊姬是恶魔，当我们站在个人角度，骊姬也可能是英雄。

故事中的骊姬离场了，但无数个骊姬又再次登上历史的舞台，她们是帝王之家的魔咒，在鲜血中开出艳丽的花朵。

第十六章

楚成王

北进中原

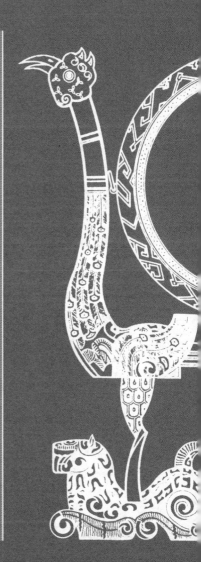

当楚文王在征伐途中突发疾病亡故之时，他留在楚宫中的妻子息夫人还很年轻，他们共育的两个儿子，熊畑（tián）与熊頵（yūn），尚不及成年。息夫人来到楚国时已是楚文王执政中期，他一定已另有长子。但事实上，在他身后，有继承权的子嗣却是熊畑。此时的熊畑八岁左右，可三年后，这个小小少年却对弟弟熊頵起了杀心，这是否出于近臣的挑唆或根本就是被其架空，已不得而知。熊畑的计谋并未得逞，熊頵逃亡随国，借随国之力回国弑兄继位①。他，就是本章的主角，为楚国北上的雄心添柴加火的又一任国君楚成王（前672～前626年在位）。

熊頵在《左传》中的正式出场非常晚，那已经是他在位的第十六年（前656年），在这十六年中虽不乏对楚国的各种记录，但出场的主要人物是两位令尹：子元和子文。《史记·楚世家》中倒是有一些补充，是这么说的：

> 初即位，布德施惠，结旧好于诸侯。使人献天子，
> 天子赐胙，曰："镇尔南方夷越之乱，无侵中国。"于是

① 熊畑与熊頵的故事在《左传》中没有详细记载，只在《史记·楚世家》中有简单叙述，并称熊畑为熊艱（jiān，亦称艰），熊頵为熊恽。关于熊畑的在位时间问题，前文"息夫人"一章中已有考证。因两子尚且年幼，故《史记》中所述可能存在一定的故事性，仅供参考。

楚地千里。

从行文来看，熊頵继位初始颇有安民之举，不但睦邻友好，还主动讨好周天子。周王要他将目光聚焦南方外族部落，不要来侵扰中原。听来宛如神话一般的和谐，仿佛这十六年都是这样安顺平静地度过。然而事实上，一切并非如此简单。

由于与哥哥熊畑是一母所生，熊頵至少要比熊畑年幼一岁，故初继位时年纪当在十岁左右。于是，楚国的军政大权在令尹子元之手。对于这位令尹，我们已在"息夫人"一章中见过他的面容，一个恋慕嫂子美色、欲行通奸之举的男人。虽然被息夫人以言辞激励，未行不轨之举，但其面貌已现丑陋之态。其实，在当时的楚国之内，令尹子元虽执掌大权，但风评并不好。熊頵在位的第六年（前666年），他攻伐郑国，被郑国人使空城计欺骗而收兵，于楚国而言已是难堪。而他并无进取之意，竟骄横跋扈，僭越身份住在王宫之中，刑罚前来谏言的大臣，终致杀身之祸。此时熊頵还没有实权，楚国内乱，楚国大臣斗榖於菟（dòu gǔ wū tú）毁家纾难，抚平内乱，最终接替子元成为楚国新的令尹[①]，因其字子文，故《左传》中也常常称其为令尹子文。

令尹子文为人宽厚仁和，在楚国历史上享有盛名。即便如此，楚国仍旧是不忘开疆拓土、不甘于屈居中原之后的那个楚国。虽然子文与子元在为人上有着天壤之别，但在对待攻伐一事上却保持着高度一致，而他们的目光统一地聚焦于前中原王牌诸侯国——郑国。

---

① 《左传·庄公三十年》："秋，申公斗班杀子元。斗榖於菟为令尹，自毁其家以纾楚国之难。"第282～283页，中华书局，2012。

初露锋芒

郑国自庄公在位时就意识到了楚国的威胁，而真正领教其厉害的则始于厉公。到了楚国令尹子元和子文执政时期，郑国的国君是厉公之子文公，一个懦弱而无能的国君。在如此国君统治下的郑国成了楚国的目标。自楚王熊頵六年（前666年）令尹子元失手而归之后，令尹子文没有放弃，于七年后再起战端，连续三年伐郑。郑国岂是楚国的对手？空城计骗得了一时，骗不了一世，被楚国弄得焦头烂额。而这频繁的攻伐终于引来了中原大国们的不满，挑头的正是春秋时期的第一任霸主齐桓公。

自公元前679年齐桓公称霸起，齐国一直是中原真正的当家人和话事人，列国都在其保护之下。看到郑国频繁被蛮夷欺侮，作为霸主的齐桓公不能坐视，他要履行霸主的责任与担当。于是，在楚国第三次伐郑（前657年）之后，齐桓公立即在阳谷召开诸侯大会，旨在商讨如何援郑抗楚。机会很快来了。当时齐桓公与夫人蔡姬闹了点家庭矛盾，一气之下赶夫人回了娘家，而娘家蔡国亦表示非常愤怒，并在一气之下将蔡姬许配他人。齐桓公气急败坏，率齐、宋、陈、卫、郑、许、曹联合大军讨伐蔡国，蔡国自然不是对手，迅速溃败。然而，这一切才刚刚拉开序幕，齐桓公的目的原本就不在蔡国，列国追随而来，自然也不会是为了老大哥的家事。所有人的焦点都在此时已与蔡国接壤的楚国身上，或许，这充满戏剧性的前因后果不过就是一出苦肉计而已。

七国联军压境，楚国面临从未有过的攻伐之势，而这一次出场的却不是令尹子文，我们的主人公终于登上了历史舞台。

这一年是公元前656年，楚王熊頵在位的第十六年，他应该有二十六岁光景，是真正的成年人了。他能够正式走到舞台前面，而不是一个傀儡，可见令尹子文没有操纵政权，是真正的在以臣子身份辅佐国君。然而，与齐桓公相比，楚王熊頵还是一个初出茅庐的年轻人，如此气势逼迫而来，年轻的楚王怕不怕？能否正面抗衡？楚国有没有这个实力？

答案是：怕，不能，没有。

七国联军压境而至，对楚国来说其实是一个意外。楚国前些年固然以蛮夷姿态不断侵袭北方的"汉阳诸姬"，但都没有触及真正的中原利益，对于中原来说，蔡国、随国等已经是较为边缘的国家，是为中原阻挡南方蛮夷的屏障。但郑国就不同了，它不但地处中原，更是近代周天子的近亲，是周王室迁都以来的第一代霸主国家，曾经是中原人的老大哥，是齐国仰慕追随过的国家。触动了郑国就意味着楚国在正式挑衅中原，挑衅中原就意味着威胁到了所有国家，也挑衅着霸主齐国的威严。所以齐国要给楚国一个教训，中原列国更不能坐视，它们都是有备而来，目的非常明确，人心异常整齐。楚国好似平时无人敢惹的流氓，突然间面临联合围剿，它焉能不怕？它要拿什么抗衡？它有以一敌七的实力吗？

楚国该如何应对，历史把试题交给了年轻的楚王熊頵，期待他给上一份答卷。

面对敌众我寡，自然不能蛮干，楚王熊頵没有逞英雄气，而是采取外交手段。他派出使节来见，齐桓公派管仲出来应对，便有了以下一番流传千古的精彩对话：

> 楚子使与师言曰："君处北海，寡人处南海，唯是风马牛不相及也。不虞君之涉吾地也，何故？"管仲对曰："昔召康公命我先君大公曰：'五侯九伯，女实征之，以夹辅周室。'赐我先君履，东至于海，西至于河，南至于穆陵，

北至于无棣。尔贡包茅不入，王祭不共，无以缩酒，寡
人是征；昭王南征而不复，寡人是问。"对曰："贡之不入，
寡君之罪也，敢不共给？昭王之不复，君其问诸水滨。"

——《左传·僖公四年》

使者首先传达楚王熊頵的原话，其传言对象是齐桓公，因此
称对方为君①。即齐君你住在遥远的北国，而我则住在南方，八竿
子打不着的关系，您上我这儿来是为啥呢？这一问真是既聪明又
有趣。谁都听得出来，楚王是明知故问，虽然齐国嘴上没说是为
谁出头，但楚国这些年都做了什么他们自己比谁都清楚。他们频
频招惹郑国，还不是想看看中原的反应。现在反应来了，但有点
大，只得迂回招架。楚国先把责任抛给对方，仿佛齐国是没事找
事，而自己则是个小可怜。

问题抛出，管仲代替齐桓公回答。作为老大哥，如果坦白回
复我是来替前任老大哥出头的，的确格局不够大。必须要把排面
做足。于是管仲张口就从西周开国功臣召康公说起，意即亮出自
己悠久的血统和与众不同的身份。据管仲说，召康公曾经交代齐
国开国之君太公②去征伐列国，以协助周王室。并且把齐国所到之
处全部都赐给了他。召康公时代久远，他说过的话已经无法求证
了，楚国当然不会质疑或反驳。紧接着，管仲开始质问楚国，你
们没有尽为周天子纳贡的义务，因此我来讨伐你，这叫师出有名。
继而，管仲又提到一件往事，周昭王曾经去你们楚国，可是却被

---

① 春秋时期的"君"一般指国君，除非对方是国君本人，否则没有"你"的意思，
如要称"你"，则用"子"或"尔""而"。
② 即民间所称的姜子牙。

淹死在了河里①，我今天就要一个解释！

接下来楚国使者的回答则不卑不亢：欠缴的包茅我们上缴，但是当年周昭王可不是被我们淹死的，你若要查证，自己去问河边的人好了！前一句齐国还能听听，后一句想必直接气歪了齐桓公的鼻子。于是谈判不成，七国联军向楚国进军，驻扎在楚国的陉（xíng）地，已经是侵入了楚国的国境。

眼见形势不妙，楚王熊頵立即派遣大臣屈完出使七国联军。这一次，齐桓公带着屈完搞了一次小型阅兵，命联军摆开阵势，与其乘上战车检阅。齐桓公大秀肌肉，得意洋洋地问："岂不穀是为？先君之好是继。与不穀同好，如何？"意即你看我能调动如此多国军队，都是因为我父亲齐僖公当年睦邻友好，留下盛名，他们这才追随于我。楚国要不要也加入列国睦邻友好的行列？齐桓公故意谦虚了一次，抬出先君齐僖公，再次表明齐国有能力且有实力团结诸侯，是有资格做大哥的。而要楚国加入，无非是委婉地要求楚国臣服于齐国，因为列国的中心是齐国，楚国别想自立派系②。

由于之前使者的话触怒了齐国，这一次屈完回答得非常委婉，说："君惠徼福于敝邑之社稷，辱收寡君，寡君之愿也。"大意即楚国愿与列国睦邻友好，与齐国结盟。齐桓公心里美滋滋，骄傲地指着联军大阵说："以此众战，谁能御之？以此攻城，何城不克？"如此夸耀意在炫耀联军武力的强盛，而屈完的回答则分外有趣："君若以德绥诸侯，谁敢不服？君若以力，楚国方城以为城，

---

① 《史记·周本纪》："昭王之时，王道微缺。昭王南巡狩不返，卒于江上。"第91页，上海古籍出版社，2011。

② 前659年楚国攻伐郑国时，理由即郑国归顺齐国而不臣服于他。这也是楚国攻伐或吞灭他国的惯用理由，可见其另立中心的企图。

汉水以为池，虽众，无所用之！"当年楚武王攻伐随国，随国自觉委屈，说"我无罪"，楚武王是怎么回答的？"我蛮夷也。"意即楚国不接受以周天子为中心建立的道德体系，楚国就是要建立诸侯新道德、新秩序！而此刻，屈完却劝说齐桓公要以德服人，谁家之德？自然还是以周礼为中心的道德，以蛮夷之态要对方讲道理，此话实在有些不合道理。后半句，屈完威胁齐桓公若不讲道理，那么楚国就要以死抵抗，让七国联军无所用途。前面的谦逊婉转一扫而光，楚人姿态压都压不住了。

毕竟，齐国是长途而来，对楚国的地貌还有不了解的地方。齐桓公是聪明人，原本未必就一定要收了楚国，威吓的意思更多一点。于是齐国率领诸侯与楚国举行了召陵之盟，战事平息，列国撤军。

一番较量未动一兵一卒，可见楚王熊頵极其善于用人。两位使者有一个共同的特点，即不卑不亢、有礼有节，楚国此时早已不是武王时期那个蛮夷之国了。的确，从楚王熊頵开始，随着不断与中原各国接触，楚国愈来愈"周化"。这一点首先便体现在人名用字上，拗口难念的异族名称逐渐消失，代之以周人的常用字。而到后来楚国贵族对《诗经》的内容倒背如流，外宾礼节也与中原趋同。虽然在武力上不断征伐兼并，但从文化上而言楚国其实是一个归附者。

间于齐楚

按照一般逻辑，齐国如此照顾郑国，郑国应感激涕零，誓死跟随。然而事实恰恰相反，郑国不但没有任何感恩之举，相反，郑国迅速倒向了连年侵略他的楚国。自此开始，齐楚之间展开了一场长达十余年的争夺诸侯列国的拉锯战，而以郑国为代表的位居齐楚南北之间的各国则饱受侵略之苦，直到齐桓公病逝方告一段落。

我们先来说郑国。

前文简要地说了郑国国君郑文公其人，虽然他是郑厉公之子，却丝毫没有传承乃父雄风。因其懦弱无能，在国政上便常常投机取巧、左右摇摆。齐桓公从楚国撤军后于次年（前656年）与宋公、陈侯、卫侯、郑伯、许男、曹伯举行了首止之盟，这一次会盟旨在处理周王室的家务事。然而，正是这次会盟触动了周王室的利益，从而导致了郑国的背叛。

此刻的周天子是周惠王。惠王的原配去世后留下嫡子，即王世子郑。然而，周惠王宠爱的儿子却是续弦惠后所出的王子带，于是，我们很快就意识到将会发生什么，熟悉的配方，熟悉的味道。王世子郑也参加了这一次的首止之盟，齐桓公的意思十分明确，即反对周天子废长立幼，要捍卫嫡子权力。从周礼上来说，这是没错的。但立谁为太子说到底是周天子的家务事，顶多算内政，别说周王室，列国诸侯中哪一国没有动过废长立幼心思的国君？而此刻，齐桓公公然要挟周天子，作为名义上诸侯之主的周惠王心中异常愤怒。可愤怒归愤怒，又对齐国无可奈何，于是周惠王出了个阴招，挑拨郑国叛齐。

秋，诸侯盟。王使周公召郑伯，曰："吾抚女以从楚，辅之以晋，可以少安。"郑伯喜于王命而惧其不朝于齐也，故逃归不盟。孔叔止之曰："国君不可以轻，轻则失亲；失亲患必至。病而乞盟，所丧多矣，君必悔之。"弗听，逃其师而归。

——《左传·僖公五年》

周惠王派出使者周公宰孔面见郑文公，私下传话，表示周惠王支持郑文公臣服于楚国。郑文公立即执行周王之意，从会盟上私自逃跑。大臣孔叔欲要劝阻，觉得身为国君不能言而无信，终会因众叛亲离而后悔。但郑文公根本不听，没有真正参加会盟便回国了。

郑文公的逃盟当即触怒了齐国。除了孔叔所说的"国君不可以轻，轻则失亲"的常规逻辑外，作为刚刚为郑国打抱不平的齐国，深深感受到了郑国的忘恩负义。然而，郑国是奉王命行事，郑国也历来以尊王为名义上的己任，周与郑是共同利益体，齐国无论怎样做，于郑国来说都是外人。何况郑文公个人素质低下，只顾眼前利益，不做长远打算。加之郑国旧日的辉煌尚不算遥远，郑文公心中对齐国还是有不服的小心思，故齐桓公的恩情于他而言倒有些羞辱的成分在里面。

齐桓公自然咽不下这口气，于是于次年（前654年）会同宋公、陈侯、卫侯、曹伯联合伐郑，包围了都城。眼看郑国形势危在旦夕，当初挑唆郑国叛齐的周王室却没了动静，郑国无奈，只得投靠楚国。此时，楚国仗义出手，真心地接受了郑国的归附。只是，楚国仍旧没有实力与联军正面交锋，于是采用迂回战术，攻打与郑国接壤的许国。因许国是齐国的盟国，联军无奈赶去营救，故而不得不放弃了郑国。

如果说召陵之盟时的楚王熊頵是只闻其声，未见其人，那么围许救郑则是他的闪亮登场：

> 冬，蔡穆侯将许僖公以见楚子于武城。许男面缚，衔璧，大夫衰绖，士舆榇。楚子问诸逢伯，对曰："昔武王克殷，微子启如是。武王亲释其缚，受其璧而祓之。

楚其櫼，礼而命之，使复其所。"楚子从之。

——《左传·僖公六年》

　　楚王熊頵于这年秋攻伐许国，见诸侯放弃郑国来救许，没有正式交兵便撤军了。然而有趣的是，许国国君许僖公却被蔡穆侯捉着来见楚王，且是以面缚（双手在背后反绑）、衔璧（口中含玉），大夫穿着丧服、士人抬着棺材这样的投降兼亡国姿态来见，表明许国愿臣服于楚国。那么，许国岂非与郑国相同，是忘恩负义之辈？答案是，是与不是已不重要，许国别无他选。许国地处郑、蔡之间，蔡国于楚文王时期便已归顺，郑国则刚刚名义上归顺。郑与蔡皆强于许，夹在中间的许国还能有其他选择吗？齐桓公再威武雄壮也是鞭长莫及。由此可见，齐国的称霸已逐渐显露其强弩之末的态势。

　　面对许僖公的亡国之态，楚王熊頵当如何？是仰天大笑、吞并许国，口出妄言、顺便辱笑齐国，还是深思熟虑、审慎对待？楚王熊頵选择了后者。在听取了大臣逢伯的建议后，采用周武王接纳殷商微子启的方式，模仿周武王，亲自为许僖公解绑。接受许僖公的玉璧并为其举行祭祀仪式以驱灾辟邪，又烧了许国抬来的棺材，让许僖公回国继续统治他的国家。楚国既没有吞并许国，也没有公开羞辱齐国，却收了许国的民心，里子面子全都有了。而更值得注意的是，楚王熊頵此举是非常明显地向周文化靠拢。从此以后，楚国与中原的冲突转变为实际利益上的争夺，而不再是两种文化的冲突。

　　楚国虽点到为止，齐桓公却不肯善罢甘休。次年（前653年）春，齐国再次伐郑，郑国慌了，转而投降齐国。想是已经对郑文公的个人品质太过熟悉了，楚国没有与郑国缠斗，而是在接下来五年的时间里把目标对准了江淮诸国。

楚王熊頵二十三年（前649年），伐黄；

楚王熊頵二十四年（前648年），灭黄；

楚王熊頵二十六年（前646年），灭六、英；

楚王熊頵二十七年（前645年），伐徐。

以上攻伐行动的理由出奇的一致，总的来说即诸国虽地理位置与楚国接近，但不愿臣服，仍旧愿意归顺以齐国为首的中原。于是，楚国每有征讨，齐国必南下营救，前前后后不断拉扯。两年后，齐桓公病逝，齐国立即陷入宫争和内斗之中，国力迅速衰落。中原群龙无首，急需新霸主的出现。而那个墙头草郑国，见齐国式微，立即反转倒向楚国。这一年是楚王熊頵三十年（前642年），经历了十几年的壮大与成长，楚国之力百倍于前，楚王熊頵亦在盛年，再不似初出茅庐之时。但他还是那个仗义而不计前嫌的楚王，没有斥责羞辱郑文公，而是赐给其不少的铜作为回报。铜在春秋时期是重要的金属，不仅仅用来铸造礼器和实用器皿，更重要的是可以铸造兵器。楚王熊頵出手这么大方，事后一想也有点后悔，于是要求郑国答应不用这些铜来铸造兵器。郑国无奈只得造了三口大钟。[①]

对抗中原

郑国投楚后，楚与齐也言归于好，于次年（前641年）结盟。此后，楚、齐和平。而由于齐国内乱而出逃的公室子弟大量流入楚国，更为楚国的发展储备了高素质人才，楚国未来的壮大离不

---

① 《左传·僖公十八年》："郑伯始朝于楚，楚子赐之金，既而悔之，与之盟曰：'无以铸兵。'故以铸三钟。"第425页，中华书局，2012。

开这些人的辅佐。

群龙无首的中原正孕育着新的力量，有一个大国早已蛰伏多年，以其长寿之姿，熬衰了仇人周，熬败了冤家郑，熬死了霸主齐，终于要振一振自家的雄风了。这，就是宋国。

此时宋国在位的君主是宋襄公。提起此人，了解春秋历史的读者一定不会陌生，在"春秋五霸"的八个版本里，他位居《史记索隐》版中的第五位[①]。但与其他四位霸主不同的是，他的故事充满了滑稽与荒唐，常常被作为反面典故讲述。而这个可怜的君主所要遭遇的一切正与楚王熊頵有极大的关系。

齐桓公在位时，宋襄公一直紧随其左右，并未展现任何称霸的野心。但齐桓公一死，宋襄公立即以各项行动展示了他的不甘平庸。公元前642年，他率曹、卫、邾等诸侯武力干预齐国内政，出兵拥立了齐孝公继承君位。其后，宋襄公又攻打了腾国和曹国，均收效其丰，于是信心大增，于公元前639年与楚、齐两国在鹿上会盟。宋、楚、齐三国的国力在当时属于第一梯队，三国结盟象征着天下皆臣服于己。走完这几步，宋襄公有些飘了，觉得以自己的地位和能力，只差一个获封霸主的仪式感。他固然不能奢望会获得齐桓公那样受天子赐封霸主的机会，不过让兄弟们捧一捧自己应该不是难事。于是，就在同年秋，他再次召集楚王、陈侯、蔡侯、郑伯、许男、曹伯，欲在宋国的盂地召开盟会，显然，就是要自立霸主的意思。然而这一次，宋襄公惹恼了楚王熊頵。

根据《史记·楚世家》的记载，楚王熊頵听闻宋襄公要召他去宋国会盟愤怒异常，说道："召我，我将好往袭辱之。"果然，其一到宋国就把宋襄公逮了起来并将其扣押。楚王仍不解气，便

---

① 该版本中另四位为齐桓公、晋文公、秦穆公、楚庄王。

以宋襄公为人质，出兵伐宋。这可吓坏了与会的列位国君，陈、蔡、郑、许、曹都是小国，且基本倒向楚国，自然无人敢出来说话，形势一时严峻而尴尬。很快，时间进入冬季，楚国派遣大臣宜申到鲁国去进献战利品，用意不过是借机会与鲁国建立外交关系，顺便炫耀一下自己的实力。而在中原还算有点发言权的鲁国这次没有对宋国的局势作壁上观，看着楚国从宋国那里抢来的财宝，想必国君鲁僖公心里也不是滋味。于是，十二月癸丑（初十），由鲁僖公出面与楚王熊頵等诸侯在宋国的薄地举行会盟，旨在调停楚宋关系。楚王熊頵没有薄鲁国的面子，于会上释放了宋襄公。

原本想做大哥的宋襄公，却弄巧成拙做了阶下囚，委实颜面扫地。曾有意倒向宋国的诸侯立即坚定了投楚的意志，行动最迅速的依然是郑国。次年（前638年），郑文公出访楚国，这是继公元前642年后的第二次出访，意在加强郑楚关系，巩固同盟邦交。但令他没想到的是，这寻常之举却恰恰触怒了刚刚称霸失败的宋襄公，想必是恼羞成怒，又或许是要为自己挽尊，宋襄公率领卫侯、许男、滕子和四国军队气势汹汹地朝郑国袭来。郑国不堪攻伐，能救它的唯有楚国。

宋襄公人生中最大的"污点"经历就在与楚国的夺郑之战上，这就是泓水之战。

查《春秋列国地理图志》，泓水为古涣水支流，位居宋国境内，靠近楚国。楚国若要北上，必然要渡泓水。理论上来说，宋国以泓水为天堑，具有地理上的优势，楚军是渡水而来，攻伐有其劣势。谁胜谁负不单看勇气与实力，更要看战术策略。此时，辅佐宋襄公的谋臣是司马子鱼，他是宋襄公的庶长兄，又称公子目夷。父亲宋桓公临终前，还是太子的宋襄公曾辞让君位给长兄，理由是"目夷长，且仁"，被长兄断然拒绝。待宋襄公继位，让公子目夷担任左师。因目夷字子鱼，故《左传》里称其为司马子鱼。

司马子鱼不但仁德且才能出众、目光长远、富有谋略。宋襄公出兵腾、曹以及两次会盟时他就多次出面劝阻，希望国君认清现实，审时度势，不要逞能逞强。无奈宋襄公不听，其后受了楚国的羞辱，仍不吸取教训，又出兵拿郑国撒气。司马子鱼深感大难临头，不禁预言"祸在此矣"[1]，再次试图劝说国君放弃。但急于证明自己的宋襄公只一心要与楚国决一胜负，根本听不进长兄的话。他要让楚王和楚国看到宋国的实力，要让天下人看到他有做霸主的资格。

冬十一月己巳朔（初一），泓水之战正式拉开序幕。宋襄公率领宋国大军早早就在泓水以北摆开阵势，只等楚军渡水而来。楚军气势汹汹，远远地朝着泓水奔来。此时，宋襄公身旁的司马子鱼看准了时机，向国君进言道："彼众我寡，及其未既济也，请击之。"但宋襄公果断拒绝了司马子鱼的建议，决定再等等。很快，楚军渡过泓水，开始排兵布阵。司马子鱼觉得机不可失，立即再次建议开始进攻，而宋襄公的回答仍旧是"未可"。想必司马子鱼的内心已然十分焦躁，然而国君就是不听劝，他又有何办法。只得眼睁睁看着楚军摆好军形，这下终于可以开战了。宋襄公自信满满，誓要一雪前耻。但很不幸，他的愿望以失败告终。不但失败，他还被射伤大腿，伤势很重，护卫他的亲兵被全数歼灭，说惨败也不为过。而对于他此次的失败，国人亦是义愤难填，指责声不绝。作为受伤最深的当事人宋襄公，此时此刻除了身体上的伤痛外，内心亦感到焦灼和痛苦。他的那句著名的君子理论正是发表于此，并成为千古笑谈：

君子不重伤，不禽二毛。古之为军也，不以阻隘也。

---

[1] 《左传·僖公二十二年》，第 441 页，中华书局，2012。

寡人虽亡国之余，不鼓不成列。

——《左传·僖公二十二年》

宋襄公也是个有坚持的人，说君子作战要讲究人性化，不能伤害已经受伤的士兵，不能擒获上了岁数的老年士兵。自古作战，讲究大格局大气魄，不能把敌人逼得走投无路取险胜。虽然我们祖先殷商亡了，但作为亡国之后我也是很讲究的，不能进攻尚未布阵的军队。听罢这番言论的司马子鱼，其内心感受不难想象，他的驳斥之词此处不做引用分析，我们心中已自有一番答案。这里，我们简要谈谈宋襄公何以如此荒唐。

历来有两种看法，一种是春秋时期尚礼，作战也讲究礼仪，不似战国时期只图胜利，不择手段。所以每每提到春秋与战国的不同时，楚宋的泓水之战都会被拉出来作为例证。这一点有一定的道理，春秋作战的确讲究礼仪，比如要提前下战书，如遇对方诸侯丧葬，要撤军再拟日期。但这不代表春秋时期打仗不讲究战略战术。在之前我们讲述过的周郑繻葛之战和鲁齐长勺之战里，军师对战场分析和敌我双方的判断都会影响他的作战策略，战术使用亦十分灵活。只要大的层面上符合礼制，作战环节里的战术运用是不受限制的。奇招、险招往往信手拈来，即使国君未许可也要自己偷偷去做的人也常有，所以这种说法其实并不全面。

另一种说法是对宋襄公的个人批评，认为他迂腐平庸，错失良机。这个没错，毕竟时人中包括司马子鱼在内也是这么批评他的。但这里要说的是，为什么宋襄公会表现得如此迂腐？他的确不是做霸主的材料，但当时这样的国君也不止他一人，为何只有他如此荒谬可笑？细究起来，其实这里涉及霸主的先决条件和必要条件的问题，即无论你武力和国力如何，要想成为公认的霸主，必须有德。郑庄公当年英姿飒爽，连天子都敢打，是事实上的霸主，但没有正式的名头，正因为他的"打天子"不符合当时的道德标准。齐襄公也曾风头无两，一出手就杀死鲁、郑两大国国君，无人敢出来批评。而他也不过是诸侯中的恶霸，列国避之而不及。到了齐桓公时，他受天子亲自赐封霸主，又主动维护弱小国的利益，多次出兵援助，这都符合德的标准，大体上做到了以德服人。宋襄公曾与会葵丘之盟，又跟随齐桓公多次出征作战，亲眼看见了他的风采和行事风格，想必早已奉之为楷模和偶像。自不量力导致"小国争盟"和刚愎自用以及不听劝谏等固然是他的缺点，但盲目尊崇且频频表演"以德服人"的戏码，才是他所谓迂腐的真正原因。他在历史上这唯一的高光时刻不但使他生前饱受诟病，身后更是贻笑千古。宋襄公是个实打实的可怜人，他没有从这次伤痛中恢复，于次年（前637年）夏五月庚寅（二十五日）伤病不治而亡。一代"霸主"就这样退出了历史舞台。

泓水之战后，楚国作为战胜国威风大长，被"挽救"的郑国感激涕零。郑文公派遣自己的两位夫人芈氏和姜氏到柯泽去慰劳楚王，这越格的非常之举虽受到时人的谴责，却让楚王熊頵十分受用。次日，楚王熊頵入郑国国都接受郑文公的宴享。此次宴享排场巨大，史书记载为"九献（九次敬酒），庭实旅百（庭院里摆满礼品），加笾豆六品（正式礼品外还有额外加赠）"，超过了一般宴请国君的高规格接待。楚王熊頵更是威风八面，照单全收。夜晚散场时，郑文公夫人芈氏亲自送其回军，不但如此，楚王还带走了来自郑国公室的两位美人。自楚国建国始，不曾有哪一任君主在中原享受过如此厚待，楚王熊頵此时一定是心满意足的，光宗耀祖不过于此。

宋襄公死后，新君宋成公访楚，楚宋之间迎来了短暂的和平。从此宋国再未能崛起，而楚国仍在不断扩张和兼并的道路上奔进。

但就在此时，一直没有参与中原事务的晋国正悄然发生着变化，新任国君晋文公终于历劫结束，回国继承了君位，楚国即将迎来新的对手，那么争霸的结局又将如何？

令尹子玉

说到楚晋争霸，有一个至关重要的人物不得不提，他就是令尹子玉。

直到泓水之战时，楚国的令尹一直是子文。而在楚国大败宋国后，楚军又讨伐了亲宋的陈国并取得了胜利，这次领军的将领就是子玉。由于其在军事上的出色表现，令尹子文主动退休，把令尹之位传给了子玉。不过，当即有人质疑，但子文非常坚定，认为有功劳的人应该享有尊位，自己的选择没有错。不幸的是，他的自信恰恰为楚国埋下了祸根。

既然有人质疑，说明子玉其人在楚国贵族阶层的名声有争议。的确，此次伐陈的胜利是他唯一的高光时刻，子玉在史书中的形象可谓高开低走。虽然在就任后小小地做了几件值得夸耀的事，如灭夔国、复位顿国君主、帮助鲁国伐齐，但都谈不上大举措，只能算是中规中矩。而就在此时，由于晋国的崛起，宋国立即叛楚即晋，可见其内心深处仍然隐藏着对楚国的仇恨。面对宋国的背叛，楚国非常愤怒，立即着手准备伐宋，而在军事准备的过程中，令尹子玉的作风惹恼了国人，为自己埋下了祸根。

楚子将围宋，使子文治兵于睽，终朝而毕，不戮一人。

子玉复治兵于蒍，终日而毕，鞭七人，贯三人耳。

——《左传·僖公二十七年》

子文治兵，善待士兵，子玉治兵，残虐士兵。这恶劣的行径和鲜明的对比令贵族阶层不悦。但投鼠忌器，年长者都打哈哈不说话，唯有一个叫苏贾的年轻人不给子文面子，在聚会上公开评价子玉其人"刚而无礼，不可以治民"，并将宋叛楚之责归咎于子玉。更直指子文用人失败，是败国之举。其言辞极其激烈，却未见史书对子文反应的记载。纵使子文隐忍未发，也可以想见当时会场上一片鸦雀无声的尴尬场景。然而，苏贾并没有说错，子玉即将给楚国带来一场毁誉之灾。

城濮之战

楚王熊頵三十九年（前633年）冬，楚国率领陈、蔡、郑、许联军包围了宋国，宋国眼见形势不妙，立即派遣公孙固去晋国请援。此时的晋国已然彻底平息了长达近半个世纪的内乱，上下齐心，对称霸中原跃跃欲试。正如前文所分析的那样，想要做霸主，必须以德服人，而保护兄弟正是德之一种。即所谓"报施、救患，取威、定霸，于是乎在矣"[1]。

然而，晋国毕竟刚刚恢复元气，这么快就要与实力强盛的楚国对决，作为国君的晋文公心里还是有点没底。于是大臣狐偃出了个主意，说楚国刚刚和曹国、卫国交好，成为其保护者，那么，莫如讨伐曹、卫，楚国一定会去救援，如此宋国便可解围。这样的战术不算新鲜，早前齐楚之间就是采取的这样的迂回作战，以避免正面对决。只是，那时是楚国不敢与齐国较量，而此刻是晋

---

[1]《左传·僖公二十七年》："冬，楚子及诸侯围宋。宋公孙固如晋告急。先轸曰：'报施、救患，取威、定霸，于是乎在矣。'"第502页，中华书局，2012。

国有些忌惮楚国。不过，只要战略不出错，战术都是有效的。晋国立即着手出兵曹、卫，而此时的楚国却出现了分歧。楚王熊頵不愿与晋国交战，于是命令驻守在宋国的令尹子玉撤军。但子玉却持反对态度，坚决请战。子玉的做法令楚王熊頵非常不满，没有给他足够的兵士，"少与之师，唯西广、东宫与若敖之六卒实从之"①，这又是为什么？难道楚国会惧怕刚刚崛起的晋国吗？

这还要从泓水之战刚刚结束时说起。

楚王熊頵三十五年（前637年），流亡在外的公子重耳来到楚国，受到楚王的高规格接待。在宴会上，楚王熊頵问重耳："公子若反晋国，则何以报不穀（寡人）？"重耳表示楚国地大物博，晋国还真是没什么值钱的拿来回报，一时有点尴尬。但楚王熊頵不依不饶，追问道："虽然，何以报我？"重耳实在没办法，亲口许下了一个诺言："若以君之灵，得反晋国，晋、楚治兵，遇于中原，其辟君三舍。"即如果他日晋楚两国交战，晋军会自行撤军九十里。楚王熊頵对重耳的回答非常满意，除了夸赞其为人外，预言"天将兴之，谁能废之？"不过，面对此情此景，令尹子玉非常不满，力主杀掉重耳，以绝后患。这可能是他这一生做过的唯一正确的判断，可惜楚王熊頵已被重耳的气质迷住，认为杀重耳即是违天，"违天必有大咎"，于是断然拒绝了这个提议，以牺牲楚国称霸为代价，要给重耳和晋国一个崛起的机会。自此，君臣两人都对此事耿耿于怀，就在楚王熊頵命令子玉从宋国撤军时，他情词恳切地说道："晋侯在外十九年矣，而果得晋国。险阻艰难，备尝之矣；民之情伪，尽知之矣。天假之年，而除其害。天之所置，其可废乎？"其中心思想依然是重耳太迷人了，他的到来是"天意"，不要违抗"天意"。可见楚王熊頵不是一个争强好胜之人，争霸是长远之计，不计较一

---

① 《左传·僖公二十八年》，第514页，中华书局，2012。

时之得失。然而在子玉眼里，重耳就是祸害，是阻碍楚国称霸的绊脚石，定要杀之而后快。此外，子玉也知晓了芮贾在众人面前对他的评价，心里愤愤难平，欲要讨回颜面。于是君臣龃龉，楚王熊頵拂袖而去，令尹子玉留下来独自作战。楚晋之战一触即发。

不过，天公似乎真的要与子玉作对，战事未开，就已有阴影飘动在楚军上空。就在开战前，子玉做了一个梦，梦见河神向他索要私藏的琼弁和玉缨，并表示会以"孟诸之麋（宋国的沼泽地）"为报，隐喻着某种胜利。但子玉不肯交换。大臣荣黄听说此事后劝说子玉向河神献上宝物以换取战争的胜利，而子玉仍旧拒绝。荣黄感到非常愤慨，认为子玉"不勤民，实自败也"。荣黄的意思是批评子玉不以战事为重，贪爱财物，那么在战争中则注定要失败。子玉的确爱财，不过他不肯献祭河神，又或许是他并不相信鬼神之说，对自己的能力非常自信。然而在普遍相信鬼神的春秋时期，他的做法便在无形中失去了"人和"。①

打仗先打心理战。此时，晋国已然攻伐曹与卫并取得胜利，卫成公出奔，曹共公被捉，晋国将曹、卫的祭田分给了宋国。子玉派大臣宛春出使晋军，要求晋军"复卫侯而封曹"，即送卫成公回国并归还曹国的土地，如此，楚国以"释宋之围（即撤军）"为交换。晋国君臣听罢十分不受用。大臣子犯立即批评子玉此为"无礼"要求。子玉以楚臣之姿向晋国国君文公提出要求本身就是越礼逾矩的事，何况他要求晋国做出两个让步，而楚国只以从宋国撤军为交换。但大臣先轸则持不同看法，他认为这恰恰是一个将计就计的好时机。如果硬刚子玉，曹、卫、宋都没有得到好处，那么三国的恨意都会指向晋国，失去人和是作战的大不利。先轸建议采取离间之计，私下答应曹、卫两国会保证他们还地复君，

---

① 《左传·僖公二十八年》，第525页，中华书局，2012。

这样就笼络住了两国君臣，让他们站在自己一边。同时，扣留了楚使宛春，目的在于激怒子玉。子玉恰如芳贾所言，性情太刚硬，果然被激怒而落入晋国的圈套，立即率军攻击晋军。此时，晋军再次摆出以退为进的姿态，兑现了当年对楚王熊頵许下的诺言，主动退兵九十里，牢牢占据了道德制高点，更加团结了人心。面对晋军的表现，楚军内部普遍建议到此为止，毕竟，王上并不同意与晋国交战，子玉已然是一意孤行，若此时收手，楚与晋都颜面留存。但子玉忍不下这口气，拒绝撤军，誓要决一死战。

夏四月戊辰（初一），晋文公率领晋、宋、齐、秦四国联军驻扎在卫国的城濮，楚令尹子玉率领追赶来的楚军占据险要优势位置与联军对垒。眼看一场厮杀在所难免，晋文公心中又犯了嘀咕。而大臣子犯则坚决主战，他认为，此战无论胜负都于晋国无损害。若胜，自然名声大噪；若败，晋国依靠黄河和太行山的天然屏障，不会有灭国之危。可晋文公仍旧犹豫，担忧自己对不起当年楚王熊頵的知遇之恩。子犯劝谏国君不要"思小惠而忘大耻"，楚国这些年靠着武力征伐已捞到不少好处，汉水南岸的姬姓诸国已基本被其吞并，作为姬姓大国的晋国不能为了当年的那点好处而忘记整个族人的耻辱。何况，晋国对楚国已经做到了退避三舍，又有什么可自责的？想必晋文公压力实在太大，夜晚做梦都在与楚王肉搏。他梦见楚王将他压在地上吸他的脑髓，醒来惊恐不已。而子犯却拍手称贺，认为国君被压在地上是面朝天，此乃得天之吉兆，其解读角度不可谓不刁钻。无论如何，晋文公意识到躲是躲不过了，不如绝死地而后生。

次日，晋军军容整肃，摆开阵势。晋文公登有莘之虚检阅军队，觉得没有想象的那么糟，甚感欣慰。对面，楚军也已分配好作战任务，兵分三路，大臣子西与子上分别将左右两军，子玉坐镇中军，信心满满，扬言"今日必无晋矣"。分三军作战是春秋时期的常规模式，我们在之前周郑的繻葛之战中已有领略。而与繻葛之战相同的是，此次参与攻伐的仍旧有陈国和蔡国的身影，它们被分配在右军一侧。晋军一如当年的郑军，立即抓住了陈、蔡不堪一击的乌合本质，率先向其发起进攻，果然，陈、蔡不负晋国所望，一击而溃，其表现与繻葛之战毫无二致。解决了楚军右翼，接下来的重点是进攻其左翼。因左翼是正儿八经的楚军，不像陈、蔡那么好对付，于是，晋军使出诡诈的战术。大臣狐毛先伪装成晋国中军主帅，与楚军左翼交战时故意不敌，且战且退，引楚左翼追击。同时，大臣栾枝亦使诡计诱使子玉率领的中军赶来追击。待楚军左翼进入包围圈，晋军三路兵马迅速合围，将其击溃。而眼见左右两军皆被击溃的子玉此时突然清醒，似乎变得聪明了起来，立即鸣金收兵，保存了自己的一路人马。

城濮一战，楚军溃败，晋军大获全胜，缴获楚军的粮食大吃大喝了三天。而晋国从此次战役中所得到的却不仅仅是三天的美食，晋文公一战成名，召集诸侯举行了践土之盟。周天子亲自莅临盟会，册封其为新任霸主。自此，齐桓公死后的霸主空窗期正式结束，晋国一跃而成为超级大国，开启了称霸百年的大时代。

那么回头再来说楚国。令尹子玉不但抗命出征且惨败而归，原本朝中无人、众叛亲离，此时铩羽而归，心里已然知道了自己的结局。果然，楚王熊頵派人传话："大夫若入，其若申、息之老何？"意即责问子玉还有什么脸面回来见同僚和国人。楚王的愤怒当不仅在于子玉战败，更重要的是，如若不战，楚国是诸国最强，而因此战，无冕之王的楚国却让晋国晋升为了正式的霸主，子玉反倒是促成了晋国的好事。以子玉刚硬的性格，自然无法接受失败以及失败所带来的名誉和尊严的损伤，于是自杀身亡。事后，楚王熊頵后悔逼其自杀，不过已来不及阻止。而晋文公听闻子玉已死当即抚掌称快，大呼"莫余毒也已"。子玉虽性格上有弱点，但能力曾让晋文公分外忌惮，如今他死了，晋国终可高枕无忧。最滑稽的莫过于郑国。原本追随楚国之后的郑文公听说楚军大败，立即倒向晋国，派人与晋国修好，并于次月与晋文公正式缔盟。当年雄姿飒爽的郑国已然沦落至此，三十年后的"与其来者可也"[1]的姿态已现端倪。

城濮之战后，晋楚之间出现了几年的平静期，三年后，郑文公与晋文公先后亡故。楚王熊頵四十四年（前628年）春，楚主动向晋示好，两国实现了邦交正常化。不过这并没有带来真正的和平，晋文公虽死，晋国却没有衰退，晋楚之间拉开了百年争霸的历史新局面。

而我们的主人公楚王熊頵也已走到了人生的暮年。

被弑身亡

仔细观察春秋人物，我们会发现一个特点，能征善战的国君都多内宠。他们体力惊人，女人多，孩子也多。楚王熊頵就是其中一人。曾经，在众多子嗣中，他看重儿子商臣，想要立他为太子。不过，新任令尹子上提出反对意见：其一，楚国有立幼的传统；其二，商臣"蜂目而豺声"，形象不好，心肠恐怕也不太好。子上的话其实漏洞颇多。其一，楚王熊頵自身虽是息夫人的幼子却并非直接继位者，而是弑君自立。其二，"蜂目而豺声"未免以

---

[1] 《左传·宣公十一年》："楚子伐郑，及栎。子良曰：'晋、楚不务德而兵争，与其来者可也。晋、楚无信，我焉得有信？'"第786页，中华书局，2012。"与其来者可也"，意即"我们只好谁来攻打就归服谁好了"。

貌取人。但我们纵观春秋史之后会发现，"蜂目而豺声"恰恰是对人格评判的最具杀伤力的说辞，凡是被扣上这顶帽子的人毫无例外都有负面性格，这也恰恰是时代的一个偏见所致。

楚王熊頵虽未必如今人一般看法，但他也没有赞同子上的话，坚持己见立商臣为太子。不过，做人最忌讳出尔反尔，言而无信，特别是在立太子一事上，而楚王熊頵就犯了这个大的错误。立商臣为太子不久之后他便反悔，又打算立王子职为太子。虽然正在筹划之中，但风言风语已传到了商臣的耳中。废立乃是关系生死的大事，商臣岂肯坐以待毙？他立即与老师潘崇商议，潘崇建议他先确认谣言是否属实，于是献计让他激怒姑姑江芈。商臣依计行事，果然江芈一怒之下说出了"宜君王之欲杀女（汝）而立职也"的大实话。不过此处便有一点值得玩味。江芈的名字拆开来解读即嫁进江国公室（极有可能是国君）的芈氏，芈是楚国公室姓，比如前文提到的郑文公夫人文芈。那么，既然已经嫁到江国去了，她怎么会知道楚国公室内的秘闻？又或者说，她的关系竟然与兄长如此亲密，连这样的绝密都可以知晓？从潘崇指名去江芈处套话可以猜测，他知晓兄妹二人关系非凡，别人不知道的，江芈必然知晓。那么，江芈应该也是息夫人所出，且极有可能她已不在江国居住，或者，这一段时间她恰巧回来了娘家。

在确认父亲即将废太子之后，太子商臣与老师潘崇有一段有趣的对话：

> 告潘崇曰："信矣。"潘崇曰："能事诸乎？"曰："不能。""能行乎？"曰："不能。""能行大事乎？"曰："能。"
>
> ——《左传·文公元年》

从文字叙述来看，对话极其简洁，但句句切中要害。潘崇的"能事诸乎？"意即你能忍吗？商臣干脆而直白，不能。潘崇又问，那你能逃吗？答案还是不能。于是潘崇递进，能干大事吗？意即敢弑君吗？商臣更加利落，能。师生之间如此信赖，如此坦诚，可见比父子间的感情更深。商臣是以师为父，至于自己的生身父亲，也不过是一个象征而已。

楚王熊頵王四十六年（前626年）冬十月，商臣向父亲逼宫，熊頵想要拖延时间，故意请求让自己吃完熊掌再死——因熊掌难做，极需火候。当然，也不排除这是熊頵最爱的那口，临死前有个安慰，毕竟春秋时期好吃且因吃而杀人越货的事非常多。而商臣没有同意，一代雄主在亲生儿子的逼迫下自缢身亡，享年约五十六岁。死后，商臣原本要为其上谥为灵王，但尸体不瞑目，于是改谥为成王，这才闭上双眼。纵观楚成王的一生，无论如何不能算昏君，《逸周书·释法解》说："安民立政曰成。政以安定"，楚成王的一生宽厚仁和、重信重义、目光远大，延续了先人的遗志，为孙辈楚庄王的称霸打下了坚实的基础，释之以"灵"是商臣对父亲的个人私恨，不能客观总结一代君王的一生。但我们也不能不承认，好内无度、轻视宫闱礼法也是君王们常常犯下的错误，一代霸主齐桓公也在晚年犯过相同的错误，导致身后齐国内乱，国力消耗，使齐国沦为二流国家。而楚成王晚于齐桓公离世，应亲耳听闻过齐桓公身后的凄惨[1]，更目睹了齐国的衰落，即便如此仍不能引以为鉴，委实令人叹惋。

---

[1] 《史记·齐太公世家》："桓公病，五公子各树党争立。及桓公卒，遂相攻，以故宫中空，莫敢棺。桓公尸在床上六十七日，尸虫出于户。"第1208页，上海古籍出版社，2011。

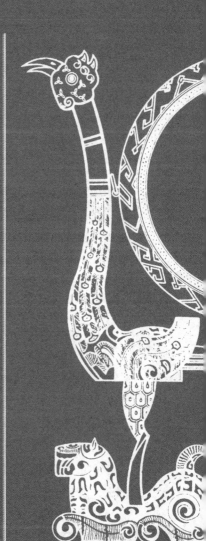

第十七章

夏姬、申公巫臣

时代的变音

春秋时期的知名女性，数量虽不及男性，形象却是多姿多彩的。她们之中，光艳照人者有之，聪颖绝伦者有之，才华横溢者有之，哀婉动人者有之，狡慧诡诈者有之，贤明睿智者有之，任性放荡者有之。本章所要讲述的人物兼具美貌与传奇，身世扑朔迷离，生前身后饱受争议，更是几千年后言情小说界挚爱的女主角。在她生命中出现的那个至关重要的人，不但是她命运浮沉的推动之手，更是春秋时期一个较为特殊的人物，他的出现也敲响了时代的变音。

他们就是夏姬与申公巫臣。

关于这对夫妇的故事，有四种史料可以作为依据。分别是《左传》《国语》《史记》和已整理出版的清华简《系年》。此四种史料或互为补充，或互为校正，从多个角度为我们还原了两千六百年前那个动荡时代里的曲折离奇与悲欢离合。它们留下谜团，它们揭晓答案，让我们翻检史册，踏上这段奇妙的人生之旅。

在正式讲述这段历史之前，首先简单叙述一下夏姬的身世。那么，笔者要依次提出三个问题并一一给出答案。

第一个问题：夏姬是谁？

《左传》《国语》《系年》均记载她为郑穆公之女，其母为少妃姚子。她出身郑国公室，血统高贵。

第二个问题：夏姬叫什么名字？

既然是郑穆公之女，自然是姬姓。而根据春秋时期对女性的称呼传统，夏字应该来自其夫家。那么，她有自己的名字吗？有。《系年》记载其名为少［孔皿］（上孔下皿），我们依照惯例称呼她为夏姬。

第三个问题：夏姬生于哪一年？

因夏姬的故事涉及的时间跨度较大，这是几千年来最具争议的问题，故而首先需要简要地追述一下夏姬的父亲郑穆公的生平。郑穆公为郑文公之子，因其母燕姞孕时梦见神人送她兰花，故郑文公为儿子取名兰。《史记》记载其出生年份为郑文公二十四年（前649年），虽是孤证，但大抵相符。郑文公一生多内宠，引发宫闱之争，最后一怒之下把儿子们都赶出了郑国，其中少年公子兰逃奔到了晋国。郑文公四十三年（前630年），时年十九岁的公子兰跟随晋文公伐郑。两年后郑文公去世，公子兰回国继位，是为郑穆公。这一年，他二十二岁。郑穆公在位二十二年，享年约四十五岁。那么在他短暂的一生里，女儿夏姬应当生于哪一年呢？此处，笔者直接给出一个答案，根据现有史料的梳理，结合人类正常生理年龄的变化，夏姬约于郑穆公九年（前619年）前后出生，其父去世时，年约十三岁。而我们要讲述的故事正要从郑穆公去世六年后说起。这一年，夏姬约十九岁。

熟悉春秋历史的朋友一定会立即生出质疑：不对。夏姬应该出生更早。因为郑穆公去世六年后她的儿子已然是成年人了。对此笔者要说，史实出现争议，一定是有一些叙述出现了错讹。那么，夏姬的儿子是谁？他们的关系真的是母子吗？

故事就从公元前600年说起，而它发生的地点在陈国。

陈国的夏姬之乱

陈国的国都之内流传着一首歌谣：

胡为乎株林？从夏南！匪适株林，从夏南！

驾我乘马，说于株野。乘我乘驹，朝食于株！

歌词的大意是这样的：为什么要去株林？为了去找夏南！不是为了去株林，而是为了找夏南！乘上我的宝马车，停驻在株林郊外。乘上我的宝马车，到株林去吃早饭！

全歌用词简洁，段落简单。第一段采用一问一答的方式，给人以悬念。第二段转为第一人称自述，代入感极强。虽然不知曲调，但仿佛已听得到哼唱之音，又恍似坐上了那宝马车驰骋在奔往株林的路上，很想知道那里的早饭都吃些什么。

那个叫夏南的人是谁？株林又在哪里？为什么要赶那么远的路去吃早饭？

这首歌谣被收录于《诗经》中，属《陈风》，题为《株林》。自《毛诗序》始历来被认为是讽刺之诗。诗人所要讽刺的正是驾车去株林吃早饭的人，当然也包括夏南。

《国语·楚语》载："昔陈公子夏为御叔娶于郑穆公，生子南。"短短一句话里涉及五个人物，陈国的公子夏，为儿子御叔娶了郑穆公的女儿，生了一个儿子，取名为南。我们已经清楚郑穆公是谁，也知道他的女儿是夏姬。从这句记载我们又获得了更多的信息，郑穆公将女儿嫁给了陈国的夏御叔，于是夏姬来到了陈国，成为陈国公室中的一员，她为夏御叔生下的儿子就是夏南，在《左传》中称夏徵舒[①]。

株林是夏徵舒的封地，也叫食邑。既然是公室之后，想必结交的也都是贵族朝臣。的确，驾着宝马车去株林吃早餐的可不是

① 春秋时期的公室称谓：国君之子称公子，公子之子称公孙，公孙之子出三代，以字为氏，另立门户。故公子夏的后代为夏氏。

陈国的等闲之辈，他们一共三人，分别是国君陈灵公、大臣孔宁和仪行父。根据《左传》的记载，他们三个人可是株林夏家的常客，且并不止于吃早饭这么简单，常常于此饮酒作乐。而陪伴他们的人却不是男主人夏南，而是女主人夏姬。

然而，事情的糟糕程度不止于此。君臣三人从夏姬那里获得了她的内衣，竟公然穿着在朝堂上嬉戏，其状丑陋不堪。大臣洩冶实在看不下去了，向国君谏言："公卿宣淫，民无效焉，且闻不令。君其纳之！"意在劝国君注意点言行，要点颜面，否则让民众怎么看你？陈灵公嘴上不好反驳，答应道："吾能改矣。"回头便唆使一同行淫的孔宁和仪行父杀了洩冶。这件事影响之恶劣，不但在《左传》中有详细的记载，就连非大事要事不书的《春秋经》亦在这年底写下了"陈杀其大夫洩冶"[1]一句，可谓触目惊心。

我们已然阅览过周、郑、齐、鲁、宋、楚、晋各国的宫廷秘闻，尽管不乏血雨腥风甚至乱伦僭越，但如此自国君而下不知羞耻、公开行淫的场面却是没有。即便是对小姨子无礼的蔡哀侯也仅在宫闱之内，不曾四处宣扬，唯恐天下人知。的确，陈国在列国之中有其与众不同之处。据《史记·陈杞世家》记载，其祖先乃"虞帝舜之后也"。后来周武王建立新朝，将其封在陈，国君胡公娶了武王之女大姬，做了周人的女婿。陈国西南与蔡国接壤，西北与郑国接壤，位于今河南东部和安徽一部分。从流传下来的十首《陈风》来看，陈国人性情奔放、追求情爱也很大胆，较少受周礼束缚，尤好巫风。以中原人的眼光来看，多少有些异端。陈国的历代君主也喜好享乐，宫闱厮杀不断，公室内奋发图强之人较少。军事上往往是大国的跟班且不堪一击，敌人一来，多半是四散逃窜之辈。如此国度有如此君臣就不足为奇了。夏姬来自

---

① 《左传·宣公九年》，第774页，中华书局，2012。

郑国，她出身高贵，且是公室贵妇，又为何会与陈国君臣淫乐？首先我们来看下夏姬的客观条件——她非常得美艳。《左传》曾记载后人对她的评价是"天钟美于是"，而根据时人的观念，"甚美必有甚恶"[1]。乍一听是赤裸裸的偏见，但考虑当时的礼制和两性地位就可以知道这并非妄断。美丽会招惹邪恶，但在女性没有独立地位的时代，其必然不具备保护自己以独善其身的能力。因此美人很容易沦为恶人的玩物却无力脱身。而此时，《左传》中所记载的夏姬的丈夫夏御叔已死，夏姬是个寡妇，这就更给了陈国君臣以可乘之机。《左传》的记述也在暗示着丧夫的夏姬不甘寂寞，借与君臣三人淫乐来打发孤寂的生活，尽管这未必属实。

夏南还在，他怎么不保护母亲？别急，夏南的确出手了。

> 陈灵公与孔宁、仪行父饮酒于夏氏。公谓行父曰："徵舒似女。"对曰："亦似君。"徵舒病之。公出，自其厩射而杀之。二子奔楚。
>
> ——《左传·宣公十年》

这一年（前599年），陈灵公三人又在夏姬这里饮酒作乐，并互相指着对方说夏南真像你啊！这样的言辞带着强烈的侮辱性，仿佛暗示着夏南的出身是不正当的。夏南未知是否在座，但他的确听到了这样的戏言，心头积怨爆发，于当日刺杀了陈灵公。孔宁和仪行父侥幸逃脱，跑去了楚国。

陈灵公被弑后，陈太子午也逃奔去了晋国，陈国无主，《史记·陈杞世家》记载"徵舒自立为陈侯"。此刻，我们稍作停顿，分析一下夏南的身份。从前段叙述可知，夏南弑君自立，可见已

---

[1] 《左传·昭公二十八年》，第2031页，中华书局，2012。

经成人，不但成人，且有一定的势力以自立（如果《史记》记载属实），那么夏南当不小于二十岁。如果他和夏姬是母子关系，夏姬必然已到中年，即便其在及笄之年便出嫁，也不会小于三十六岁。从陈灵公十五年（前599年）向前推三十六年为公元前635年，时为郑文公三十八年。而我们已经知道，郑穆公生于郑文公二十四年（前649年），也就是说，这一年夏姬的生父也才十四岁。以此推断，夏姬与夏南的母子关系存疑。那么，还能是其他什么关系吗？《系年》告诉我们，他们是夫妻关系：

> 陈公子徵舒取妻于郑穆公，是少［孔皿］。庄王立十又五年，陈公子徵舒杀其君灵公……

前文中笔者对夏姬年龄的推定也是从陈灵公十五年（前599年）向前推的，估算其年龄约为二十岁，上下加减不超过五岁。那么，其与夏南为夫妻的合理性就大大加强。夏南为报夺妻之恨而弑君也是符合常理的行为，所谓的"徵舒似女""亦似君"也未必一定是指容貌。退一步讲，如若判定《系年》误将御叔记为徵舒，那么《左传》《国语》《史记》三部史书里也一定存在一个错讹，即夏南应该非夏姬所出，而夏御叔娶夏姬时也是中年之后，他们是老夫少妻与前房之子的三人关系。

陈国的政变立即引起了楚国的注意。次年（前598年）夏，楚庄王与在晋国避难的太子午在陈国的辰陵会盟，并于冬十月攻入陈国①。楚庄王攻伐陈国前先做了战争宣言，请"陈人无动，将讨

---

① 《左传·宣公十一年》："夏，楚子、陈侯、郑伯盟于辰陵。"中华书局2012版注此陈侯为夏南，结合同年冬有"陈侯在晋"的记载，此处的陈侯当为太子午。《左传》未载夏南自立为君，《史记》恐为推测论断。

于少西氏"。少西氏即夏氏，《系年》里夏姬的名字少［孔皿］中的少应该与夏同意，都是夫家的氏。之所以文字不同，推测是上古时期同一发音的不同写法，亦如逃亡齐国的陈氏在战国时代变成了田氏。《左传》的这一记载，恰与《系年》互为印证。而请陈人不要干涉，意在楚国此来只是为陈灵公报仇，讨伐的是叛臣贼子，并非对陈国有觊觎之心，目的在使陈国不要抵抗。

楚庄王的到来引来另一重要人物的出场，这就是申公巫臣。

申公巫臣又称屈巫，在史料中他虽出场不多，也不知其生卒年，但却是春秋中期一个极为重要的人物。他一生的重要抉择将与夏姬有关，而他的抉择所带来的影响将关系着春秋中后期楚、晋、吴三国的发展与走向。

回到楚庄王伐陈。陈国人或许听信了楚庄王的话没有抵抗，但楚庄王却未必说了实话。出兵围陈之后，他就派申公巫臣去秦国借兵，楚、秦联合出兵攻下了陈国[①]。拿下陈国后的第一件事就是车裂夏南以正视听。不过，这第二件事可不是从晋国接回太子午，而是将陈国设为楚国的县，等于吞并了陈国。此事让楚庄王沾沾自喜，也得到了朝臣们的恭贺。却有一人对楚庄王做出当面批评，说他言而无信，明明当初说好的"讨有罪也"，事成之后却变成了"贪其富也"[②]。楚军此行并非孤军作战，而其他国家之所以愿意出兵相助是因为楚王当初说得好听，结果现在成了灭国的帮凶。楚王做事不地道！楚庄王闻言即刻自省，归还了陈国的土地，复位陈国国君。孔子看过这段史料后赞道："贤哉楚庄王！轻千乘之国而重一言"。成为春秋美谈。[③]

---

① 《系年》："庄王立十又五年，陈公子微舒杀其君灵公，庄王率师围陈。王命申公屈巫踞（适）秦求师，得师以来。"

② 《左传·宣公十一年》，第790页，中华书局，2012。

③ 《史记·陈杞世家》，第1268页，上海古籍出版社，2011。

不过楚庄王在陈国的第三件事则影响更为广泛，看似乱点鸳鸯谱，却触动了楚国贵族内部的利益纷争，更间接影响到了未来诸侯国间关系的走向和发展。

楚庄王的鸳鸯谱

解决了陈国的政治问题，接下来要解决的是夏南的眷属问题。夏南与夏姬可能尚无子嗣，那么夏姬就是急需安置的人物。一般常理，叛臣之妻要么一同被杀，要么沦为玩物。但夏姬的运气要好许多，因为楚庄王爱上了她的美，想要收她入后宫。楚人对美丽的女人并没有什么偏见，楚庄王的曾祖母就是从息国被生生抢来的。不过申公巫臣却出来说话了："不可。君召诸侯，以讨罪也；今纳夏姬，贪其色也。贪色为淫，淫为大罚。"其逻辑与斥责楚庄王吞并陈国的那番话相同，意即本来是行仁义的，结果却是为了人家女人，难看！同样地，楚庄王立即听取了申公巫臣的劝谏，没有纳夏姬入宫。先不论申公巫臣的动机和楚庄王的内心想法，对比曾祖父楚文王为了抢夺息夫人而发动的那些战争，可以看出楚国君臣已经较为全面地接受了周礼的道德体系。在"楚成王"一章中笔者曾说过，楚成王是楚由蛮夷向周礼靠拢的推动人，经过两代人的努力，楚庄王已然以周礼的捍卫者自居。

既然楚庄王自视为道德明君，那么接下来该怎么处理夏姬呢？这时，楚国正卿公子侧站出来要求纳夏姬入门。公子侧又称子反，在史料里常以此名出现。他原是宋国公子，后来在楚国为官，很有势力。从归属来说，夏姬如果能嫁给他，后半生也算安稳。不过，此时申公巫臣又出来说话了：

是不祥人也。是夭子蛮，杀御叔，弑灵侯，戮夏南，出孔、仪，丧陈国，何不祥如是？人生实难，其有不获死乎？天下多美妇人，何必是？

——《左传·成公二年》

这次的话就比较直白，不那么好听了。我们来分析一下。申公巫臣说夏姬是"不祥人"，具体如何表现呢？首先，她"夭子蛮，杀御叔，弑灵侯，戮夏南"。子蛮其人无从考证，有一种说法是她的兄长，那么很可能就是《左传》里提到的郑穆公之子公子貉，夏姬是"子貉之妹也。子貉早死，无后"①。"夭"就是早死的意思，那么子蛮即子貉的可能性很高。至于他的死和夏姬有什么关系，没有史料可以提供答案。多半是时人对美丽女子的偏见，认为是她克死了自己的兄长。然后是"杀御叔"，也没有任何史料可以证明夏姬是潘金莲一样的人物，何况其与夏御叔的夫妻关系存疑。"弑灵侯"则更是无稽之谈，史料已说，是夏南弑君。"戮夏南"一说勉强算有联系，算是她的间接过失。不过，夏姬是主动迎合还是被动受辱，如今也没有任何史料可以辨明。"出孔、仪"也是牵强附会，"丧陈国"则是欲加之罪，陈国之丧的最大责任人是陈灵公，其次是楚庄王。"人生实难"倒是大实话，"天下多美妇人"亦极为客观，子反当然无须死心眼。申公巫臣的话对他震慑极大，立即打消了他纳夏姬的打算。但夏姬不能没有归属，必须安置，于是楚庄王将夏姬赐给了申公巫臣：

王入陈，杀徵舒，取其室以予申公。连尹襄老与之争，

---

① 《左传·昭公二十八年》，第2031页，中华书局，2012。

抣（夺）之少［孔皿］。

——《系年》

在这段史料被发掘前，《左传》记载楚庄王将夏姬赐给了大臣连尹襄老，并未提及先赐申公巫臣。但《国语》则有与《系年》相似的记载，为"庄王既以夏氏之室赐申公巫臣，则又畀之子反，卒于襄老"，不过，后人多依从《左传》的记述。连尹是官名，襄老是其名，而他的确也不算年轻了，已经有了一个成年儿子名黑要。连尹襄老多次出现在对外作战中，此次伐陈也一定有功。他争夺夏姬成功，证明申公巫臣对他有所忌惮，此时可能朝中地位低于连尹襄老。那么，如果《左传》中所记载的申公巫臣劝谏楚庄王和子反的那番话是真实说过的，其内心的诡诈之处已初现端倪。

夏姬的安置问题暂且告一段落，可惜她命运多舛。次年（前597年），楚国伐郑，晋国救郑，于是晋、楚在郑国的邲地展开大战。连尹襄老也参与了此次战役，不幸被晋国的知庄子射中身亡，连尸体都被掳走了。顷刻之间夏姬再次成了寡妇，不过这一次楚庄王用不着考虑她的未来安置，因为连尹襄老的儿子黑要要纳夏姬入室。虽然有违礼法，但在春秋时期这种做法也非常常见。讲到这里，回想夏御叔、夏南和夏姬的关系，亦不排除夏南与夏姬是在夏御叔死后形成事实夫妻的可能。然而，有一个人却始终耿耿于怀，这就是申公巫臣。

归！吾聘女

为了得到夏姬，申公巫臣下了一盘大棋。按照前文的年龄推测，夏姬此时年约二十三岁，正是风华正茂之年，何况楚庄王曾

317

将其先赐给巫臣，他可以忍受战将连尹襄老，但实在无法容忍官二代黑要。巫臣派人给夏姬传话，言："归！吾聘女（汝）。"言语非常直白，却铿锵有力。在楚国一众臣子里，申公巫臣是佼佼者，年龄上也应正值盛年，自古美女爱英雄，夏姬心许巫臣并愿意嫁给他亦属情理之中。巫臣的计划是，先让夏姬远离楚国的是非之地，那么，陈国是回不去了，最好的办法是先回娘家郑国。为了能让夏姬顺利回到娘家，巫臣想了个办法让郑国派人来召夏姬回国，至于是如何做到的，史料中并没有说。郑人给出的理由倒也合理，想必也是巫臣的计策："尸可得也，必来逆之。"邲之战时，连尹襄老被杀，尸体被晋国人掳走。郑国说有办法把尸体要回来，你赶快作为家属来接。夏姬就把郑人的话告知了楚庄王。不过楚庄王还是有所怀疑，多半是不相信郑国人有这个实力，于是找来申公巫臣咨询。作为此事的主谋，巫臣早已备好一番说辞。他力主相信郑人的话，理由是：当年射杀连尹襄老的知庄子不但在晋国人脉雄厚，与郑国的大夫皇戌亦是好友。另外，邲之战时楚国也从晋国那里有所得，即俘虏了知庄子的儿子知䓨，而知䓨正是知庄子的心头肉。他希望儿子尽早归国，就需要与楚国沟通。但晋与楚是公开的敌对状态，于是，郑国就成了两国沟通的桥梁。晋国想要俘虏归国，必然以楚国连尹襄老的尸体作为交换。楚庄王闻言觉得十分有理，于是立即送夏姬回国。夏姬也十分有表演天赋，临行前对送她的使者发誓："不得尸，吾不反矣。"语气十分坚定，恐怕也只有后半句才是真话。送走了夏姬，申公巫臣安心许多，夏姬也终于摆脱了楚国的纷扰，生活暂时趋于平静。紧接着，巫臣私下向时任郑国国君郑襄公提亲，得到了允婚。大事已定，两人所要等待的只有一个时机。而楚庄王在世之时，申公巫臣还不想贸然行动，毕竟，楚庄王并不愚蠢，而巫臣也愿意忠诚奉之。

申公巫臣的人生之选

婚恋之事暂时告一段落，为了更好地阐述申公巫臣日后对春秋格局的影响，我们先来讲一讲他在楚庄王时期的作为。

如果仅从前文来看，申公巫臣是一个狡诈多计的人，难以评判其在楚国朝堂上的为人，更难预估他会在当时格局上发挥怎样的作用。其实，申公巫臣是楚庄王一朝非常重要的谋臣，我们也已经看出，他对楚庄王影响极大，得到其充分的信任，甚至影响楚王的决策。

就在楚庄王从陈国撤军的第二年（前597年），也就是邲之战的同年冬，申公巫臣追随楚王攻伐萧国。当时天寒地冻，士兵饥寒交迫，巫臣立即注意到了士兵的困苦，及时报告给了楚庄王。楚庄王十分重视此事，亲自巡视慰问苦寒中的士兵，予以勉励。将士们大受鼓舞，仿佛穿上了棉衣一样暖和。于是战事顺利，萧国被灭。申公巫臣的做法虽看起来是小事，但却在整个战役中起到了至关重要的作用。这一年楚国始终在作战，可想而知士兵已十分疲惫，苦寒天气里难免产生厌战情绪。萧国虽小，也不是没有大国支持，稍有大意，楚军就会战败。申公巫臣这一对细节的把控，不但使士兵们振作了士气，楚庄王的个人魅力也大大提升，在诸侯国间更享有仁君的美誉，是一举三得的好事。由此可看出，巫臣是一个敏锐善于体察的人，也十分善于利用各种因素逢凶化吉，将不利变为有利。

接下来的两年，楚国又向宋国开战，后经宋国大夫华元胁迫子反而撤军①。班师回朝后，楚庄王的弟弟公子重请求将申、吕两

---

① 《左传·宣公十五年》："宋人惧，使华元夜入楚师，登子反之床，起之曰：'寡君使元以病告，曰：敝邑易子而食，析骸以爨。虽然，城下之盟，有以国毙，不能从也。去我三十里，唯命是听。'子反惧，与之盟，而告王。退三十里。宋及楚平，华元为质。"第841页，中华书局，2012。

地赐给他作为个人食邑，楚庄王原本已经答应，但申公巫臣听闻后立即提出反对意见：申、吕两地是国家军赋的重要来源地，如果赐给子重作为个人食邑，那么国家就会受到损失。而从外部来看，两地具有抵御北方侵略的重要战略作用："若取之，是无申、吕也。晋、郑必至于汉。"[①]楚庄王立即采纳了申公巫臣的建议，及时收回了承诺，维护了国家利益。巫臣的目光是长远的，所考量的是整个国家，相比之下，子重则只重私利，没有从楚国的层面来考量，也因此事与巫臣埋下私怨。

可惜的是，君臣二人的缘分不够长久，三年后（前591年）楚庄王病逝。失去了楚庄王，申公巫臣也感到失去了某种重心和倚靠，新继位的楚共王还是个孩子，不足以助他施展抱负，而旧日与子反、子重结下的梁子恐怕暂时不会得到新君的庇护。与此同时，他也终于等来了解决个人问题的机会。不得不说，楚庄王既成就了他，同时也牵制了他。

楚共王二年（前589年），楚国联合晋国与齐国对抗，楚共王便派遣申公巫臣去齐国递交战书。巫臣知道机会来了，于是收拾好家中财物，带上眷属直奔郑国而去，到了郑国立即与夏姬完婚，而夏姬已然在郑国等了他八年之久，也当年约三十出头了。

关于夏姬这八年来的生活，史料有两种说法，一种以《左传》为主，没有记载关于她在郑国的具体生活。没有记载也相当于一种记载，即夏姬没有遭遇大的变故，更没有引起任何纷争和杀戮，从侧面证明了夏姬并非主动以美色骗取利益或谋害他人的女人，她之前的遭遇多属被迫。而在可以庇护她的娘家郑国，她的生活则归于平静。

另一则史料的说法来自《系年》：

---

① 《左传·成公七年》，第933页，中华书局，2012。

> 庄王即世，共王即位。黑要也死，司马子反与申公
> 争少［孔皿］，申公曰："是余受妻也。"取以为妻。司
> 马不顺申公。王命申公聘于齐，申公窃载少［孔皿］以行。

　　连尹襄老死后，夏姬一直与黑要共同生活，待黑要死后，子
反要求纳夏姬入门。而此时，申公巫臣公开宣示与夏姬的关系，
于是娶夏姬入门，致使两人反目成仇。待楚共王派遣申公巫臣聘
齐之时，巫臣带着夏姬逃走。与《左传》的记载对比，子反与申
公巫臣争夺夏姬的时间被推后，而黑要的死则被提前，也就是说
夏姬没有回到郑国，而是一直留在楚国，直到巫臣带她逃走。整
体来说人物经历不变，只是细节有出入，从现实角度考量，《左传》
的记载生动且更戏剧化。《系年》也不乏其生动之处，但来龙去脉
较为简单，也许更贴近于现实，当然这仅为笔者个人推测。

　　从楚国出逃之后，申公巫臣本打算带着夏姬去齐国，但路上
听闻齐国与晋国作战失败，当即表示"不处不胜之国"，于是去了
晋国。时任晋国国君的晋景公愿意吸纳人才，赐给申公巫臣以邢
地，称其为邢大夫。巫臣和夏姬至少生有一女，根据《左传》记
载，其女由晋平公做主嫁给了大臣叔向，可知夏姬后半生一直生
活在晋国。有巫臣的保护，不会再有人敢随便欺侮她，应该是岁
月静好吧！

　　申公巫臣的故事还在继续。

　　楚国上下得知巫臣私自逃奔的消息震动不已。子反立即向楚
共王进言，向晋国送重礼并提出不重用巫臣的要求。但楚共王却
拒绝了子反的提议，认为巫臣虽然做法非常过分，但念及他曾经
对先王效忠的份上，不愿过多追究。况且，晋国岂会以楚国的财
物来判断申公巫臣是否值得重用？巫臣的未来仍旧由他自己来把

握，人都跑了，楚国还能怎样？楚共王虽年少，头脑还是清楚的。不过子反咽不下这口气，于是联合同样曾与巫臣结下梁子的子重，"杀巫臣之族……而分其室"，总算是出了口恶气。在晋国听闻族人惨状的申公巫臣非常气愤，分别寄书信给两人，谴责他们"以谗慝（tè）贪婪事君，而多杀不辜"，并发誓"必使尔罢（疲）于奔命以死"。[①]

申公巫臣发下的毒誓一定不会只是说说，他会说到做到。不过如何去做呢？巫臣的目光投向了南方刚刚兴起的国家——吴国。

吴国虽是新兴国，但它也是一个古国。我们曾在"骊姬"一章中简要介绍过吴国的起源，其祖先吴太伯是周祖古公亶父之后。虽然现代考古对此说有质疑，但在春秋时期人们还是普遍相信这个说法的。自晋楚争霸以来，在半个世纪的光阴里两国难分胜负。晋国虽占据优势地位，但总是无法彻底打压楚国。申公巫臣来到晋国后献上投名状，他的计谋便是扶植并发展吴国以牵制和消耗楚国。

晋景公十分赞赏申公巫臣的计谋，于是派其出使吴国。此时吴国的君主名寿梦，是第一位进入中原人视线的吴国国君，而他的成长离不开申公巫臣的辅助。寿梦一见巫臣便非常喜欢，巫臣也不是空手而来，随行带来了大量装甲兵器，并留了一半给吴国。光有这些硬件是不够的，还要培养能够熟练使用它们的技术人才。于是巫臣亲自上阵，"教吴乘车，教之战陈（阵），教之叛楚"[②]。"叛楚"是申公巫臣此行的终极目的，也恰恰是不甘屈服于楚国的吴王寿梦心心念念想要做的事。吴王感念晋国，与晋国修好，申公巫臣留下儿子狐庸作为沟通晋与吴的外交使者，想必也兼具技术

---

① 《左传·成公七年》，第933页，中华书局，2012。

② 《左传·成公七年》，第934页，中华书局，2012。

和战略指导的职责。狐庸并非夏姬所出，应当是巫臣与其他妻妾所生之子。

吴国掌握了中原先进的作战知识和技术后立即向楚国展开攻势，且势如破竹，果然给楚国以重创。"蛮夷属于楚者，吴尽取之。是以始大"[①]。而参与战事的主力子反与子重也不得不在各个战场上来回奔命，乃至"一岁七奔命"。吴国的强大影响了春秋格局的发展，自吴王寿梦始，吴国不但是楚国忌惮的对象，也为中原所忌惮，为日后吴王夫差的称霸打下了基础。而楚国至楚共王之子康王时代，仍旧对申公巫臣教吴叛楚一事耿耿于怀，认为是楚国的巨大损失，可见其影响之深远。[②]

那么，回看申公巫臣的所有作为，对比在他之前出现过的谋臣谋士，我们会发现两个不同。其一，申公巫臣不只侍奉一国国君，而是先后效忠过楚、晋、吴三国君主。在春秋时期，到他国享受食邑并任职的臣子并不鲜见，如曾与他同朝为官的子反就来自宋国公室，但他们一般只在一国停留，不会转职于列国朝堂。于是引出其二，申公巫臣的行为目的与前者不同。其之前的大夫或臣子，离开故国的原因多半为本国发生政变或政权更迭所致，属于流亡或避难，是迫不得已的举动。既然被他国好心收留，便也愿意尽自己一份力作为回报，也可以惠及子孙。著名的比如从陈国避难齐国的陈完，从齐国避难楚国的齐国公子们等。而与之不同的是，申公巫臣在国内没有被迫害，他完全可以留下来继续辅佐新君。以他的智慧，子重、子反合力也未必是对手。他选择

---

① 《左传·成公七年》，第934页，中华书局，2012。

② 《国语·楚语·蔡声子论楚材晋用》："晋人用之，实通吴晋。使其子狐庸为行人于吴，而教之射御，导之伐楚。至于今为患，则申公巫臣之为也。"第597页，中华书局，2013。

离开楚国的原因完全是私人化的，一方面是为了爱情，一方面是为了另谋高就。申公巫臣是个自视甚高的人，对自身能力极为自信的同时，对列国国君的资质也有要求，如果不是超级大国，则根本不配获得他的辅佐。无论国事还是私事，巫臣出手从来没有输过。同时，他也缺乏同时代士大夫们所普遍信奉的忠君观念，他只效忠于可以成就他事业的君主，而不是为君主牺牲自己。列国宛如职场，合适便留，不合适便去，换个国家和换个工作单位没什么两样。我们知道这样的观念在战国中晚期极为流行，但在申公巫臣的时代则尚属罕见，巫臣大概是第一个秉行此观念并身体力行之人。如果说夏姬的传奇经历是春秋时期的魅惑之音，曾引动后世读史人的诸多喟叹、猜测和思考，那么申公巫臣就是时代的变奏之音。他的出现预示着某种观念的松动，时代之弦被他轻轻一拨，音调悄然变换。

申公巫臣的最后一次出场在公元前583年，这一年他出使吴国，路过莒国。莒国国君渠丘公邀请他一同登上城池，巫臣立即指出城池已坏。而渠丘公却不以为意，说我们是小国，谁会惦记？申公巫臣不同意他的看法，出于一片善意，告诫他不可掉以轻心。列国虎视眈眈，吞小壮大，放纵自己、不思进取，必然会有恶果。①果然，莒国于次年即被楚国入侵，领兵之人恰是子重。申公巫臣的后来与结局我们自不必担心，公子佳人从此幸福地生活在一起，直到终老。

---

① 《左传·成公八年》："晋侯使申公巫臣如吴，假道于莒。与渠丘公立于池上，曰：'城已恶！'莒子曰：'辟陋在夷，其孰以我为虞？'对曰：'夫狡焉思启封疆以利社稷者，何国蔑有？唯然，故多大国矣，唯或思或纵也。勇夫重闭，况国乎？'"第 942 页，中华书局，2012。

第十八章

崔杼、齐后庄公

亏欠

就在陈灵公因荒淫无度而被杀的那一年（前599年），远在东北方的齐国也正面临着丧君之痛，在位仅十载的齐惠公病逝。伴随他的离世，一个年轻人正面临着来自齐国内国氏和高氏两大世家的驱逐。这个年轻人叫崔杼，他曾是齐惠公生前的贴心人，手上便有了些权力，这引起了朝臣们的妒恨，国君甫一离世，便要他消失在齐国朝堂的视野中。崔杼势单力薄，无奈逃奔向卫国。然而，崔杼并非一般宠臣，他是一个有野心的公室后裔。当马车驶出国境，回首望去，他知道有一天终会回来。

只是，这一天一等就是二十五年。

当我们再次见到崔杼的身影时，已经是齐惠公之孙齐灵公在位的第八年（前574年）。这一年，齐灵公任命崔杼为大夫，并安排大臣庆克作为他的副手。二十五年过去，崔杼已然告别风华正茂的年纪。没人知道这些年他都经历些什么，是如何回到齐国，又为何会得到齐灵公的信任。二十五年的空白让我们一时有些茫然。崔杼还是那个野心勃勃的臣子吗？齐灵公突然重用他，是看中了他的哪些才能？而如今一身沧桑归来的他又将给齐国带来什么？

齐世子光

崔杼的祖上可以追溯至西周初年的齐丁公①。因此他的族姓为姜，崔是他食邑之名，故以崔为氏。崔杼被封为大夫后，连续三年参与了外交和军事会盟。三次会盟均由晋国牵头，多个大小诸侯国参与。自楚成王、晋文公时代形成晋楚争霸之势以来，晋国一直处于上风地位，虽晋国内部时有纷争发生，又有楚庄王问鼎中原，但楚国始终未能撼动晋国，距离楚国较远的中原老牌诸侯国们依旧愿意尊奉晋国为大哥。毕竟，晋国是周王室的家属国，又是周天子亲自赐名的霸主。然而，先于晋国称霸几十年之久的齐国，虽在齐桓公去世后势力不断衰微，但对晋国的大哥地位心有不甘。公元前572年，晋国围攻宋国的彭城，齐国便没有积极参与此次会战。这直接导致了晋国的不满，而齐国又没有能力公开与晋国作对，于是，齐灵公不得不将长子公子光送去晋国做质子②。同年夏，崔杼代表齐国参加了伐郑的会盟。即便如此，齐国对晋国并不服从，崔杼在会上说了些不大敬重的话，让晋国很不舒服。次年（前571年），齐国更缺席了策划伐郑会盟。同时，依附于齐国的滕、薛、小邾三国也没有参加会盟③。这更引起了晋国的警惕，毕竟齐国曾经是霸主，又是中原诸国中势力仅次于己的国家，故晋国不能不防。于是，晋国威胁要齐国好看，齐国衡量

---

① 《左传·襄公二十五年》，详情见后文。《史记·齐太公世家》："盖太公之卒百有余年，子丁公吕伋立。"
② 《左传·襄公元年》："元年春己亥，围宋彭城……晋人以宋五大夫在彭城者归……齐人不会彭城，晋人以为讨。二月，齐大子光为质于晋。"第1057页，中华书局，2012。
③ 《左传·襄公二年》："滕、薛、小邾之不至，皆齐故也。"第1066页，中华书局，2012。

之后，不得已派崔杼于冬季率领滕、薛、小邾三国参与晋国伐郑的会盟。而此时的崔杼还不能预料，在晋国为质的公子光将影响他的后半生。

关于公子光的生年，史料并无记载，但来晋两年后他便追随晋侯对外征伐，以此推测此时至少在十五六岁的年纪。公子光的母亲来自鲁国，称鬷（zōng）声姬，是夫人颜懿姬的陪嫁，也是其侄女。颜懿姬无子，于是公子光便被视为嫡长子。但他并未被正式册封为太子，这大概便是他被送去晋国做质子的原因。生于动荡年代，公子光少年时便善战，到晋国后的十年间跟随晋侯对外征伐就有六次，可以说，晋国每有战事，公子光必然追随左右。他在战场上锻炼了胆识，也得到了中原诸国的肯定和认可。渐渐地，公子光成了齐国的一块闪亮的招牌，他的一切表现都代表着齐国的颜面。远在齐国的父亲齐灵公也许并不钟爱他，但对他在外十年的表现还是满意的。此时，齐灵公不再公开表现出对晋国的不满，而是将目光放在了对周边小国的攻伐兼并上，也取得了一定收获。眼见国内外形势良性发展，儿子在外也已十年之久，是成年人了，又享有名望，不应该被忽视，于是齐灵公在前563年正式册封公子光为太子，并命世族大家出身的高厚做太子的老师。也就是在这一年，崔杼也将目光投注在这颗正冉冉升起的新星上。于是史书上留下了一条看似不经意的记录："诸侯伐郑。齐崔杼使大子光先至于师，故长于滕。"[1]"长于滕"的意思是《春秋经》在记录这一年诸侯会盟时将太子光的名字排在了滕子、薛伯、杞伯、小邾子之前，太子排在国君之前，这在讲究尊卑排名的文化里是不寻常的。而《左传》此处对排名的原因做出

---

[1]《左传·襄公十年》，第1150页，中华书局，2012。

了解释，"齐崔杼使大子光先至于师"，先到所以排在前面，那么崔杼一定是有意安排，其目的当然不是为了在鲁国的史书里混个排名，而是在参与作战的诸侯国里显示齐国的地位，也向晋国示好，表示齐国的诚意。崔杼之所以这么做，原因在于同年春天的诸侯会盟上齐国又招惹晋国不快了。出席此次会盟的正是太子光和高厚。两人具体如何表现已不得而知，只知道他们"不敬"[①]，猜测是说了什么让晋国不满的话。太子光在晋国十年，一直让晋国十分满意，这一次突然改变，可以想见其直接原因便是高厚。而崔杼此举正是在巧妙地化解齐、晋矛盾。可见他是一个深于谋略之人。

齐灵公二十年（前562年）是史书记录的太子光最后一次参与晋侯发起的对外作战，排名相当靠前，作战亦十分勇敢。[②]此后，他的名字便消失在诸侯列表中，推测是被其父接回了齐国。从法理上来说，太子有守国之责，而出兵作战则是国君的职责。

次年（前561年），在齐国发生了一件看似平常却产生极大影响的事——"灵王求后于齐。"灵王就是当时的天子周灵王，"后"是王后之意，也就是说，周灵王想娶齐女为王后。这可是天大的福分。周王室虽然已衰落为一方诸侯，不再参与任何对外作战，霸主们也不再打着尊王的旗号征伐，但其象征意义仍是巨大的。想要名正言顺地做霸主、得民心，必须以爱王、尊王的面目示人。齐国曾经分别于齐襄公和齐桓公时代两次与周王室通婚，但都是娶王姬做夫人，送女儿去做王后还是前所未有。现在周天子亲自来问，齐国岂能放过这个机会？于是齐灵公立即应允，两年后

---

① 《左传·襄公十年》，第1139页，中华书局，2012。
② 《左传·襄公十一年》："四月，诸侯伐郑。己亥，齐大子光、宋向戌先至于郑，门于东门。"第1164页，中华书局，2012。

（前559年），周天子赐命齐侯，做了一番嘉奖。赐命是一种荣誉褒奖，只有少数为周王室做出过贡献的诸侯才有资格获得。得到了天子的赐命，齐国的排面立即得到了极大的提升，也就在这一年，晋国的大夫范宣子借了齐国的鸟羽和旄牛尾却没有归还，史书记载齐国因此对晋国产生嫌隙[1]。但果真是为了这点小事吗？谁都能看出，齐国早就不满晋国的强霸，只是不敢正面对决，只在嘴上下功夫而已。恰在此时，周王室给了齐灵公更大的勇气。

嫌隙和不满早已根深蒂固，迫于形势才隐忍不发，如今有了勇气加持，扬眉吐气的时候终于到了。齐灵公二十四年（前558年），齐国开始行动了。不过，现在的齐国已不再是齐桓公时代的齐国，想要直接与晋国对抗还是不现实的。于是，齐国把矛头对准了晋国的盟友——与齐国接壤的邻国鲁国。自齐桓公去世后，齐、鲁矛盾始终未解，鲁国一直在晋与楚之间摇摆，但无论怎么摆都摆不到齐国那边去。齐桓公之子齐孝公曾对此非常不满，多次出兵伐鲁，但已无力改变局面。齐惠公时两国关系缓和，齐顷公时代齐国又与晋国发生直接军事冲突，但没有波及鲁国。而到了齐灵公时代，齐国自知不敌晋国，只得找晋国跟班的麻烦。于是从这一年起连续四年攻伐鲁国。鲁国做了晋国的替罪羊，晋国也是看在眼里的。起初还是持观望态度，眼看齐国没有收手的意思，晋国坐不住了，于第四年（前555年）会同宋公、卫侯、郑伯、曹伯、莒子、邾子、滕子、薛伯、杞伯、小邾子十一国诸侯联合伐齐。这十一国里有齐国曾经的敌人、盟友，还有跟班，可

---

[1] 《左传·襄公十四年》："王使刘定公赐齐侯命，曰：'昔伯舅大公右我先王，股肱周室，师保万民，世胙大师，以表东海。王室之不坏，繄伯舅是赖。今余命女环！兹率舅氏之典，纂乃祖考，无忝乃旧。敬之哉，无废朕命！'……范宣子假羽毛于齐而弗归，齐人始贰。"第1210页，中华书局，2012。

是转眼间都成了来势汹汹的猛犬。而此时的齐灵公却来了犟脾气，在敌人兵力明显优于自己的情况下不考虑作战策略而是骄横蛮干，导致齐军大规模伤亡。其后，又禁不住晋国的恐吓，受惊于联军的人多势众而仓皇逃窜，被晋军一路追赶，狼狈至极。最终，晋军从平阴一路追赶攻至齐国都城，包围了四座城门。齐灵公眼见国都不能守，驾车要向邮棠逃跑，正在此时，消失数年的太子光再次登场了。

> 齐侯驾，将走邮棠。大子与郭荣扣马，曰："师速而疾，略也。将退矣，君何惧焉！且社稷之主不可以轻，轻则失众。君必待之。"将犯之，大子抽剑断鞅，乃止。
>
> ——《左传·襄公十八年》

这是太子光一生中最闪亮的出场，可惜的是，这是他一生中唯一的高光时刻。当看到身为国君的父亲不顾齐国君臣百姓死活，只一味想要逃窜保命时，他与大臣郭荣上前拉住马车劝阻：一方面晋军长途奔袭已感疲惫，不可能再有大动作；另一方面，身为国君，要以江山社稷为重，不能只图个人生死安危。但吓破了胆的齐灵公哪肯听儿子的话？惹事容易担事难，你爹我就要死了，还谈什么江山社稷！于是拼命驾车前行。见国君如此昏庸无能，太子光愤怒之下拔出佩剑，挥剑砍断了套在马脖子上的皮带。皮带断了，车就跑不了了，齐灵公被迫留在国都。事态果如太子光所料，晋国并没有把齐灵公如何，适可而止，收兵而去。春秋时期只有小国才会有国君被俘、国土被兼并的情况，晋国不敢如此对待齐国，不但它自己没有远距离治理管辖的能力，其他小国也不敢与之瓜分。何况此时齐侯是周天子的岳丈，晋国岂敢挑头有违礼制？它自身的合法性也会遭到破坏。

太子光在危急时刻所表现出的勇气与行动力令人钦佩，读史至此不禁抚掌称快。曾经少年英武，如今成年有为，依常理推断，待继承大统，必是齐国中兴之主。历史的发展果然如此吗？还有多少曲折待我们前行探看。

继位之争

齐灵公在平阴之役中受到过度惊吓，转年（前554年）夏秋之际一病不起。太子光的表现固然英明神武，事态也没有糟糕到无法收拾的地步，但他内心深处对长子的怨恨却与日俱增。在关键时刻，作为儿子，他没有第一时间考虑父亲的生命安危，而是为了国家要牺牲父亲，这在齐灵公心里是无法忍受的。做儿子的连父亲都敢牺牲，还有什么他不敢牺牲的？既然你可以牺牲我，那么我作为父亲更可以牺牲你，于是很快，改立太子的事情发生了。

前文我们已经介绍过，齐灵公的夫人来自鲁国，太子光是夫人的陪嫁所生。齐灵公还有两个宠爱的妃子来自宋国，称仲子和戎子，齐灵公最宠爱戎子，仲子生下公子牙，过继到了戎子名下。戎子走了寻常宠妃都会走的道路，请求国君立公子牙为太子，齐灵公有感于太子光的"不孝"，立即应允改立。仲子听说此事后提出反对意见："不可。废常，不祥；间诸侯，难。光之立也，列于诸侯矣。今无故而废之，是专黜诸侯，而以难犯不祥也。君必悔之。"意即太子光已经在诸侯间享有盛誉，如今无故废太子，必会招惹祸端，将来国君会后悔。但齐灵公不能接受这样的劝谏，心中那根刺难以拔除，说："在我而已。"意即这是我的事，别人管不着。于是废太子光，并将他赶到齐国东部边境，将原太子光的老师高厚任命为新太子牙的老师，又将宠信的宦官夙沙卫分给了太子牙，作为贴身照看。[1]

齐灵公废长立幼恰恰犯了国君最不该犯的错误。在"楚成王"一章中我们已经看到楚成王晚年因同样的决定而被逼自杀的结局，即便齐灵公不清楚楚国的内政，曾祖齐桓公晚年的荒唐举措他也应该听说过。齐桓公生前多内宠，有夫人三人，如夫人六人，是真正的三宫六院的配置。巧的是，三位正夫人都没有子嗣，六个如夫人倒是一人一子。齐桓公曾属意郑姬所生之子公子昭，大夫管仲也很看好这位公子，于是立其为太子，并交由宋襄公照顾，也可能是去宋国做了质子。然而，齐桓公晚年却又听信佞臣雍巫和寺人貂的话，答应改立卫共姬之子公子武孟（字无亏）为太子。公子武孟曾追随父亲四处征伐，固然勇武在身，但国君如此言而无信，其他几个公子便都各自为营、蠢蠢欲动。齐桓公病危之时，几位公子不待父亲归天便在内室拔刀相向，以致齐桓公死后无法下葬，尸体停在后宫六十七日，尸虫从内室爬出来，其景闻之令人悲酸。而最终，公子昭在宋襄公的护送下回国，公子武孟被齐人杀死，继位为齐孝公。孝公死后，其弟公子潘杀太子而自立为君，为昭公；昭公身后又发生同样的宫廷厮杀，公子商人自立为君，为懿公；齐懿公无道被大夫暗杀，国人不立其子，而是迎立了公子元，为惠公，这就是齐灵公的祖父。从齐孝公到齐惠公，四代国君均为齐桓公之子，更替历经四十四年，兄弟相争，不是正统的继承之法。往事历历，并不遥远，一切悲剧的根源皆在国君的昏聩，哪怕曾经称霸一时的齐桓公晚年也不能免俗。仲子在劝谏国君时未尝没有想到这段过往，如今的太子光之处境与当年

①见《左传·襄公十九年》，第1255页，中华书局，2012。原文并未提到废太子的确切时间，联系前一年记载太子光仍在国都并阻止齐灵公出逃，推断是其后之事。

的太子昭何其相似？当年的宋国力挺太子昭，甚至出兵伐齐，如今的晋国就不会以同样理由再兴兵吗？而如今的宦官夙沙卫又与当年的寺人貂如出一辙，就不怕太子光掀起血腥杀戮？即便国君可以自保，子嗣间的厮杀也能免除吗？齐灵公终是没有听从。也许是忘记了历史，也许是想要改变历史。

虽然历史没有照搬重演，晋国并没有为公子光再次发兵，不过，从高位上跌落的公子光并没有被孤立遗忘，还有一个人正默默地关注着他，不用猜，一定是崔杼。

废太子后不久，齐灵公病，崔杼立即展开行动，悄悄从东部边境将公子光接回国都藏匿起来。很快，齐灵公病危，崔杼立即表态，公开支持公子光复太子位。此时的崔杼已是身居要职多年，公子光回国后的那些年都是他代表齐国进行外交和攻伐，早已权倾朝野。齐灵公眼看要撒手人寰，太子牙虽有高厚支持却无法与崔杼抗衡，何况他本就得位不正，不得人心，于是太子光顺利复位。公子牙出逃到句渎之丘，其母戎子则被太子光亲手诛杀，并曝尸于朝堂之上。父亲尚未闭眼，他就敢如此暴虐，可见其心中怨恨之深、之烈。

从这一刻起，太子光开始显露出某种凶狠之相，并愈演愈烈。他的地位愈发尊贵，他的品行则背道而驰。当初那个神武的青年正经历着一些变化，人们对他的期待笼罩着某种不祥的色彩。

"夏五月壬辰晦（二十五日），齐灵公卒"[1]，太子光正式继位。他做的第一件事就是捉拿逃亡到句渎之丘的公子牙，其后，夙沙卫逃到高唐，并举起反叛的大旗。八月，崔杼在洒蓝杀高厚，侵吞了其身后财产，也算报了四十年前自己被高家驱逐出境的大仇。

---

[1] 《左传·襄公十九年》，第 1257 页，中华书局，2012。

他将要扶植的是二十年前给他做过副手的庆家，此时副手庆克已死，当家新人是其子庆封。同年冬，庆封率军围攻高唐，紧接着太子光亲自率军赶来围剿，最终成功攻下高唐，将夙沙卫碎尸。铲除异己之后，太子光于次年正式继位为齐侯，是为庄公，并命崔杼总揽大权，齐国进入了新君时代。

齐侯光的六年

齐侯光继位之前的做法也许会让我们想起一人，那个曾经被驱逐在外、忍辱十几年的郑厉公。同样的恨与怨，同样的血腥与杀伐，而他们麾下也都有着一个老谋深算的能臣。只要元素齐全，历史总会相似，那么，历史又将重演吗？

齐侯光继位的第一年（前553年）立即与晋国恢复邦交关系。晋国虽然在平阴之役上成功教训了齐国，但齐侯光的为人他们是最清楚的，齐国到底是大国，也不是一朝一夕便可瓦解，故非常重视与齐国修好，于是在前一年（前554年）年末便定下大隧之盟。齐侯光正式登基后，又于当年与鲁侯、晋侯、宋公、卫侯、郑伯、曹伯、莒子、邾子、滕子、薛伯、杞伯、小邾子十二国君主定下了澶渊之盟，中原恢复了和平局面。然而，春秋中晚期的会盟愈发频繁便也愈发无用，齐国表面上与晋国立盟，内心深处的怨愤依然难以平复。平阴之役是齐灵公之耻，更是齐侯光难以放下的心结，他仍旧在寻找复仇的机会。

机会很快就来了。

晋国内部燃起了纷争。世家大族正在剿杀栾氏家族，栾家之主栾盈于齐侯光二年（前552年）秋逃到楚国。晋国不肯放过栾盈，于是在同年冬于商任召开诸侯大会，旨在告诫各国不要干涉晋国内政，更不要收留保护栾盈及其党羽。而在这次会议上，齐侯光便表现出不以为意，他看到栾盈是撕开晋国的一道口子，如果晋国内乱加剧，齐国就会坐收渔翁之利。于是，当次年（前551年）栾盈由楚投奔到齐国之时，齐侯光没有听从晋国的告诫，公然收留了栾盈。

栾盈来到齐国是探问还是早与齐国暗中串联，史书中没有留下记载，但对于他的到来，大臣晏婴提出反对意见："商任之会，受命于晋。今纳栾氏，将安用之？"并认为国君此举是不守信用的举动，"失信不立"。齐侯光当然不会听他的谏言，于是晏婴预言齐侯光将不能久立："君自弃也，弗能久矣！"①晏婴又称晏平仲，也就是我们所熟知的故事"晏子使楚"中的那个晏子。晏子不但是齐国历史上有名的贤臣，更因《晏子春秋》一书而名列春秋时期的大思想家、政治家。晏婴不能说动齐侯光，说明君臣二人并非一心，两人的着眼点和思路是相左的。不过，晏婴的谏言也从侧面反映了齐侯光时期的朝堂关系：一方面，崔杼虽然身居一人之下万人之上，但他并没有把国君变为傀儡，齐侯光虽因他扶持而上台，但仍然享有极大的自主权，并没有被崔杼左右。另一方面，齐国朝堂也不是崔杼的一言堂，晏婴可以随时向国君谏言，说明崔杼并没有限制他人的言论。崔杼手握大权却没有僭越，这在春秋时期是极为难得的。当年初登大宝的郑厉公若不是被权臣祭足挟持控制，也不会发生出逃和杀戮。齐侯光是幸运的，那么，他对待崔杼会态度友好且感念吗？很遗憾，他没有。

齐侯光爱上了崔杼年轻貌美的妻子棠姜。

棠姜是崔杼手下东郭偃的姐姐，又称东郭姜。东郭偃是齐桓

---

① 《左传·襄公二十二年》，第1292页，中华书局，2012。

公之后，故与崔杼同宗同姓。棠姜原本嫁与大夫齐棠公为妻，故称棠姜。齐棠公死后，东郭偃请上司崔杼去姐夫家吊唁，想必是打算为自身增添荣耀，却不想老上司一眼就看中了年轻貌美的小姐姐。东郭偃本不愿意，并以与其同宗同姓为由婉拒。但崔杼不依不饶，大搞占卜。大夫陈文子见占卜辞不吉，告诫他"入于其宫，不见其妻"[1]可崔杼已被美色迷了心窍，对此置若罔闻，执意要娶棠姜。众人见此情景也是无奈，纷纷罢手不再干预。

美人自有千人爱。崔杼喜欢的，齐侯光自然也会喜欢，何况崔杼已老，而齐侯光正值盛年，眼见美人为老朽所据，内心岂能平复？于是趁着崔杼不在家时，常常去崔府做客，一来二去的，棠姜就成了齐侯光的情妇。国君偷情本就难看，何况"偷"的是有拥立之功的股肱之臣的家室。而齐侯光更不以史为鉴，忘记了当年陈灵公在朝堂上穿着夏姬的内衣招摇的丑态及恶果，他竟然拿着崔杼的帽子送人。这样的行径立即引来身边侍者的好意提醒，但齐侯光却不以为意，出言羞辱崔杼。事情传到崔杼耳中，老臣岂能忍辱？这些年，崔杼为齐侯立下过汗马功劳，国君非但无所报，却恩将仇报。原本是相辅相成的一对君臣，自此埋下了仇恨的种子。

继位短短三年，齐侯光已经不是当年那个英姿勃发、名扬诸侯的太子光了。从复位后的血腥铲除异己到侮辱股肱之臣，他一步步迈向沉沦。

齐侯光四年（前550）春，齐国决定不再对晋国忍辱负重，要为平阴之役一雪前耻。为此，齐侯光采取了两步走战略。第一步，趁晋国将嫁公女去吴国之时，以为晋国出陪嫁女为掩护，秘密将

---

[1]《左传·襄公二十五年》，第1342页，中华书局，2012。

栾盈送回了晋国。齐侯光此举的目的在于让栾盈给晋国增加内乱，损耗晋国的精力和注意力。不过，此处有一个有趣的细节：春秋时期，历来是同姓诸侯国出陪嫁女，而晋、齐本异姓，所以说这是不符合礼制的。那么为什么晋国会允许齐国如此做，为什么不怕齐国会借此钻空子？史书中并没有给出细节解释，是一个难以捉摸的谜题。或许，有很多细节被略掉了，导致无从揭秘。

接下来是第二步。为了麻痹晋国，齐国没有直接发兵攻晋，而是于同年秋先去攻打卫国。在此之前的史料里，并没有关于齐、卫矛盾的记载，可见齐国伐卫是假，目标就是晋国。晏婴对此早有预料，眼见国君要来真的，他大感形势不妙，立即谏言国君不要轻易攻伐霸主。同时，崔杼也站出来说话："不可。臣闻之，小国间大国之败而毁焉，必受其咎。君其图之！"[1]"小国间大国之败"是指晋国此时正为栾氏而伤脑筋，齐国此时去攻打晋国是乘人之危，会招来不祥。从崔杼的话里我们已经明显地看出，齐国已然式微，在晋国面前是区区小国了。

两位谋臣的劝谏均未能说动齐侯光，想必他已然筹划许久，不是一时的心血来潮。作为曾经质晋十年的公子，虽表面风光，但在异国他乡的屈辱也只有他自己知道。自桓公死后，齐国多次被晋国攻伐，这是国耻；质子之艰辛，是个人之恨。齐侯光是能忍之人，但也因此他仇怨极深，一旦有机会报复便绝不放过。

齐侯光亲率大军浩荡出发。伐卫非常容易，且并非本意，点到为止，掉头直奔晋国而去。此次报复之举还算成功，夺下城池朝歌，"入孟门，登太行。张武军于荧庭，戍郫邵，封少水"[2]，于

---

① 《左传·襄公二十三年》，第1310页，中华书局，2012。
② 《左传·襄公二十三年》，第1312页，中华书局，2012。

是班师回朝。回国途中，齐侯光自觉太顺利，不能尽兴，于是又顺道去攻伐莒国。可大风大浪都过来了，阴沟里却翻了船，不但齐侯自己的大腿被射伤，还损失了一员大将杞梁。可谓乘兴而去，败兴而归。晋国因为忙于栾氏内乱，被齐国钻了空子，心里憋了口气。齐国撤兵后晋国剿杀栾氏一族，局势重新恢复稳定，便也要寻一个机会赶来报复了。

未知是否因身体受伤而导致心里恐慌，凯旋的齐侯光却突然对自己的伐晋感到后悔和害怕，似乎当初两位谋臣苦口婆心的劝谏全都想起来了，特别是崔杼的那句"小国间大国之败而毁焉"就显得格外真切。此情此景如何是好？齐侯光想起了唯一一势力可以与晋国不相上下的楚国。楚国也没有辜负齐国的期待，毕竟对于楚国来说，有一个中原大国肯与自己为伍，共同对抗百年来处于上风的晋国，是百利之事。齐侯光五年（前549年），晋国率军来报仇，楚国及时出兵晋国的盟友郑国，这是楚国爱玩的老战术，目的在于分散晋国注意力，赶去营救郑国。有楚国出手相助，齐侯光心里稍安，可他岂能预料到，真正的祸患不在境外，就在国都之内。

不用猜，一定又是崔杼。

曾经在人生最困顿的时候挽救过你的人，也许就是结束你幸福的人。而其中的缘由，不同人、不同事，便会有千百种。崔杼为什么会对齐侯光起异心？前文已经说了积怨：夺妻之恨。但崔杼忍了。而齐侯光一意孤行得罪晋国，崔杼却看到了更糟糕的前景，是齐国的前景。在崔杼的谋划里，齐国既然是小国，那么应该尽量保存实力，不要与晋国对着干，但这是与国君的意见相左的。于崔杼看来，齐侯光与先君齐灵公不同，齐灵公是崔杼的恩人，没有灵公的任命、提拔和信任，就没有自己的今天。齐侯光却是崔杼一手扶植起来的。从他被册封为太子的那时起，崔杼就在关注他、扶持他、保护他，直到他顺利做了国君。而这位国君对他做了什么呢？抢夺他、羞辱他、利用他。崔杼觉得自己不能再忍了，之前的纵容是错的，他原本就应该立一个傀儡国君。

于是，崔杼也下了一盘棋。

第一步，假意伐莒和鲁。当初齐侯光伐晋之时，鲁国派兵援助过晋国，故齐国此举算师出有名。莒国则更不必说，射伤了齐侯光大腿，一定要报复。然而，对于他的假意，鲁国大臣孟公绰看在眼里，对鲁侯说："崔子将有大志，不在病我，必速归。"[①]意即崔杼要在国内搞大动作，出兵是为了麻痹和取悦齐侯而已。那么，孟公绰是怎么看出崔杼的"大志"的？既然鲁国的大臣都看出来了，齐侯光怎么看不出来呢？史料没有给出孟公绰破案的线索，但齐侯光这边倒是可以推测，他的目光都在崔杼家后院，而他的傲慢更蒙蔽了自己的视线。

崔杼的这次出师更加获得了齐侯光的信赖，但另一方面，在他眼中，崔杼已然成为拿来取笑的冤大头，而他不知道，冤大头就要走第二步棋了。

当时，齐侯光身边有个宦官叫贾举，不知出于什么原因被国君鞭打。我们似乎看到了齐襄公当年的影子，他也曾殴打过一个叫费的宦官。似乎齐国的君主都有脾气暴躁的基因，而基因会决定命运。

敌人的敌人是朋友，这是事物的内在逻辑决定的。于是，贾举就成了崔杼的"朋友"。崔杼是谋臣但不是近臣，只有近臣才最了解国君的生活起居、脾气秉性，于是两人有了一番缜密的筹划。

---

① 《左传·襄公二十五年》，第1341页，中华书局，2012。

齐侯光六年（前548年）夏五月，莒国国君来齐国"请罪"，而崔杼缺席了国宴，理由是生病了。齐侯光没有任何怀疑，于次日去崔府探望。出来迎接他的却不是崔杼，亦非家臣，而是棠姜。齐侯光一见棠姜就仿佛忘了自己是来干什么的，于是跟着棠姜一路走入后院。棠姜假意要齐侯等她，自己先进了内室，此时崔杼正在室内等着她。两人悄悄从侧门溜出，而等在外面的齐侯光还不知内情，他见棠姜总是不出来，遂"拊楹而歌"，就是拍着柱子唱歌。这举动本身就令人迷思：既然是来探望崔杼的，就不该偷偷地约会情妇；既然在崔杼在家的情况下偷会，就更不该唱歌引人注意。即便这不是一场阴谋，作为奸夫不该谨慎吗？齐侯光是真的没把崔杼当回事，<u>丝毫不将他放在眼里</u>，以为崔杼的一切都是拜自己所赐，要完完全全地奉献给他。可是，他错了。正在他唱得尽兴之时，贾举将国君的随从挡在大门外，而门内，早已埋伏好的崔府兵卒突然从暗处杀出来。齐侯光这才意识到大事不好。

> 甲兴，公登台而请，弗许；请盟，弗许；请自刃于庙，弗许。皆曰："君之臣杼疾病，不能听命。近于公宫，陪臣干掫有淫者，不知二命。"
>
> ——《左传·襄公二十五年》

手无寸铁的孤家寡人齐侯光此时没有任何保护自己的能力，恐怕连当年"断鞅"的佩剑都没有带。他登上高台请求免死，遭到拒绝；退一步请求讲和，遭到拒绝；退一万步，请求自行了断，留个体面，仍遭到拒绝。士兵假装不识国君，只遵守主人的命令抓奸夫。齐侯光自知难逃一死，还想最后一搏，于是奋力爬墙。士兵搭弓就是一箭，真巧，又射在了大腿上。齐侯光坠落下来，众士卒一拥而上，仅在位六年的齐侯光就此殒命崔府，其惨死之状也许直逼先祖齐襄公。

齐侯光被弑，崔杼立即展开血腥屠戮，不但国都之内的国君势力遭到屠杀，连国都之外的也不能幸免，仅有少数人侥幸逃离齐国。然而，崔杼却放过了一人，这就是晏婴。

当晏婴赶到崔府时，齐侯光的尸体就停在地上。虽然不认同国君生前的许多做法和行为，但身为一个忠君爱国的大臣，面对此情此景，晏婴心中的悲痛是复杂却又真挚的。"枕尸股而哭，兴，三踊而出"。他枕在齐侯光尸体的大腿上痛哭，起身顿足三次是他对国君的惨死表达悲切之情。毕竟，躺在地上的那个人曾经是齐国的希望，他的英勇、果敢、临危不惧是晏婴看到过的。怎么短短六年，一个大活人就变成了一具尸体！当年的齐国之星是怎么迅速陨落的？世事之变幻，有几人能全速追击？人性之幽微，又有几人能完全参透？晏婴痛惜但也清醒。他忠君但不愚忠。旁人问他是否会以身殉君，他拒绝了，"君为社稷死，则死之；为社稷亡，则亡之。若为己死，而为己亡，非其私昵，谁敢任之？"意即国君如果为社稷而死，做臣子的也应该以身殉职，但国君是为这般荒唐之事被杀，做臣子的跟着自杀不是白痴吗？他的话被人听到，报告给了崔杼，并劝崔杼杀晏婴。但崔杼拒绝了，说晏婴是"民之望也！舍之，得民"。为了收买人心也好，钦佩晏婴的勇气也好，崔杼不杀他，根本原因在于他知道晏婴不是真正的敌人。因为晏婴的思路和他不一样：崔杼要的是权力，晏婴则要做楷模。

如晏婴这般想法的人还有齐国的史官，可就没那么幸运了。

大史书曰："崔杼弑其君。"崔子杀之。其弟嗣书，
而死者二人。其弟又书，乃舍之。南史氏闻大史尽死，
执简以往。闻既书矣，乃还。

——《左传·襄公二十五年》

我们都知道，历史是胜利者书写的。在这场政变中，崔杼是胜出之人，必然要推卸责任，美化自己。于是面对史官的秉笔直书，崔杼无法接受，一连杀了几位史官。可仍有史官在坚持写，崔杼只得放弃了。无论你做了什么，无论如何掩盖、粉饰、屠杀，都不会让历史改变。做过就是做过，总有人会为你记下一笔。杀不尽天下人，就会被天下人知晓；而杀尽天下人，独留一人还有何意义？

政变之后，崔杼草草下葬了齐侯光，完全抛弃了国君之礼，这是对他最后的报复。紧接着，他拥立齐侯光异母弟，是为齐景公。崔杼吸取教训，总揽朝政，而他的副手又是庆家的人，正是前文提到过的庆封。新的时代开始了，这一次，还会很快结束吗？

最后的时光

崔杼掌权后做的第一件事便是巩固权力，要求国人对其誓死效忠。他掌控了内政，接下来是向晋国示好，表示不再与晋国为敌，全心全意归顺。两件事后，齐国安稳了两年。然而，崔杼却不曾预料，他苦心经营的一切将瞬间瓦解，这个瓦解之人正是他一手扶植起来的庆封。

当然，能够被人从外部瓦解的前因一定是自身内部已有裂隙。这仍要从崔杼与棠姜说起。两人结婚后生有一子，名崔明。但两人在婚前也各有前房子女。棠姜有子棠无咎，崔杼有子崔成和崔强。两人结合时虽都是寡居，但孩子们却不可避免地有里外亲疏。崔杼最喜欢崔明，崔成和崔强就会被一定程度上冷落，更别提棠无咎这个"拖油瓶"，他直接和舅舅东郭偃做了崔杼的仆从。崔成因身体有病被崔杼剥夺了嫡长子的一切权益，也许这只是个借口，当年晋太子申生身体倍儿棒、吃嘛喷儿香，照样难逃一死。崔成自知无力争位，也想躲清静，于是请求去老崔家的食邑崔地养病以了余生，崔杼也同意了，这也算是给长子的补偿。然而，东郭偃和棠无咎却出来反对，认为崔地是"宗邑也，必在宗主"，意即崔地类似于一国首都，只有嫡子才有资格享有并终老于此，怎么废长子还有这个资格？他们所顾虑的无非是崔地一旦成了崔成积聚个人势力的老巢，将来必对崔明不利。毕竟崔杼已经是年逾七十的老人了，在春秋时期能活到这个岁数的可不多。一旦哪天老崔归天，崔明还小，哪里斗得过崔成哥俩？东郭偃的话传到了崔成和崔强的耳朵里后，两人愤愤难平。哥俩也很有趣，没有去找父亲评理，而是去找了庆封，说："夫子之身，亦子所知也，唯无咎与偃是从，父兄莫得进矣。大恐害夫子，敢以告。"说父亲崔杼被棠无咎和东郭偃迷惑了，啥都听外人的。这俩人就是祸害我爹啊！为什么去找庆封？想必他们自幼就与庆封相熟。三十多年前，庆克就是崔杼的副手，两家熟络，孩子们自然也关系好，从来无话不谈，根本没把庆封当外人。但他们不知道，在庆封眼里，他们可是实实在在的外人。庆家想要再往上迈一步，崔家就是其前进途中的路障。于是庆封假意安抚了他们，转回身便与同僚卢蒲嫳（piè）商量。卢蒲嫳非常直接，告诉庆封："彼，君之仇也。天或者将弃彼矣。彼实家乱，子何病焉？崔之薄，庆之厚也。"[1] "君之仇"指的是弑杀国君的行为让崔杼成了当今齐侯的仇人，但这只是卢蒲嫳虚晃一招。精髓都在后面那句"崔之薄，庆之厚"。庆封一听即懂，办大事的人从不瞻前顾后、优柔寡断，于是心生一计，说干就干！

过了几天，崔成兄弟又找庆封诉苦，这次庆封直接拍胸脯保证为他俩出气。很快，齐景公三年九月庚辰（初五），行动开始了。"崔成、崔强杀东郭偃、棠无咎于崔氏之朝"，崔杼在后院听见前面的情况后"怒而出"，可此时，大家都吓得抱头鼠窜，没人上前伺候了。崔杼想要找人驾车却找不到车夫，最后还是崔府的宦官出来应付差事。崔杼一路赶来庆府找庆封帮忙，他并不知道这其实都是庆封的圈套。庆封假惺惺地告诉崔伯伯一定帮他平乱，于是使卢蒲嫳率领亲信大夫一举剿灭崔氏满门，崔成和崔强也一并被杀，棠姜当场自尽。只有崔明侥幸逃脱，后奔去了鲁国。当卢蒲嫳回来接崔杼回到崔府，面对灭门之惨境，崔子这才恍然大悟，机关算尽，最后被最信任的人背后一刀。此刻想起当年执意要娶棠姜，陈文子给他的那句卜辞："人于其宫，不见其妻，凶，无所归也。"可不就是今日眼前的景象？死了。都死了。崔杼啊崔杼，一生沉浮，几经风雨，却为什么总是看错了人？！

于是，崔杼在空无一人的崔府自缢身亡。

崔氏一族被灭，齐国庆氏一家独大。因当初除崔氏是打着为齐侯光报仇的名义，于是庆封将当初崔氏之乱时逃亡在外的公子们都接了回来并给予丰厚的补偿。毫无例外地，庆封也向晏婴示好，理由与崔杼无甚区别。毫无悬念，这样的示好同样遭到了晏

---

[1] 《左传·襄公二十七年》第1424页，中华书局，2012。

婴的婉拒。

紧接着，庆封着手改葬齐侯光。当初因崔杼出于报复之心，齐侯光被草草下葬，这一次重新被起出棺木以国君之礼厚葬。齐侯光被杀后想必没有正式的谥号，此时齐国为他正式上谥为庄，算是肯定了他生前的一些作为。因春秋早年齐僖公之父已被谥为庄，故为了区别，史家一般称齐侯光为齐后庄公。而对待崔杼的尸首，庆封却一如崔杼当年对待齐后庄公，借曝尸街市以泄愤羞辱。只是，被崔杼一手扶植起来的庆封，究竟对崔杼有何愤恨？无非是做给齐景公看而已。而他那颗暗藏的私心，又有几人能够参透？

待一切尘埃落定，齐国正式进入了齐景公时代。因庆氏家族也很快在政治斗争中覆灭，没有长期控制朝局，故齐景公成为齐国最后一任有自主权力的国君。齐景公后期陈氏家族崛起壮大，逐渐架空公室，乃至取而代之，自立为王。曾经辉煌的太公后裔们从此彻底告别了旧日的辉煌，再也回不去了。

第十九章

东风多恨意，戏我章华台

楚灵王

楚成王被儿子商臣逼宫自尽后，楚国历经了穆王的过渡和庄王的称霸，平稳承接到了共王时代。楚共王继位时刚刚十岁，突然间继承了一个处于鼎盛期的庞大国家，于是接下来一路殚精竭虑，操劳忧患，离世时年仅四十一岁，正是一国之君的盛年时期。临终前，他对自己三十一年的执政生涯颇多自责，甚至强迫大臣们同意为他上谥为"灵"。但令他不能想到的是，群臣没有遵照他的遗愿，而是以"共"（共通恭）字肯定了他勤勤恳恳的一生。[①]令他更不能想到的是，二十八年后，楚国君王列表中竟然真的出现了灵王，而这个灵王正是他的儿子公子围。这二十八年间究竟发生了什么？这还要从楚共王晚年说起。

话说楚共王有五个儿子，原本不该为传嗣的问题发愁。可偏偏，五个儿子没有一个是嫡出。没有了可遵循的规章制度，这就令老父亲犯了难。这五个儿子年龄相差较大，最长的公子昭应已成年，而最小的公子弃疾还是襁褓中的娃娃。楚共王左思右想不

① 《左传·襄公十三年》："楚子疾，告大夫曰：'不穀不德，少主社稷，生十年而丧先君，未及习师保之教训而应受多福。是以不德，而亡师于鄢，以辱社稷，为大夫忧，其弘多矣。若以大夫之灵，获保首领以殁于地，唯是春秋窀穸之事，所以从先君于祢庙者，请为"灵"若"厉"。大夫择焉！'莫对。及五命乃许。秋，楚共王卒。子囊谋谥。大夫曰：'君有命矣。'子囊曰：'君命以共，若之何毁之？赫赫楚国，而君临之，抚有蛮夷，奄征南海，以属诸夏，而知其过，可不谓共乎？请谥之"共"。'大夫从之。"第1180页，中华书局，2012。

能得到答案，于是，他决定将楚国未来的命运交给"神明"，并向山川天地喊话："请神择于五人者，使主社稷。"那么，该如何知晓"神明"的旨意？这需要为神明寻一个通导人间的化身。很自然的，楚共王选择了春秋时期祭祀常用的玉璧。楚共王的想法是，把玉璧埋起来，地点选在祖庙的庭院里。这不是一块普通的玉璧，它已被楚共王向"群神"做了展示，并有了"当璧而拜者，神所立也，谁敢违之"这开光一般的誓言。所谓"当璧"，就是恰好正对玉璧，或差不多的位置。其后，自以为万无一失、一切由"神明"做主的楚共王安排五个儿子依次走入庭院斋戒祭拜。最先走入庭院的是老大公子昭，他双脚跨在玉璧两边，没有"当璧"。其次是老二公子围。下拜时，他的胳膊肘压在了玉璧上，也没有"当璧"。接下来是老三公子干和老四公子皙，他们则距离玉璧的位置较远，连玉璧的边都没碰着。最后是被人抱着走进来的公子弃疾。真巧！抱着他的人接连向"神明"拜了两次，每一次公子弃疾都准确地压住了璧纽，可以理解为他恰好"当璧"[①]。那么，一切不言自明，"神明"选择了公子弃疾。然而，事实的发展却没有遵循"神明"的旨意，楚共王去世后，继承君位的却是长子公子昭。史书里没有解释这中间到底发生了什么以促成这样的结局，不过，从群臣不曾听从楚共王的遗嘱这件事来看，他们自然也不会去辅佐一个还没有长大的孩子，这无异于陪着儿童一起寻死。于是，公子昭成了楚康王，在位期间政权平稳，直到十五年时离世。他的几个弟弟似乎都没有计较"当璧"的往事，包括如今应已近成年的公子弃疾。想来，他们是较为敬重长兄，也忌惮于他的势力。然而，长兄死了，长兄之子公子麇（jūn）继位为君。四

---

① 见《左传·昭公十三年》，第 1782 页，中华书局，2012。

个实力雄厚的叔叔肯真心辅佐一个未经世事的侄子吗？历史的经验多次告诉我们，这是不可能的。

楚公子美矣

我们本章的主角并不是"当璧"的公子弃疾，不过，他的确会在本章的末节现身，我们还将在本书的最后一章里看到他不太光彩的身影。本章，我们要聚焦的人物是他的二哥公子围。

公元前544年四月，楚国为楚康王举行了一场盛大的葬礼。若说一国之君亡故，葬礼理应是最隆重的。但此次楚康王的葬礼则别有不同，除了国君所应享有的高规格外，他还享有了一般国君所难有的待遇：他国诸侯前来送葬。参与此次葬礼的有鲁襄公、陈哀公、郑简公和许悼公，特别是鲁襄公的出现，让楚国感到极有排面。在楚人看来，这表明以鲁国为代表的中原文化已然接纳了自己，楚国不再是蛮夷，而已是中华正统中的一员。不过，对于这一次送葬，各国随行的官员可并没有觉得楚国盛世安稳、岁月静好，郑简公身边的外交官子羽就敏锐地注意到了葬礼上所体现出的不同寻常的现象，并大胆预言："是谓不宜，必代之昌。松柏之下，其草不殖。"[1]

有人要取而代之！子羽在说谁？为何有这样的预言？原来，葬礼后，伴随着公子麇正式继位为楚王，新一任令尹也诞生了，这就是二叔公子围，而子羽所暗指的正是这位新令尹。可惜的是，史书里没有记载葬礼上究竟发生了什么，不过，子羽恐怕也不是恶意揣测。毕竟，新王年少，主少国疑这四个字虽还没有出现，

---

[1] 《左传·襄公二十九年》，第 1459 页，中华书局，2012。

道理却是老早就有的。而从后面公子围的各项表现来看，恐怕子羽已然猜测到楚国这刻意打造的盛大场面，其背后的助推者正是公子围。

郑行人子羽的判断并非孤例。转年（前543年）春正月，新任楚王派遣大夫薳罢（wěi pí）去鲁国进行国事访问，鲁国大夫穆叔当年也随国君鲁襄公参加了楚康王的葬礼，见过令尹围，于是问起："王子（公子围）之为政何如？"薳罢听罢可不敢乱说，于是搪塞说自己只是个小人物，当差都战战兢兢的，哪懂得执政上的大事？穆叔哪里会信他的话？薳罢可是楚王任命的外交大臣，他岂能不懂政事？于是又问了几次，可无论怎样薳罢都一口咬定自己什么都不懂。他的异常表现让穆叔格外警惕，对自己人说："楚令尹将有大事，子荡将与焉助之，匿其情矣。"[①]子荡就是薳罢，他的隐瞒是在为令尹围遮掩，这说明令尹围将办大事。什么大事？不言自明，篡位！

那么，令尹围果真有夺权篡位之心吗？就在穆叔作此判断后不久，楚国内便发生了一件大事："楚公子围杀大司马薳掩而取其室"[②]。大司马是仅次于令尹的二号官职，按道理说应该是协助上级工作的鼎力干将。而令尹围却将任职大司马的薳掩处死，且夺占了他的家室和财产，这又是为什么？就在此事发生后，大臣申无宇有过一番批评，其中一句话似道出了隐情："司马，令尹之偏，而王之四体也。"前一句我们刚才已然说过，而后一句则是此次杀戮的根本原因，大司马的职位与其说是令尹的下属，更直接地说是国君的四肢，也就是说，他是国君用来制衡令尹的。如此说来，

---

① 《左传·襄公三十年》，第1485页，中华书局，2012。

② 《左传·襄公三十年》，第1502页，中华书局，2012。

令尹围是感觉到了大司马䓕掩对他存在威胁，或者说，大司马䓕掩对国君忠心耿耿，甚至可能是楚康王的托孤之臣，于是就对令尹围的一些做法看不过去。试想，连郑国和鲁国的大夫都看出来的事，难道能逃得过楚国大夫的眼睛？大司马䓕掩早就看出了令尹围的野心，甚至公开说了什么话，令尹围岂能留他？必除之而后快！如此说来，其野心已昭然若揭。

转眼又一年过去了，时间来到新王继位的第三个年头（前542年），这一年卫襄公来到楚国，随行的是大臣北宫文子，很自然的，君臣二人一定会见到令尹围并有较多的接触。而楚康王离世后的第三年，令尹围的篡位之意已然写在脸上。北宫文子私下对卫襄公说："令尹似君矣！将有他志。虽获其志，不能终也。"对于前半句，卫襄公并不惊讶。而在后半句里，北宫文子预言令尹围不得善终，这就有点玄学的意味，于是惊讶地问："子何以知之？"北宫文子则不慌不忙地从相理学的角度有模有样地做了一番分析，所谓"令尹无威仪，民无则焉。民所不则，以在民上，不可以终"①，大意就是令尹围不具备可以让臣民效忠模仿的品质，成不了万众一心的楷模，因此他强硬执政者的姿态是不能长久的。后面还有一番长长的大道理，旁征博引，洋洋洒洒，不难看出，与其是在评论令尹围，不如说是在教自家国君做人。

短短三年，新任楚王无甚作为，而令尹围已然成为诸夏关注的焦点、新时代的顶流。人人谈论他，预测着楚国的未来，而他却还没有踏出国门一步。但很快，这一天便来了。

公元前541年春，令尹围带着大臣伍举和大批随从浩浩荡荡离开国境，他们的目的地是小弟郑国，出行目的有二，其一是国事

---

① 《左传·襄公三十一年》，第1530～1531页，中华书局，2012。

访问，其二则是为自己讨一门亲事，令尹围要娶郑国氏族公孙段氏的女儿为妻。而令尹围上任以来的第一次出访则引起了一场不小的风波。

面对楚国的浩大人马，郑国人的内心是拒绝的。从百年前的齐楚争霸到后来的晋楚争霸，郑国一直是被两头夹击，屈辱中求生存。此次楚国令尹围前来娶亲，却带来这么多人，会不会别有意图？此时的郑国执政是名相子产，他的焦虑格外深重。为防止楚人借机进入郑国国都，他没有允许迎亲的队伍进城，而是直接挡在了城外，甚至拒绝了楚人进城娶亲拜女方祖庙的例行仪式，而是要求在城外野地单设一处替代点以举行祭拜。子产的做法是否过分？从礼法上来说的确是错误的。但子产的担心却并非得了被害妄想。在中原人心中，楚人历来以不讲诚信闻名，行事贪利而狡诈。如今，楚王更替且换了新的令尹，其弑君篡位之心已传遍诸夏，与这样的人打交道岂能不做防备？而面对子产的要求，楚国人自然也是极为不满，楚国大宰伯州犁表明为了这门亲事，令尹围在出发前就做了各项精心准备，连祖宗面前都通禀过了。未成想到了郑国却受到百般阻挠和破坏，这是赤裸裸的羞辱，是故意和令尹过不去！是有意让令尹围没脸！面对楚国一方的指责，郑国一方也表现得不卑不亢，代表发言的就是几年前预言令尹围要取而代之的子羽。他的意思也很简洁，别装了！我们看出来了，你们就是包藏祸心！双方僵持不下，最后楚国的伍举出来调节，提出楚国方面不带兵器进城，算退了一步。郑国也允许了楚国的提议，令尹围这才顺利从郑国娶走了新娘。那么，楚国是否真的像子产所担忧的那样想使诈侵略郑国呢？恐怕是的，伍举之所以做出让步，就是看出郑国已然猜到了楚国的险恶目的，给楚国留个面子的举动，即"知其有备"①。

从郑国离开后，楚国一众人马并没有立即回国，而是去了虢，为了参加新一届的盟会。这是继公元前546年在宋国举行弭兵大会后的又一次诸侯大会。这次与会的诸侯很多，除了楚国一方，还有鲁国的叔孙豹、晋国的赵武、齐国的国弱、宋国的向戌、卫国的齐恶、陈国的公子招、蔡国的公孙归生，郑国也派出了大臣罕虎，以及许人、曹人。从这份与会名单可以看出，此次大会没有国君参加，是纯粹的官员级别的会面，而这些官员在本国都承担着重要的职务，甚至左右着朝局。这恰恰也代表着春秋中晚期新的政治模式的出现，各国的君权旁落，公族力量崛起，有的架空了国君，有的最后甚至分裂了国家。在四年前楚康王时期的弭兵大会上，晋楚两国就不太愉快，楚国争名夺利，抢着要做盟主，晋国感觉自己吃了大亏。而这一次，晋国的朝臣依然记恨着楚国，怕晋国再次吃亏。但带队的赵武则表现较为沉稳，认为晋国只要坚持诚信，不必在一时一地上与楚国争得面红耳赤。赵武的话固然有理，但与流氓讲理，说明讲理的一方是气弱的。的确，晋楚争霸百年，到此时，晋国已现疲态，不是当年让楚国有所畏惧的那个晋国了。不过，晋国早已备好了暗箭，之后我们还会谈到。

晋国又让了楚国一次。也许是有些飘了，令尹围的行为再次引起了热议。人们注意到，令尹围的出行队伍竟然摆起了国君的阵仗，这可是大逆不道的僭越。于是楚国的叔孙穆子不无讽刺地说道："楚公子美矣，君哉！"就是说，公子围可真够气派的！简直是楚王本王了！郑国的子皮也立即帮腔："二执戈者前矣！"你看你看！前头还有两个开道的！蔡国的子家见有热度，不蹭白不

①《左传·昭公元年》，第1538页，中华书局，2012。

蹭，于是说："蒲宫有前，不亦可乎？"人家自己都建好王宫了！找两个开道的有什么了不起？这大庭广众下闲言碎语的架势让楚国的大宰伯州犁脸上有点挂不住，于是说道："此行也，辞而假之寡君。"都是临出发前和我们家大王借的，意即这些都经过大王批准了，不是要僭越。但谁又会相信他的话？郑国的子羽接嘴道："假不反矣！"应该不会还了吧？伯州犁立即反唇相讥："子姑忧子皙之欲背诞也。"贵国的子皙还作乱呢！管好您自己吧！子羽不示弱，说："当璧犹在，假而不反，子其无忧乎？"当年当璧的事都忘了？就不担心真的借了不还？还不等伯州犁反驳，齐国的国弱立即说道："吾代二子愍矣！"都少说两句吧！我真替你俩担心啊！陈国的公子招也出来说话了："不忧何成，二子乐矣。"看他俩美的，估计成不了事。卫国的齐恶出来和稀泥："苟或知之，虽忧何害？"有忧虑是好事。宋国的向戌顺着齐恶的意思道："大国令，小国共。吾知共而已。"大国说啥就是啥，恭敬听着就得了。众人议论至此，晋国的乐王鲋做了总结性发言："《小旻》之卒章善矣。"（不敢暴虎，不敢冯河。人知其一，莫知其他。战战兢兢，如临深渊，如履薄冰。）这是《诗经·小雅》中《小旻》的最后一章，乐王鲋说起这一段，并表明"吾从之"，实在是暗示时局紧迫，勿做过多讥讽批评。[1]

令尹围的一次仪仗，竟然引起如此反响，每有一点动作必会引出一长串的猜测和揣摩。而关注令尹围只是表面，诸夏真正关注的是令尹围会给楚国带来的外交政策上的改变，是楚国将以何面目面向诸夏，这些都将影响中原各国的内政外交策略的走向。不过，这段对话本身在《左传》的记载中从不曾被特别注意到，

---

[1] 《左传·昭公元年》，第 1543 页，中华书局，2012。

可以说是政治场上的小话，充满了烟火气和戏剧性，没有大道理和大智慧却别有一番人间趣味。

在以上的叙述中，我们已多次看见伯州犁的身影，他每一次都在维护楚国甚至是令尹围的名誉。然而，从接下来发生的事件里，我们注意到他其实并不是令尹围的人。就在这一年秋，令尹围突然在人事安排上做了大动作，将四弟公子皙派去犫（chōu）、栎、郏三地筑城，为公子皙做副手的正是伯州犁。因犫、栎、郏三地曾经是郑国国土，后被楚国侵占，地理上接近现在的郑国，故而筑城的举动再次使郑国朝臣感到忧惧。而这一次，子产却没有先前令尹围来娶亲时的焦虑，只说了一句："不害。令尹将行大事，而先除二子也。"①令尹围的大事早就是尽人皆知的秘密了，那么"先除二子"就是弑君篡位的谋篇布局。有意支走公子皙和伯州犁的举动说明此二人恰恰是楚王的忠臣，伯州犁曾经的发言完全是出于对楚国的维护，并不是有意偏袒令尹围。

子产目光如炬，令尹围果真立即动手了。

时间转眼进入冬季，令尹围再次出访郑国，目的不详，陪同者仍旧是伍举。他们尚未出国境，国都传来消息，国君病重。听闻此消息，令尹围当机立断，命伍举全权代表自己出访，而他则反身赶回了国都。十一月己酉（初四），令尹围回到楚宫，探问国君病情。就在这探问之中，他痛下杀手，勒死了自己的侄子。这一刻终于还是到来了。紧接着，杀戮和逃亡开始了。楚王的两个儿子公子幕和公子平夏接连被杀，时任右尹的三弟子干逃亡晋国，在外地筑城的公子皙就近逃亡郑国，而伯州犁则被诛杀。反对势力铲除殆尽，令尹围将侄子安葬在郏，在位仅三年的楚王麇被后

---

① 《左传·昭公元年》，第 1579 页，中华书局，2012。

世称为"郏敖"，没有正式的谥号。

令尹围从此成了新的楚王，是为楚灵王（前541～前529年在位）。消息传到郑国，正在出访的伍举问使者怎么称呼继承人？使者倒是直接，就说我们大夫公子围继承了君位。伍举一听这不是胡闹嘛！哪一国的权力更替是这个流程？思虑一番后说"共王之子围为长"，而公子围到底是不是楚共王的长子已经不那么重要了，无非是给楚国挽回一些颜面而已。

合诸侯

无论如何，令尹围自立为君已是既成事实，无人有实力反对。那么作为国君的楚王围又如何面对诸夏？如何令国人和诸夏信服自己有资格做楚王？最终又能否俘获人心？这需要一个执政者的智慧，楚王围能做到吗？

楚国安葬郏敖的那场葬礼，郑国的子羽（游吉）参加了，顺道也参加了新王的继位仪式。这一次，他再次仔细地观察了楚王围，回到郑国后向子产做了一番详细的汇报。汇报内容简洁却凝练，包括两方面重要信息：其一，"楚王汰侈而自说其事"，楚王围是个骄奢淫逸之人，且傲慢自大；其二，"必合诸侯"，自大的人最喜欢怎样的交流方式？自然是一呼百应，山呼万岁。如何实现这样的场景？当然是春秋时期最盛行的诸侯大会。子羽对他所看到的一切充满了忧虑，但子产闻言却不以为意，说了句"不数年未能也"，楚王围刚刚继位，恐怕还欠火候。[1]子产的话并非大意轻敌，当年公子围娶亲的闹剧仍在眼前，他是在估测楚王围的实

---

① 《左传·昭公元年》，第1581页，中华书局，2012。

力和他所能达到的上限。果然，三年后（前538年），楚王围终于按捺不住自己狂热的称霸野心，广撒英雄帖，要召开诸侯大会了。

春秋时期的诸侯大会向来由霸主召开，久而久之演变为想当霸主的诸侯就开一个会来自立。但并不是谁都可以成功，当年宋襄公就吃了楚国的瘪，愤懑而死。楚王围继位才两年多，是骡子还是马呢？楚王围当然认为自己是马，子产也未必就一定认为他是骡，他还要静静地观察。与子产一样，诸夏也在观察。

就在前一年（前539年）的十月，子产陪同国君郑简公对楚国进行国事访问，楚王围为了证明自己是一匹傲视群雄的骏马，邀请郑国一行游猎云梦泽，即"田江南之梦"。如此浪漫的文字，记载的却并非浪漫的事。楚王围此举无非是向郑国大秀肌肉，在春秋时期，田猎往往是战争的演习。在国宴上，楚王围唱响一曲天子赞歌，这就是《诗经·小雅》中的《吉日》：

吉日维戊，既伯既祷。田车既好，四牡孔阜。升彼大阜，从其群丑。

吉日庚午，既差我马。兽之所同，麀鹿麌麌。漆沮之从，天子之所。

瞻彼中原，其祁孔有。儦儦俟俟，或群或友。悉率左右，以燕天子。

既张我弓，既挟我矢。发彼小豝，殪此大兕。以御宾客，且以酌醴。

虽然有很多的生僻字，但诗意其实很单一，大概意思是看我宝马豪车，膘肥体壮，武备精良，好酒好肉。看起来好像没什么，但诗里明确说了，这是"天子之所"。在场的哪有天子？天子不是在洛邑吗？《诗》三百篇，楚王围偏偏选择这首，其用意不只是写在自己脸上，而是怼到郑国君臣脸上去了。面对这种压迫感，一行人谁也不敢多嘴。转年春，许悼公到楚国进行国事访问，恰好郑简公一行还没回去，于是楚王围又搞了一次"田江南之梦"，并且将两君都留在了楚国，因为他就要"合诸侯"了。

然而，楚国所要面临的最大难题是晋国的态度。

自先祖成王与晋文公争霸以来已近百年，这百年间虽有楚庄王一鸣惊人、问鼎中原，但总体上来看较之晋国处于下风。只是楚康王以来，晋国霸主地位得到挑战，楚国勉强争得上风。即便如此，中原各国依然心向晋国，对楚国均心口不一。但这不是楚国想要的，楚人要的是诚心诚意的归顺，而归顺的前提是中原对楚人的接纳。复杂的局势、矛盾的心理；武力上征服的结局却是思想文化上的反向归顺。楚人始终没想通，楚王围更想不通。眼下，楚国要"合诸侯"，晋国必须出面，否则，诸侯可能根本不来。

去晋国请人的依然是伍举，他很会说话，说"寡人愿结欢于二三君。使举请间。君若苟无四方之虞，则愿假宠以请于诸侯。"核心思想就是大哥你帮说说话，你不说话小弟们都不来，兄弟我怎么撑这个场面？这是以楚王的口吻说话，用词非常谦和，姿态非常低，一看就虚伪得很。晋国愿意帮忙吗？当然不愿意。远在楚国的楚王围更是心里没底，于是找来子产，说说心里话：

> 楚子问于子产曰："晋其许我诸侯乎？"对曰："许君。
> 晋君少安，不在诸侯。其大夫多求，莫匡其君。在宋之盟，

又曰如一。若不许君，将焉用之？"

——《左传·昭公四年》

外表不可一世的楚王围心里是那么惶惑，需要子产的安慰。晋侯会答应我合诸侯吗？子产给他想要的答案：会的。其分析也显得很扎实，晋侯贪小利，晋臣多私欲，君臣各怀心腹事。楚王围听罢，心头稍安。但仍不放心，又问："诸侯其来乎？"子产马上答："必来。从宋之盟，承君之欢，不畏大国，何故不来？"弭兵大会后都诚心诚意归顺您了，干吗不来？不过，子产说有这么四个国家可能不回来，分别是鲁、卫、曹、邾。"曹畏宋，邾畏鲁"，这是两个小国迫于邻国大国的压力不来的原因。而卫国与鲁国是晋国的卒子，可能不会参加。至于其他诸国就不必担心了。楚王围听罢，心里更顺溜了。最后，他问了一个非常具有其个人特色的问题："然则吾所求者，无不可乎？"楚国历来以不服中原、有强烈的政治诉求的形象示人，但这不代表历任国君都有强烈的个人欲望，唯独楚王围非常的渴望来自他人的认可，极其在意自己的意愿能否得到满足与认同。这样的心理贯穿了他整个的执政生涯，直到生命的终结。而面对如此纠结的楚王，子产给鸡汤加了点盐，答道："求逞于人，不可；与人同欲，尽济。"[1]盐量适度，味道鲜美，若一味添加，可就有些苦了。子产就是在以较高的含盐量警示楚王：不要将自己的个人意愿强加于人，不会有好结果的。你照顾他人的利益，他人也就会照顾你的利益，大家都可以得到满意的结果。楚王围听懂了吗？

不过此时，我们先看看晋国的反应是不是像子产分析预测的

---

[1] 《左传·昭公四年》，第1619页，中华书局，2012。

那样。听闻伍举的一番虚伪之词，晋平公的内心反感至极，真想一口回绝了事。但大臣司马侯却劝国君隐忍：

> 楚王方侈，天或者欲逞其心，以厚其毒，而降之罚，未可知也。其使能终，亦未可知也。晋、楚唯天所相，不可与争。君其许之，而修德以待其归。若归于德，吾犹将事之，况诸侯乎？若适淫虐，楚将弃之，吾又谁与争？
>
> ——《左传·昭公四年》

他的建议主要有两个要点：其一是针对楚王的。楚王围是个骄奢之人，上天欲要其灭亡，必先使其疯狂。疯大发了也就到头了。其二是针对晋国自身，要修德，要以德服人，诸夏的心还在我们这里。晋平公本来还是气不顺，但司马侯又做了一番分析和劝谏，晋平公这才勉强应允。伍举听闻晋国答应了，欣喜非常，顺便再为楚王讨一房媳妇，晋平公也答应了。

虽然结果如子产而言，但似乎子产的分析不够准确，晋国君臣之间还是较为团结的。难道是子产看错了？未必如此，子产故意顺着楚王的意思哄他开心的成分更高。他已经精准地拿捏住了楚王的心理，后者是一个需要哄需要捧的人，无论是规劝还是警示都得哄着说。

同年六月丙午（十六），楚王围终于完成了继位以来的第一件大事，"合诸侯于申"。在会前，伍举向楚王列举了前人举行诸侯大会的例子，目的在于探问楚王以谁为榜样。楚王围果断选择了齐桓公的召陵之盟，这是楚国第一次与中原大国对垒，齐桓公向楚国炫耀了一番自己的君威。齐桓公是个张扬且强势的人，有一定的个人魅力，恰好就是楚王围的膜拜对象。于是，在申之会上，楚王围也是极尽张扬，大肆炫耀。伍举出来劝谏，但楚王围根本当耳旁风。子产看在眼里，心头释然，说："吾不患楚矣，汰而愎谏，不过十年。"宋国的向戌同意他的看法，说："然。不十年侈，其恶不远，远恶而后弃。"[①]两人的意思用当年郑庄公的话就可以概括："多行不义必自毙，子姑待之。"[②]

申之会结束后，楚王围没有和大家说再见，而是顺势率领各路诸侯杀向吴国并大获全胜。楚国与吴国的恩怨是非我们下一节细说，这里要为崔杼的叛徒庆封做一个了结，因为楚王围在吴国的朱方活捉了他。

庆封自阴谋诛杀崔氏一门后就是齐国的首席执政权臣，怎么会突然出现在吴国？其实，庆封比之崔杼非但无能且骄奢淫逸。自夺权后他便将朝政交给自己的儿子庆舍，自己则整天吃喝玩乐，不理政事。而庆舍则是个自视甚高的无能之辈，很快遭遇崔杼党人的报复，遭到灭门。而此时，好玩的庆封恰巧在外田猎，躲过一劫，于是先逃奔到鲁国。原本鲁国愿意收留他，结果发现他太没文化，粗鲁得不忍直视，于是不愿保他，庆封只得又逃去了吴国。而吴国是蛮夷之国，不讲诗书礼仪，给了庆封一块叫朱方的土地，庆封便安顿下来，且经营得有模有样，富甲一方，继续他的享乐生活。

只是万万没想到，好日子就这么快见了头。没几年工夫，楚国大军压境，直接拿下朱方，庆封立即做了俘虏。而这一次，楚王围没有放过庆封，一定要杀之以谢天下。

---

① 《左传·昭公四年》，第1627页，中华书局，2012。
② 《左传·隐公元年》，第8页，中华书局，2012。

庆封是齐国的叛臣，鲁国和吴国都没有把他怎么样，楚国为何要为齐国讨这个公道？原因恰恰在楚王围刚刚自封了霸主。霸主就是天下的大哥，要主持公道，要立规矩。一百年前，郑庄公、齐桓公要讨伐不勤王者，一百年后，大家都不勤王了，于是就拿乱臣贼子下手。于是，楚王围大张旗鼓地要杀庆封，而此时，伍举出来说话了：

> 臣闻无瑕者可以戮人。庆封唯逆命，是以在此，其肯从于戮乎？播于诸侯，焉用之？
>
> ——《左传·昭公四年》

伍举觉得庆封只是乱臣而已，不必大张旗鼓地诛杀，而最重要的是第一句"无瑕者可以戮人"，其暗含的意思是：庆封不过杀了崔杼而已，齐国的国君还好好地坐在宝座上，而大王你自己可是弑君篡位啊！楚王围意识到问题的所在了吗？没有。他不但杀了庆封，还是公开宣判，结果弄巧成拙：

> 王弗听，负之斧钺，以徇于诸侯，使言曰："无或如齐庆封弑其君，弱其孤，以盟其大夫。"庆封曰："无或如楚共王之庶子围弑其君——兄之子麇——而代之，以盟诸侯。"王使速杀之。
>
> ——《左传·昭公四年》

士兵押着庆封在诸侯前示众，将庆封的罪责公之于众。而庆封自知将死，毫不示弱，大喊着谁比得上楚共王的庶子公子围呢？弑君篡位啊！此言一出，楚王围的脸挂不住了，立即下令杀人。庆封虽死，楚王围伤敌一万，自损八千，得不偿失，炫耀变成了羞耻。

紧接着，楚国又率领诸侯讨伐小国赖国。赖国国君无力抵抗却似乎有高人指点，重演了一出许僖公降楚的大戏[①]。这一次，楚王围也学起了先祖成王，照搬全套流程，算是给自己挽回了一点颜面。赖国国君投降后，楚王围将他赶到了鄢地，而将许国国君迁来赖国，并让小弟公子弃疾留在此地筑城。看似简单的安排却为自己埋下了祸端，如果说公子弃疾的登场预示着其慢慢壮大，此时还不足挂齿，那么对许国、赖国的处理则是楚王围任性骄横的直接表现。这样的做法直接伤害了当地百姓，正所谓"民之不处，其谁堪之？不堪王命，乃祸乱也"。[②]子产曾经告诫他的话早已被他忘得一干二净，"求逞于人"是会遭到反噬的，想要让天下人信服，要巧妙地做到"与人同欲"。楚王围的悲剧就此埋下伏笔。

吴楚之争

楚王围继位的第四年可谓收获颇丰，会盟、订婚、攻伐、讨逆，虽有些波折，但总体上是风光的。然而，就在这年年底，被夺取朱方的吴国赶来报复，一举攻下棘、栎、麻三城，给了楚国有力的打击。非但如此，楚国更发现大夫屈申暗自通吴，遂于次年（前537年）将其铲除。自此，吴楚之争愈演愈烈，正式成为楚

---

① 详见前文"楚成王"一章。
② 《左传·昭公四年》，第1630页，中华书局，2012。

国所要面对的时代主旋律。

然而，吴楚恩怨并非一朝一夕而成。自楚庄王十三年（前601年）楚国灭掉舒蓼后，其疆土正式与吴国接壤，从此两国有了近距离的接触。吴国虽是周之后裔，但其几百年来居于南方蛮夷之地，开化程度不高，本应连舒蓼这类的小国都不如。而楚国自武王起历经历代君王励精图治，不但早已通习中原文化，且武备充足，又兼并了周边小国无数。它的敌人本该是晋国，怎么会被吴国缠上？这便要从楚王围的父亲楚共王时代说起了。

还记得那个在时代的琴弦上轻轻一拨的申公巫臣吗？

楚共王二年（前589年），申公巫臣借着出使齐国的机会逃离了楚国，带着妻子夏姬奔晋。来到晋国后的申公巫臣极受重用，同时，他给晋侯献出了一个削弱楚国的计策，并受晋侯委派亲自实行此项计划，这就是壮吴钳楚。申公巫臣的计策本是出于私怨[1]，但晋国则将计就计，乐得坐收渔翁之利。申公巫臣亲自到吴国教授中原文化和战术，并将儿子狐庸留在吴国做使节以沟通吴、晋两国。吴国紧抓这难得的历史机遇，迅速壮大，自此不断骚扰攻袭楚国，渐渐成了楚国的隐患，也一定程度上牵制了它与中原的对抗。楚国也因此一直对申公巫臣怀有怨恨，至楚康王时仍耿耿于怀。[2]前尘过往，孰是孰非，楚王围已无心多虑。眼下，北有晋，东有吴，楚国夹于两线之间，这个不利之势则亟待解决。

原本，自晋楚城濮之战始，晋国始终是楚国的头号强敌和主

---

① 详见前文"夏姬、申公巫臣"一章。

② 《国语·楚语·蔡声子论楚材晋用》："恭王使巫臣聘于齐，以夏姬行，遂奔晋。晋人用之，实通吴晋。使其子狐庸为行人于吴，而教之射御，导之伐楚。至于今为患，则申公巫臣之为也。"第597页，中华书局，2013。

要作战目标。楚国总是觉得自己不比晋国差，但却永远无法占住上风。楚国人自己想不明白其中缘由，但蔡国的蔡声子却旁观者清。从申公巫臣的经历中我们看到楚国在人事机制上的失利失策，而楚国所失去的又岂止一个申公巫臣。为楚国劳心劳力、毫无怨言的伍举，曾经也差一点就做了巫臣第二。他曾因亲家有罪于楚康王而被怀疑是幕后主使，被迫逃亡郑国。在这里，他恰好遇到了蔡声子。蔡声子原本劝他去晋国实现个人抱负，但伍举是什么人？当年楚庄王方继位时"左抱郑姬，右抱越女，坐钟鼓之间"①，是他冒死请谏，这才有了"不鸣则已，一鸣惊人"的后话。如今，面对谗言诬陷，他仍一片忠心报国，愿"归骨于楚，死且不朽"。蔡声子被他的赤诚所感动，主动去楚国为其疏通。在楚国，他见到了令尹子木，列举了自楚成王起数个被楚国驱逐的臣子，他们或足智多谋，或阴狠奸诈，毫无例外的，他们全都去了晋国。他们每一个人都发挥了强大的作用，使楚国在对晋作战中不断失利，总是在关键时刻满盘皆输，正所谓"虽楚有材，不能用也"②。治国之重，重在人才，而楚国却一而再再而三地逼走人才，使其流向敌国，这无疑是在不断地削弱自己，壮大敌人。经蔡声子的疏通，楚国留下了伍举，伍举的表现在前文中我们也多次看到，可谓是鞠躬尽瘁。然而，楚国终究不能自勉，逼走了伍举的后人伍子胥。

时光荏苒，再强大的国家也有国运流逝、疲惫不堪的时候。此时，强霸百年的晋国正从晋平公继位始出现了疲态，在对楚外交中处于守势。楚王围看不惯晋国，誓要与之决一胜负，而晋国

---

① 《史记·楚世家》，第 1348 页，上海古籍出版社，2011。
② 《国语·楚语·蔡声子论楚材晋用》，第 593 页，中华书局，2013。

却静静地看着其亲手扶植起来的吴国在楚国的背上频频插刀，将祸水引向东南。

楚王围四年（前537年）冬，为了报复一年前吴人的侵扰，楚王围率领诸侯讨伐吴国，这一次联军较以往多了一个人，他正是越国大夫常寿过。这个令后人无从想起的小人物只蜻蜓点水般出场，却预示着时代格局的进一步改变：越国即将正式登上春秋历史的舞台，当吴国与楚国展开巅峰对决之际，它背后的越国正走着与它崛起相似之路，在一旁不断地啮咬它，吴楚之争又将演变为吴越争霸。

这一次的伐吴不算特别顺利，楚国蓬启疆率领的一支军队因没有做好防备而被吴国击败。但楚王围却在罗汭抓到了吴王馀祭的弟弟蹶由并要杀之衅鼓。有趣的是，蹶由不是来领兵作战的，而是被兄长派来犒劳楚国军队的。看似荒唐的举动恰恰反映了楚国在此次作战中的不力，吴王是借机来羞辱楚王的，可见吴国也有些狂妄与傲慢。楚王围当然知道吴王的心机，亲自提审蹶由，故意问道："女卜来吉乎？"出门前占卜了吗？是吉吗？这其实也是在嘲讽吴王搬起石头砸自己的脚。但蹶由表现得不卑不亢，从容地回答说那当然是吉兆。我家大哥派我来犒劳你们，目的就是看看你楚王的脾气脾性，吴国好依据现实情况做好备战。您要是善待我，那我们吴国就松懈了，恐怕来日无多。您今天要杀我，吴国知道楚国的威胁，时时警惕。吴国虽弱，但不惧楚国。吴王的占卜是为了吴国的存亡，不是为了我一个人的生死，我死不足惜。下次作战吴国就会大获全胜。楚王围听罢，暗叹真真好一番伶牙俐齿，其话里隐含的道理确实成立，于是没有杀他，而是将他扣在了楚军。

紧接着，吴、楚再次展开大战。然而，由于吴国做了精心的战前准备，楚国这次没有讨到什么便宜，反倒开始对吴国的军力产生了忌惮，"楚子惧吴"这样的字眼首次见于记载。为了防备吴军，楚王围更是做了一番军事部署，其后，便带着蹶由回到了楚国。

原本，吴楚之争算是告一段落，但第二年（前536年）发生了一件事，导致两国再次兵戎相见。徐国太子仪楚来楚国聘问，但在正常的国事访问中不知发生了什么不愉快的事，太子仪楚被楚王围扣押。他惧怕楚王会杀自己，于是逃出楚国。得知太子仪楚逃走，楚王围担心徐国会背叛楚国，于是命薳洩伐徐。吴国得知此事后又抓住了可以与楚国作战的机会，于是出兵救徐。楚王围见势又加急派令尹子荡出兵伐吴，结果大败，楚国的宫厩尹弃疾被吴国俘虏。此事自始至终都是楚王围的责任，令尹子荡看在眼里，恨在心里，却报复在奉命伐徐的薳洩身上，将其诛杀泄愤。堂堂辅国之臣，不能规劝君王，却拿无辜者受过，楚国的未来可以想见。楚才不能用的局面已渐渐演变为朝中无人，而少数能用之才也许不会再选择晋国，但没关系，未来还有吴国。

楚王围继位以来与吴国的几场战争败多胜少，原本想要借吴国炫耀霸主之威的戾气被一扫而空。吴楚之争暂且告一段落，楚王围的目光转向别处。然而，暂时的休战不代表永远的和平，吴楚还将再战，而此后的争端不仅代表着东南战事的频仍，更预示着春秋时期诸侯国的重心由北向南的转移。可以说，春秋末期就是楚、吴、越三国的大舞台，风云人物悉数登场，传奇故事百传不厌。咱们将视角转回楚国国内，楚王围正经历着另一场大的"变革"，这不但再次将他推上时代的风口浪尖，更成为流传后世、久说不衰的谈资。

你一定听说过，古老的楚国曾有一座华美的宫殿，它的名字叫章华台。

章华台里楚宫腰

楚子志方盛，筑台临章华。

度高累百寻，计产逾万家。

参差蔽日月，焕烂生烟霞。

侍酒皆列侯，佐欢尽名娃。

以上诗句节选自宋代诗人刘敞的诗作《章华台》。诗中简要地介绍了章华台建造的原因，并对宫殿的规模和楚王的章华台生活做了一番尽情的想象。自秦汉以降，章华台一直是历代文人较为倾情的创作题材，诗赋中对这座传说中的宫宇倾注了无限美好的想象，其题材热度不亚于秦末的阿房宫。但比较众多作品后，刘敞这几句较为朴素的描绘恰恰有着难得的还原度，那么，历史中的章华台究竟有着怎样的故事？在楚王围的一生中它占据多大的重要性？在历史的风尘中它又经历了怎样的变迁？

吴楚战事的第二年（前535年）早春，楚国发生了一件令楚王围十分骄傲且愉悦的事，他亲自下令修造的离宫章华台正式竣工并交付使用。这一整年里，楚国都没有与他国产生任何摩擦，楚王围的身与心都留在了宫殿里，身体享受着现实的欢愉，心里幻想着诸侯来贺。

章华台的地点在何处？其建筑规模和造型果真是诗里描写的那般吗？《左传》《国语》和《史记》里都没有记载章华台的确切位置，后世也存在许多争议的说法。中华书局版《左传》和《国语》的注释皆为"湖北监利西北离湖上"，姑从其说。关于章华台的建筑构造，当然也不可能看到其原貌或找到施工图纸，但《国语》里还是有一些蛛丝马迹可循的：

> 灵王为章华之台，与伍举升焉，曰："台美夫！"对曰："臣闻国君服宠以为美……不闻其以土木之崇高、彤镂为美……先君庄王为匏居之台，高不过望国氛，大不过容宴豆，木不妨守备，用不烦官府，民不废时务，官不易朝常……今君为此台也，国民罢焉，财用尽焉，年谷败焉，百官烦焉，举国留之，数年乃成……"
>
> ——《国语·楚语·伍举论台美而楚殆》

楚王围在章华台落成后曾带着伍举做了一番巡视，向伍举得意地夸耀章华台的壮美，而伍举显然不以为意。那么究竟是楚王围在夸大，抑或伍举不懂建筑审美？仔细分析伍举的回答就可以知晓答案。伍举先说，圣明的君主关心黎民百姓的生活起居，行为处世遵守礼与德。接下来，他说"不闻其以土木之崇高、彤镂为美"，圣明的君主不以高大华美的宫殿为美，这句话的表面意思一目了然，但从中我们可以看出章华台正是一座"土木之崇高、彤镂为美"的建筑，用现代话语来说，就是一座杰出精美的建筑。接下来，他又说楚庄王下令建造匏居台，高度仅够看看国家祥瑞，大小也就是摆摆食用器皿，建造用材不影响国家守备，耗费不动用国家库存，不用劳累百姓，也不用官员费心督办。然后，伍举细数了章华台的建造是工时耗大，大兴土木，劳民伤财。如此看来，刘敞的"度高累百寻，计产逾万家。参差蔽日月，焕烂生烟霞"之句虽出于想象，却是有所本，没有过度发挥。再来看楚王围的章华台时光如何？这便要说起《左传》中记载的一件小事。

章华台竣工之后，楚王围"纳亡人以实之"。亡人就是逃跑的罪犯。楚王围把这些人招进来有何用途？猜测大概率是充作奴仆。但这些亡人里有一个恰好是大臣芋尹无宇（即申无宇）的看门人，不知犯了什么罪逃走了，趁势就躲进了章华台。芋尹无宇不肯罢休，冲进了章华台抓人，虽然成功抓住了逃犯，但这样的举动是对大王极大的冒犯，因此被章华台里的有司捉住，带到了楚王的面前。此时的楚王围正在餐饮，举爵刚要美酒下肚，看见有司压着芋尹无宇进来心里也有些奇怪。芋尹无宇早就不服楚王围，在他还是令尹时见他胆敢举王旗，上去就将旗砍断，就是这般硬气的汉子。如今令尹以非法手段做了王，芋尹无宇更加不屑一顾，在楚王面前张口就是一篇洋洋洒洒、引经据典的自我辩白。从周文王说到楚文王，从《诗经》聊到楚文王的"《仆区》之法"，算标点符号一共说了三百个字，意思却极为简单，即"盗所隐器，与盗同罪"，此句引自《仆区》之法，意思是，窝藏要犯与犯罪者同罪，隐含的寓意不言自明。楚王围听罢作何反应？他没有勃然大怒，而是淡然说道："取而臣以往。盗有宠，未可得也。"[1]把你的人带走吧，我这个窝藏罪犯的强盗此刻还有上天的眷顾，你不能把我怎么样。其后没有追究芋尹无宇擅闯王宫的罪责。

从这短短的记载里我们可以看到芋尹无宇的刚烈和铁骨，却也看到了楚王围的另一张面孔。当他说出"盗有宠，未可得也"这一句时，我们仿佛看到他脸上得意的笑容，语气也许是带着揶揄的，说完一口气喝掉了举起的那一爵酒。而在他面前显得无比强势的芋尹无宇却立即渺小了，甚至刚才那番慷慨激昂的辩词都

---

[1] 《左传·昭公七年》，第1677~1678页，中华书局，2012。

有些好笑。芋尹无宇先后两次僭越，向楚王围发起人身攻击，但楚王围都没有计较，两次都放过了他。楚王围的宽容与小小的揶揄让我们看到礼法森严的时代里人性中的那一点放肆，每每细读这一段，笔者都不禁觉得楚王围确实有一点萌。

有众多的仆从服侍，有美味佳肴供餐饮，这是从以上片段里可以推测到的楚王围在章华台的生活，大抵是相当愉悦的。那么是否像刘敞说的那般"侍酒皆列侯，佐欢尽名娃"呢？从史料来看，这确实是夸张且不太符合实情的。

首先，史料里不曾记载章华台里有大量宫娥美女，甚至是名娃，章华台里不曾出现过名女人的身影。且从楚王围的一生来看，尽管多次记载他的求亲，但很明显都是政治联姻，从未见过他宠妃爱妾的记载，甚至楚王围可能对女人不是特别上心，仅仅视为传嗣和政治的工具，这一点确实与先祖们不同，甚至与他的弟弟公子弃疾也有着极大的差别。不过，此处不得不提及一个古老的传说，即"楚王好细腰"，唐代诗文中有大量篇章说起章华台和生活在宫中的细腰美女，比如唐人鲍溶的《章华宫行》就很有代表性：

> 烟渚南鸿呼晓群，章华宫娥怨行云。
> 十二巫峰仰天绿，金车何处邀云宿。
> 小腰婑堕三千人，宫衣水碧颜青春。
> 岂无一人似神女，忍使黛蛾常不伸。
> 黛蛾不伸犹自可，春朝诸处门常锁。

在唐代，人们普遍相信章华宫中住满了美丽的女子，而她们毫无例外都是小腰，即有纤细的腰肢，以至于细腰被认为是楚国标配，故杜牧有"楚腰纤细掌中轻"这样的说法。明明都是读过书的文人，《左传》《史记》《国语》一类的著作都是人生必读，想必背诵得滚瓜烂熟，却为何偏偏要说章华宫里有细腰美女呢？

这里的楚王指的就是楚王围。他为什么会好细腰？最初的说法在战国时期普遍流行开来，《墨子》中即有记载：

> 昔者，楚灵王好士细腰。故灵王之臣，皆以一饭为节，胁息然后带，扶墙然后起。比期年，朝有黧黑之色。

此句引自《墨子》中之《兼爱中》，作为臣子会逢迎君主的癖好而行事的例子道出，是为了劝谏君主谨言慎行，不可似楚灵王这般任性妄为。但我们可以清晰地看到，这里的细腰不是指美女的，而是指朝臣的。至于楚灵王为何喜欢男子细腰，墨子并没有解释，想必是战国时期久已流传的一个传说。前文已经说过，战国是个传说和流言满天飞的时代，文人不辨真假，也不想探究真假，因为这些故事可以作为他们传播自己思想的例证，也不排除有些传说就是他们自己杜撰出来的。时光到了汉代，受到战国时楚国文学作品《离骚》的影响，汉人对楚灵王的后宫生活有了新的想象，辞赋家边让便在他的《章华宫赋》里说楚灵王"招窈妃，命湘娥，齐倡列，郑女罗。扬《激楚》之清宫兮，展新声而长歌。繁手超于《北里》，妙舞丽于《阳阿》"，在边让的笔下，"亡人"转变成了美少女，当然他未必是始作俑者，但至少表明在汉代，人们已然普遍接受了这个认知。而到了唐代，不但"亡人"转变成了美少女，连细腰男子都变成了女子。章华台与细腰美女已经牢牢绑定在了一起，成为历史烽烟中楚国的倩丽旧影，这，恐怕是楚王围无论如何不能想到的。

那么，在章华台里侍酒的究竟是不是列侯呢？事实也并非如此，史料明确地记载了列侯对章华台的态度。这就要说到楚王围内心最深处的那个期待："愿得诸侯与始升焉。"即要诸侯们都来观览楚国这雄伟的工程。章华台不仅仅是楚王围的离宫，更是彰显楚国雄风的形象工程和面子工程。

楚王围的愿望看起来不算过分，毕竟长兄楚康王的葬礼都有几个诸侯来参加，去年不是也刚刚召开了申之会？可惜，这一次他的愿望落空了，"诸侯皆距无有至者"①，这令楚王围十分气愤难堪。此时，大宰薳启彊主动请缨，说："臣能得鲁侯。"楚王围看他如此自信，不如就去试试。鲁国虽不算强大，但却是中原大国，有天子的排面，如果能来，说明中原是接纳自己的。于是，薳启彊满载使命赶到鲁国，先假模假样地叙旧，继而话锋一转：你敢不来我们就打你。虽然全程用词优美含蓄，熟谙中原辞令，深得辞藻精髓，但这威逼利诱的架势还是吓坏了国君鲁昭公。鲁国得罪不起楚国，当然要去。不过，鲁昭公去看楚国的章华台，仅仅是出于国家利益吗？恐怕也有私欲。鲁昭公恐怕是诸侯当中对章华台最好奇也最欲一睹其风采的一人。从《左传》的记载来看，鲁国对建筑艺术的热爱是有传承的。当年先祖鲁庄公为了迎娶齐国的哀姜就装修了父亲桓公的祖庙，还遭到了强烈的批评。鲁庄公这么做一定是错误的吗？婚礼要祭祀祖宗，这是春秋时期的传统，那么婚礼前布置婚礼现场为什么要强加上那么多"政治正确"的大道理？鲁昭公的父亲鲁襄公曾去楚国参加过楚康王的葬礼，而这次出访回来他带给了鲁国一座楚宫。何谓楚宫？即参照楚国

---

① 《国语·楚语·伍举论台美而楚殆》，第 601 页，中华书局，2013。

宫殿样式修造的建筑，可见鲁襄公是多么喜欢楚国的楼台亭阁，而他最终就在这座楚宫去世，留下了"公薨于楚宫"这样带有谴责意味的记载[1]。有其父必有其子，鲁昭公以贪图享乐、为人冷漠驰名，最后被驱逐出境，做了个流亡国君。自家的楚宫恐怕已让他赞叹，何况刚刚落成的章华台呢？

虽然有些波折，但鲁昭公还是顺利地来到了楚国，在章华台内受到了楚王的热情接见。楚王围安排身形高大的人来服侍鲁昭公，恐怕隐含着威慑的意味。作为中原文化传承者的鲁国，此时却不再占据文化的上风，作为随行人员的孟僖子连通行的外交礼仪都不太懂了[2]，因此楚国当然就更不太瞧得上鲁国。宴会上，楚王围一高兴就赠送给鲁昭公一张大弓，结果酒醒后感到后悔，于是薳启彊跑去鲁昭公那里以恐吓手段要了回来。章华台之宴宛如一场闹剧，诸侯们要看楚国的笑话，楚国一时果真成了笑话。但楚王围显然不这么认为，他依然为章华台而得意，这才有了伍举在台上说的那番话。最后，伍举总结性发言："若君谓此台美而为之正，楚其殆矣！"楚王围听进去了吗？想来并没有，他的思维逻辑与伍举是全然不同的。

诸夏人人等着看楚王围的好戏，但章华台却别有意义，只是时人无法意识到，因为他们的观念与今人有着本质的区别。在春秋时期，章华台是罪恶的，它代表着淫乐、奢靡，对国家和百姓的巨大伤害，这是时代所决定的。在生产力低下、连年战乱的

---

[1] 见《春秋经·襄公三十一年》。之所以说"公薨于楚宫"有谴责意味，一方面有谴责国君大兴土木的意思；另一方面，国君要死在自己的寝处才叫寿终正寝，而鲁襄公却死在离宫，说明他贪图享乐。

[2] 《左传·昭公七年》："三月，公如楚，郑伯劳于师之梁。孟僖子为介，不能傧仪。及楚，不能答郊劳。"第 1683 页，中华书局，2012。

年代里，建造面子工程是不可取的，人们普遍相信这会遭到"天谴"。何况春秋时期尚没有艺术的详细概念，可能无法从艺术角度去理解这座建筑的存在。但今人的眼光是有别于古人的，虽然我们无法看到章华台真实的面貌，但已然可以猜想到，章华台是一座建筑艺术的里程碑，它象征着楚国文化自向中原的周文化靠近、学习、采纳后开始有了自身特色的大发展，且已有所领先。我们现在知道，后来的楚国还会有乐器、绘画以及文学上更灿烂更辉煌的杰作，但这些都是以现代思维判定的，章华台只是一个开端。

回到楚王围在位的第六年，在他心中，章华台就是自己身心的代表。他渴望以自己的方式被认可、被接纳，这是他与中原传统的对抗。中原诸国早已外强中干，但却牢牢占据道德的制高点，对楚国敢怒而不敢言，只是在背后说三道四。楚国无论强弱，始终是他们眼中的笑话，这又岂止一个章华台？楚国最终从实力与文化上入主中原还需要很多很多年，楚王围不可能活得那么久，他已经尽力了。

楚灵王之死

但，楚王围并不死心，偏要以一己之力撼动诸夏。

次年（前534年），楚国出兵陈国。起因是陈国内部发生的一场政变。陈哀公宠妃之子公子留伙同叔叔公子招和大臣公子过杀兄弒父，自立为君。公子留的异母弟公子胜逃亡楚国并向楚王状告仲兄谋权篡位之举，楚王围立即扣杀了陈国派来通报新君即位的使臣。陈国闻听楚王杀了陈使，当即吓傻了，刚刚继位的公子留仓皇逃至郑国，公子招与公子过相互埋怨，最终，"陈公子招归罪于公子过而杀之"①。陈国之内最高掌权者死的死散的散，一时群龙无首。楚国趁此危机，出兵灭陈，并将陈国设置为楚国的一个县。这是继楚庄王出兵陈国剿杀夏南以来第二次灭陈，而这一次非但没有诸侯出来救陈，楚国之内亦没有大臣出面劝阻。

那么，是楚王围专横跋扈，群臣莫不敢言吗？并非如此，灭陈后，楚王围安排大臣穿封戌担任陈县的最高长官，并且为自己的安排十分得意。因为就在十三年前，两人曾经为争夺战俘起过争执。楚王围觉得自己不计前嫌，给穿封戌这么大的职权，穿封戌理应也不计前嫌，对自己感恩戴德。岂料穿封戌却恶狠狠地说："若知君之及此，臣必致死礼以息楚。"②也就是说我如果早知道你会谋权篡位当了楚王，我当年就会杀了你。"以息楚"就是安定楚国的意思。也就是说，楚王围还不知道，抑或他已经知道，楚国群臣已经对他非常不满，从擅闯章华宫的芋尹无宇到胆敢当面说后悔没有杀他的穿封戌，非但诸夏在看他的笑话，楚国之内亦都盼着他有朝一日不得好死。楚王围给穿封戌这样的机会本想收拢他，却未料反遭讥讽。不过楚王围并没有法办穿封戌，或许在他眼中，这些人都并非真正的敌人。但关键的问题是，他不但没有重视穿封戌的话，且始终没有意识到，敌人就近在咫尺。

此次出兵灭陈，领兵之人正是小弟公子弃疾，这是他的第二次出场，且相当成功。紧接着，公子弃疾于次年（前533年）完成了"迁许于夷"这样的迁徙大事，让二哥楚王围更加信任他。而这信任的结果便是在两年后的灭蔡之举上给了他丰厚的奖赏。

楚王围十年（前531年），楚国出兵伐蔡，领兵之人便是公子

① 《左传·昭公八年》，第1710页，中华书局，2012。
② 《左传·昭公八年》，第1711页，中华书局，2012。

弃疾。与灭陈不同的是，此次灭蔡是该年楚国一整年的计划和行动，并在诸夏引起了不小的震动。就在楚国正式展开行动前，久已衰微的周王室就注意到了楚国的行动意图，周景王询问大臣苌弘，谁是楚国的下一个目标，苌弘立即预判为蔡国。他的理由带有玄学色彩，此处不再赘述，但有一句话却直指要害，即"此蔡侯般弑其君之岁也"①，意即自蔡侯弑君自立以来已是一个星宿周期。此句的重点就在"蔡侯般弑其君"这六个字上，从杀庆封到灭陈国，楚王围专注整治篡位者，这似乎已经成了他的执念。当年杀庆封时伍举告诫他的那句"无瑕者可以戮人"根本没有起到任何作用，楚王围非但不听，还专挑和自己有相似过往的人下手。这是一个令人不解的心结，他却非常痴狂。

蔡侯名般，史称蔡灵侯，因其父蔡景侯与其妻有乱伦之举而弑父自立，距今已有十二年光景。蔡灵侯的妻子正是一位来自楚国的公女，很有可能是楚王围的同父或同族姊妹。由此，楚国入侵蔡国似乎更多了一个理由。不过，苌弘不仅预判了蔡国的下场，更预判了楚王围的下场。就在这次灭蔡行动中，楚王围为自己埋下了祸根。

三月，楚王围在申县召蔡灵侯来见。蔡灵侯毫无戒备之心，立即要启程赴约。有大臣出来劝谏，说："王贪而无信，唯蔡于感，今币重而言甘，诱我也，不如无往。"②蔡灵侯却没有听从，还是去申县见楚王。于是果然中计，楚王围在宴会上将其灌醉并杀害，不仅如此，还同时杀了蔡灵侯带来的"士七十人"，可谓一场残忍的屠杀。解决了蔡灵侯，楚王围立即命公子弃疾领兵杀向蔡国。

① 《左传·昭公十一年》，第1736页，中华书局，2012。
② 《左传·昭公十一年》，第1737页，中华书局，2012。

楚蔡纷争立即引发各诸侯国舆论的哗然，作为诸侯盟主的晋国，朝臣们展开了对楚蔡局势的分析，韩宣子问叔向，楚国此次入侵蔡国能否攻克。叔向认为楚国会取得胜利，但楚王的行为已然堪比夏桀和商纣，而与夏、商相比，楚国就不值一提了，故"楚小位下，而亟暴于二王，能无咎乎？"[1]楚国终会自食苦果。表面上看似在讨论楚王和楚国，其实内含之意是在讨论晋国是否应该出兵救蔡。作为诸侯盟主，阻止蛮夷向华夏的侵略和吞并是其职责和维护霸主地位的方式。然而，晋国霸权已衰，已是有心而无力，所以商量的结果就是晋国不介入对抗楚国的军事行动，反正楚国早晚会遭报应的。不过，晋国也并非人人都甘愿坐视，荀吴就出来质问韩宣子："不能救陈，又不能救蔡，物以无亲。晋之不能，亦可知也已！为盟主而不恤亡国，将焉用之？"[2]韩宣子也感觉到确实说不过去，样子总还要做一做，于是于当年秋季在厥慭（yìn）召开诸侯大会，旨在谋求解决楚蔡军事冲突的方案。郑国派遣子皮与会，临行前，子产召见子皮，交代了郑国对待此次诸侯国间冲突的宗旨，即"行不远，不能救蔡也"，意思与叔向相同（两人亦私交甚厚）。子产认为蔡国有今天都是自找的，不过楚王也不会有好下场。三年，也就三年，且看他多行不义必自毙。厥慭大会的结果可想而知，诸侯无一兵一卒救蔡，晋国只派出使臣狐父与楚国展开外交磋商，请求楚国放过蔡国，结果不必多谈。

十一月，楚国正式灭亡蔡国，并杀了蔡太子并用于祭祀，可谓残忍至极。看似胜利的结局却预示着悲剧的临近，楚在蔡国设县后，前往担任最高长官的正是公子弃疾。

---

① 《左传·昭公十一年》，第 1738 页，中华书局，2012。
② 《左传·昭公十一年》，第 1741 页，中华书局，2012。

关于此次任命，楚王围曾与大臣申无宇做过商讨，但我们已然熟悉他的套路，所谓商讨无非是想炫耀自己的决策。或许是感念楚王围两次的大度，申无宇这次没有讽刺他，只是隐晦地做出了劝谏："末大必折，尾大不掉，君所知也。"在列举了前人一系列的因任人不智而导致的毁家亡国之例后，申无宇诚恳地希望大王能够吸取前人的教训，不要过度扶植公子弃疾，以免事态向不可控的方向发展。不过，楚王围没有听从。自楚王围继位以来，公子弃疾一直是他最看重的弟弟，对弃疾倾注了百分百的信任，朝中没有第二个人能取代弃疾，全然忘了"当璧"计谋中，抱在怀里的弃疾才是真正的当璧之人。这令人不解的举动似乎仅可以其二人为一母同胞的猜测来解释，不过尚无史料证据来佐证。

楚王围不是不担忧会有人谋权叛乱，不过他总是错判。十一年（前530年），楚王围杀了大臣成虎，因怀疑他是三十几年前与楚庄王为敌的若敖的余党。坐视身边人悄悄壮大而将矛头对准几十年前的旧事，我们似乎也可以相信那些玄乎的预言了。陈、蔡已灭，楚王的下一个作战目标是徐国，而因徐国与吴国是盟友关系，故真正的指向是他最大的心结——吴国。故其命诸将领"围徐以惧吴"，自己"次于乾谿，以为之援"。只是他万万没有想到，这是他人生的不归之旅。

在乾谿等待援军的日子，楚王围与右尹子革做了一番深入灵魂的长谈。这番对话透彻尖锐，让楚王围承担了灵与肉的双重考验，却终究未能让他回头。

右尹子革又名然丹，二十四年前来到楚国，后担任右尹一职。虽然是外人，但然丹对楚国还是忠诚的，并没有身在楚营心在郑，即便是楚王围这般令人头痛的国君，然丹依然不卑不亢，最大程度上尽着自己的能力和责任。想必也正是因为这个原因，楚王围对然丹是信任和看重的，从未因他的外籍身份而将他排挤在朝堂之外。话说这一日晚间，然丹来见楚王，此时正下着雪，楚王围头戴皮冠，身着羽衣，肩披翠羽，脚穿豹皮鞋，手执鞭子出来散步。《左传》对国君穿戴的描写是罕见的，这里却把特写镜头给了楚国的楚王围。这短短的一段记述于今是研究春秋时期楚国服饰的绝佳史料，从中亦可以看出楚王围是个注重外在仪表的人，用今天的话说，可谓时尚穿搭人士。见到然丹来见，楚王围立即摘掉皮冠，脱去外衣，将手中的鞭子交给他人，以示对然丹的尊敬。

多年以来，楚王围心里有个解不开的结，他要争得天下，却没有得到"神明"的支持，曾满怀信心占卜，结果却为"不吉"。楚王围仰天长叹道："是区区者而不余畀，余必自取之。"他觉得苍天无眼，这么一点心愿都不让他满足，既然如此，他就自己去抢。而争得天下仅仅是楚王围一个人，或者说是他一代人的心愿吗？自楚武王向汉阳诸姬发起进攻那一年始（楚武王三十五年，前706年），这是一代又一代楚王的心愿，楚王围只是执着痴狂到些微病态的那一人。此次见到然丹，他说出了掏心窝子的话："昔我先王熊绎，与吕伋、王孙牟、燮父、禽父并事康王，四国皆有分，我独无有。今吾使人于周，求鼎以为分，王其与我乎？"吕伋、王孙牟、燮父、禽父分别是齐国姜太公之子、卫国卫康叔之子、晋国唐叔之子和鲁国周公旦之子。此四人与楚国的先祖熊绎一同共事于周康王左右，但周康王却偏心齐、卫、晋、鲁四国，分发宝物，唯独对楚国视而不见。几百年前宗周初年时的旧事却被楚王围牢记不忘，可见这是一代又一代传下来的心头恨。如今，楚国强大了，周王室却一落千丈，楚王围想要周王的鼎，问然丹，周王会给他吗？我们都听说过"问鼎中原"这个成语，发问之人便是楚王。但发问的楚王不止一人，除了此成语中原版故事里的楚庄王，楚王围亦是问鼎之人。鼎代表着权力，传说周王有九鼎，象征华夏九州，谁拥有了鼎，谁就拥有华夏。但鼎在周王手中，可不是说给谁就给谁的。中原诸侯霸主更替，却无一人敢向周王问鼎。这表明他们不想打破以周王室为象征、以周礼为核心的现有的国家秩序。楚国却不信邪，一而再再而三地问鼎，楚王们要做的是挑战和重组，而不再是苦苦等待周王的认可和施舍。面对楚王如此坦诚的问询，然丹说，当然会给大王！当年除了楚王，那四位都是周王亲戚，楚国又穷，当然不得好。"今周与四国服事君王，将唯命是从，岂其爱鼎？"楚王围听了十分受用，又问：很久很久以前，我们的土地被郑国占了。郑国迟迟不还我们，"我若求之，其与我乎？"然丹立即说："与君王哉！周不爱鼎，郑敢爱田？"楚王围更高兴了，又问：以前诸侯都躲着我，敬畏晋国。如今我吞并了陈国、蔡国等，诸侯们现在怕不怕我？然丹说，当然怕！楚国如今这么强大了，谁还不怕？对话进行到此处，楚王围有事离开了会儿。可能是暂时的转移注意力让他的头脑冷静了下来，回想方才然丹的那番话，好像听出了隐藏在字面背后的意味。天下尽归楚国所有，果真是应该实现的吗？楚王围冥思苦想，"馈不食，寝不寐，数日。不能自克"，不停地进行着激烈的思想斗争，承受了身心双重的折磨，最终，还是要屈服于欲念。这个欲念太强大了，是历代楚王欲念的集合；这个欲念又太沉重了，它不符合时代的客观现实，终究不能圆满。①

就在楚王围于乾谿挣扎之时，楚国都城内正酝酿着一场政变。

多年来，楚王围杀人甚众，树敌太多，那些被他伤害过的人终于瞄准了他出兵在外这个有利时机，集体发起了政变。与此同

---

① 《左传·昭公十二年》，第 1763 ~ 1764 页，中华书局，2012。

时，身在蔡国的观从也在蔡国密谋政变。观从的父亲观起也是被楚王围杀害的，因此他心中有恨，于是假以公子弃疾的命令将楚王的另两个流亡在外的弟弟子干和子皙召到蔡国，盟誓一同造反。那么镇守蔡国的公子弃疾如何选择的呢？他会站出来力挽狂澜，报答仲兄的培育之恩吗？并没有。他选择加入造反的行列，拥立子干为新君，并返回都城，诛杀了太子禄及公子罢敌。消息终于传到乾谿，闻听两个儿子被杀，傲慢专横的楚王围当即崩溃，"自投于车下"，问身边的侍者："人之爱其子也，亦如余乎？"都这个时候了，他想的不是率领军队杀回国都平叛报仇，而是在计较我是不是天下最爱孩子的爸爸！侍者闻言也是哭笑不得，说：都比你爱孩子啊！楚王围还是没有从震惊中缓过神来，问："余杀人子多矣，能无及此乎？"意思是自己杀了太多别人的儿子，怎么会没有今天的报应呢？然丹亦在身侧，觉得楚王在这个时刻发表这些感慨毫无必要，当务之急是扭转危局。于是建议道："请待于郊，以听国人。"楚王围此时倒是很明白似的，说："众怒不可犯也。"然丹见状，心里一定又着急又不屑——你平时耀武扬威的，怎么有了挫折就悲观放弃了呢？于是又建议道："若入于大都，而乞师于诸侯。"楚王围却摇头说："皆叛矣。"然丹还是不死心，说："若亡于诸侯，以听大国之图君也。"即劝楚王流亡他国，以图东山再起。但楚王围却拒绝道："大福不再，只取辱焉。"①然丹一定非常的失望。只在顺境中前行却无法挽救逆境的楚王不过是外强中干，强大的外表下羸弱得不堪一击。什么都没有做就悲观绝望、自暴自弃，如此君王不配他辅佐。于是，然丹独自回到了楚国。告别了然丹，楚王围沿汉水而行，要走到别都鄾时遇到了申无宇的儿

---

① 《左传·昭公十三年》，第 1776 页，中华书局，2012。

子申亥。申亥知道楚王两次放过父亲的旧事，愿保楚王以报君恩。然而，楚王围已无力自强，终于在十二年（前529年）五月自缢身亡，结束了他纠结、愤懑、奢靡而恣意的一生。

楚王围死后，公子弃疾趁机诛杀子干而夺权自立，成了这场政变的终极赢家，即后来的楚平王。关于他的故事，我们还会讲到。而对恩重如山的仲兄，楚平王没有任何怜悯和悲戚，上谥号为灵，是他对哥哥最后的"回报"。

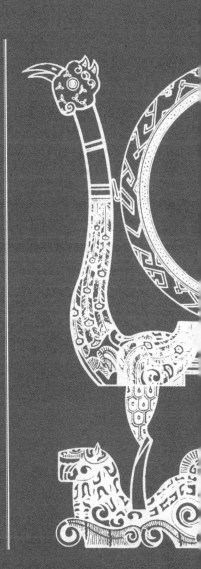

第二十章

太子建、白公胜

传奇里被省略的人

即使不太了解春秋历史，对大多数人来说，伍子胥的名字依然不算陌生。也许并不了解他整个生平的来龙去脉，但他人生中某个具有传奇色彩的片段也总能说出一二。春秋的历史自伍子胥前后的时期起不再仅仅是史书中刻板陈旧的文字，它们渐渐演变为民间传说，由传说衍生出各类为人津津乐道的小故事，后人再将这些故事串联起来写成历史演义。而后演义再次流入民间分化成许多小故事，再被不断串联写成小说，再到戏曲，绵延千百年，直至如今。在前一章中曾说过，春秋晚期的历史舞台中心已南移至楚、吴、越三地，耳熟能详的历史人物纷纷登场，一时间好不热闹。本书最后一章所要聚焦的人物就是在这段波澜壮阔的传奇中常被略掉的几个人，他们是伍子胥系列故事的前因，也是伍子胥事件的制造者、推动者和受害者。

我们的讲述还要从楚灵王自缢那一年说起。

楚平王的崛起

楚灵王自缢后，小弟公子弃疾杀了三哥公子干夺权自立，后世称楚平王（前528～前516年在位）。在前一章中我们已然看到，公子弃疾为人忘恩而多诈，辜负和背叛了二哥楚灵王的信任和厚爱，又骗取了三哥公子干的信任，利用其势力反叛，在大局稳定后下山摘桃。在整个的叛乱中，公子弃疾不费吹灰之力，成了最终的赢家。虽有当年"当璧"的传说为其背书，这一番行径所造成的恶劣影响却不能逃过时人眼睛。继位后的楚平王自己心里也清楚，于是为了打造新王形象，于继位的前五年内制定并实行了一系列以休养生息为主旨的方针政策，算是得到了一定的支持和民心。①

除了国内的息民政策，楚平王在对外上也做了一些事。楚平王三年（前526年），楚国闻听戎蛮作乱，于是诱杀其首领，扶植其子继位。一杀一立，既符合楚国想立威的心愿，又不违背周礼不吞并小国的德举，等于一次作秀。次年，吴军来犯，起初局势有利于楚国，然而吴军将领公子光足智多谋，敢想敢干，楚军丧失了已有的优势，由胜转败。

整体而言，楚平王执政的前五年是稳定的。然而，江山易改，本性难移。心怀龌龊之人可以收敛一时却无法收敛一世，从前的因必定会结下日后的果，留给他人以谈资，留给后人以恶果。

与二哥楚灵王不同，楚平王是个贪恋美色之人。在这本书里我们已经看到许多因贪色而引发悲剧的故事，很少有人可以善终。即使侥幸逃脱，也无非是将祸患留给子孙。在楚平王还是受二哥信任的公子弃疾时代，他曾被派往蔡国出使，在蔡国郹（jú）阳看上了封人（管理土地边界之官）的女儿并与她同居生下一子，取名建。这是一段没有正式婚姻的关系，其本身就埋藏了隐患和悲剧的种子。这位封人的女儿应该是美艳的，她笼络住了公子弃疾的心，在其夺权自立后，立这位私生子为太子，并给了她夫人的名分。

---

① 《左传·昭公十四年》："夏，楚子使然丹简上国之兵于宗丘，且抚其民。分贫，振穷；长孤幼，养老疾，收介特，救灾患，宥孤寡，赦罪戾；诘奸慝，举淹滞。礼新，叙旧；禄勋，合亲；任良，物官。使屈罢简东国之兵于召陵，亦如之。好于边疆，息民五年，而后用师，礼也。"第1809页，中华书局，2012。

看似一切美满，但苦尽甘来的幸福却不能长久。在讲究礼法名位的时代，私生子终究是男人心中的刺，当他功成名就之后，尤其会在意这段曾经见不得人的过往。我们曾在晋献公身上看到这隐秘的心理，一百多年后，楚国的平王并不能跳脱时代观念和人伦的束缚，时机一到就一定会出手解决。

公子建被立为太子的时候，按照惯例被分配了两位太傅，分别是伍举之子伍奢和大夫费无极。两人之中，太子建与伍奢关系亲密，却不怎么喜欢费无极其人。在春秋时期，太子不喜欢的人往往会成为他的终结者，太子建同样没有逃过费无极这个宿命人。

楚平王如此安排是有自己的考量的。伍奢是贤臣之子，家学深厚，德行兼备，做太子的老师是最合适的人选。而费无极则是他的宠臣，伴随左右出谋划策，放在太子身边可以起到监视的作用，以防师徒二人联合起来对付自己。未知太子建讨厌费无极是否有察觉父亲用意的原因，即便没有，费无极的德行也的确不入流。就在楚平王二年，费无极设计将对楚平王夺位有功的大臣朝吴逐出蔡国。楚平王曾极为信任朝吴，于是对此十分不满，他责问费无极，而费无极给出了"吴在蔡，蔡必速飞。去吴，所以翦其翼也"[1]这样无可辩驳的理由，楚平王虽然心里不高兴，但考虑长远也没有追究下去。但此事传到太子建耳中，未尝不会对费无极其人有不满和微词。作为有监视责任的王之宠臣，自然不希望君王百年后被新王修理，于是，费无极先下手了。

楚平王五年（前524年），太子建当在成年。费无极向楚平王建议为太子娶妻。楚平王当即着手操办，为儿子定下了来自秦国的公女，并派遣费无极前往迎亲。费无极的建议是为了太子的终

---

① 《左传·昭公十五年》，第 1817 页，中华书局，2012。

身幸福吗？当然不是，这是他设下的一个圈套，他一定非常熟知过往两百年的诸夏历史，早在心里写好了剧本，只待调兵遣将登台唱戏。

从秦国接回公女后的第一件事不是张罗办婚礼，而是立即向大王提出新的建议："劝王取之。"《史记·楚世家》中说费无极的原话是"秦女好，可自娶"。"秦女好"即秦国公女很漂亮的意思，这的确很重要，因为漂亮的女人才能让费无极设计好的剧本顺利演下去，否则楚平王若不配合，计划便落空了。费无极非常了解楚平王好色的本性，结合卫宣公抢占太子妃的先例，再次亲手导演了这出人伦悲剧。楚平王不知道当年卫宣公的所作所为所引发的一系列恶果吗？也许是知道的，否则抢占儿媳这样的事总会有心理负担，既然有先例，自然就不必太纠结。那为什么不忌惮先例留下的深刻的历史教训呢？作为同样有私生子为太子的楚平王或许也想借这个机会另立太子。他未必真的爱这个儿子，如今位为一国之君，内要讲究名正言顺，外要考虑政治联姻。太子娶秦女，一旦与己反目，秦国就会成其外援。而如果是自己娶秦女，太子便孤弱无援。自己将来与秦女生了儿子就是新的太子，心中那根刺便可以拔除了。费无极胆敢照着现成的剧本出名牌，利用的就是楚平王这隐秘而不可告人的心理，两人借力使力，将计就计，心照不宣而已。

楚平王六年（前523年）正月，秦国公女来到楚国。①人一到才

① 《史记·楚世家》对太子建娶妻的记载为楚平王二年，《左传·昭公十九年》则明确记载"正月，楚夫人嬴氏至自秦"，时为楚平王六年，证明《史记》为误记。考虑到议定婚事和迎亲需要大概半年的时间，故推测费无极进言为太子娶妻当在前一年。另，《史记》记载费无极先于秦女回到楚国并向楚平王进言，有演义成分在内，仅做参考。

发现自己不是太子妃而是楚夫人。作为风华正茂的少女，其心情可想而知。空欢喜一场的太子建，心里想必受了较大的打击，从此性情发生了转变。而最痛苦的还有一个人，这就是太子建的生母。秦国公女的身份改变牵动了她自身地位的改变。当我们再次看到她的身影，发现她已不在楚国，而是回到了蔡国鄢阳娘家。可以判断她就是被遣送回去的。她不但失去了夫人的身份，且遭遇遣返的厄运，《诗经》中我们看到大量的被夫家遣返女子的眼泪和悲痛，可以想见太子建生母的境遇。

费无极的第一步计划成功了。紧接着，第二步紧锣密鼓地上演了。作为父亲的楚平王抢了儿媳，从此在儿子面前总是尴尬的，自然要想办法避开。但国君自己不可能直白地说出来，必须有人替他说，并且要给充分的理由。恰此时，楚平王准备攻打南夷之地濮，费无极按照节奏出招，立即送上最新鲜的剧本："晋之伯也，迩于诸夏，而楚辟陋，故弗能与争。若大城城父，而置大子焉，以通北方，王收南方，是得天下也。"①大意是说晋国之所以能称霸中原，就是因为它地处中原，地理位置优越。而我们楚国地处南方，位置上吃亏，怎么与晋国争呢？所以不如派太子去楚国北地城父筑城据守，和北方中原沟通，而大王您呢，就面向南方吴越蛮夷等。一南一北都在您父子二人手中了。这又是谁的剧本？晋献公与太子申生的情景再现。楚平王的反应如何？当然是开心啦！赶走了太子，眼不见心不烦，秦女很快就会生出新的儿子，一个拥有楚、秦两大国君血统的孩子，谁还敢看他的笑话？

很快，太子建去了城父，楚国派遣令尹子瑕去秦国聘问，目的是在通报秦女为夫人一事。秦国又能说什么呢？于国家外交而

---

① 《左传·昭公十九年》，第 1871 页，中华书局，2012。

言，并不是什么坏事，于秦国而言更是有利可图的，楚王从亲家变成女婿又有什么大不了的？至此，楚平王的人生达到了巅峰，人间所有美好皆与他相伴。

裂变

楚平王虽心满意足，费无极却不能收手，太子建一定会知道他就是造成自身厄运的始作俑者，将来必会报复，因此必须赶尽杀绝。此外，他还必须铲除太子建在楚国的所有利益相关，也是为自己清除对手。于是，就在太子建被赶去城父的次年（前522年），他再次向国君进言：“建与伍奢将以方城之外叛，自以为犹宋、郑也，齐、晋又交辅之，将以害楚。其事集矣。”[1]意思言简意赅，太子建将联合老师伍奢叛乱。哪个君王能容忍谋反？哪个父亲不恨儿子忤逆？特别是自知理亏的父亲。楚平王听罢没有怀疑（或许他根本不想怀疑，如此好的剧本何必修改），当即找来伍奢质问。伍奢表现得非常坦然，说：“君一过多矣，何信于谗？”楚平王听见伍奢指责自己，愤怒难平，一面将其下狱，一面秘密派遣大臣司马奋扬去城父杀太子建。司马奋扬没有执行命令，而是偷偷传话给了太子。同年三月，太子建出奔去了宋国。楚平王听闻太子出逃，召回司马奋扬责问：“言出于余口，入于尔耳，谁告建也？”[2]我秘密交代你的事，怎么被太子知道的？可见楚平王杀心之重，根本不想质疑所谓的谋反和做任何调查，他比费无极更想太子建死，全然忘了那是他的血脉，也曾是爱情的结晶。司马

---

① 《左传·昭公二十年》，第 1879 页，中华书局，2012。
② 《左传·昭公二十年》，第 1879 页，中华书局，2012。

奋扬没有隐瞒，实情禀告是他自己泄露给太子的，因当初大王吩咐他"事建如事余"，所以不敢违背大王当初的命令，现在后悔也晚了。司马奋扬以命说出这番话是在有意提醒楚平王，那是您自己的骨血，亲生的儿子！但楚平王的内心早已另有打算，儿子不缺，现在要的是为老父亲牺牲一个，为未来的太子让路。他没有杀司马奋扬，说明他听懂了那番话，但也改变不了什么。没有派兵一路追杀就算是多年父子的最后情分了。

但是，费无极对伍奢可就没有任何情分了。非但如此，他还惧怕伍奢的家人日后报仇，欲要斩草除根。于是向楚平王进言道："奢之子材，若在吴，必忧楚国，盍以免其父召之。彼仁，必来。不然，将为患。"[1]伍奢有两个儿子都很有才干，长子伍尚，次子伍员，字子胥。费无极以两人恐怕会逃去吴国为由，设计以伍奢为人质，要挟两人来都城。兄弟俩接到召命，猜到有去无回，于是大哥伍尚和弟弟伍员商量，自己去赴命，尽忠尽孝，弟弟出奔他国，日后为父兄报仇雪恨。兄弟二人议定后洒泪相别，伍员出奔去了吴国，关于路上的艰难险阻，后世有许多故事流传民间，此处不一一赘述。长兄伍尚回到都城，与父亲伍奢同被诛杀。[2]至此，费无极和楚平王的心病算是暂时双双解除了。然而，裂变已深，不可弥补，楚国后来的劫难都由此而来。

伍员出逃楚国后来到吴国，面见了吴王之侄公子光，并欲竭力使公子光相信出兵伐楚有利于吴王。公子光岂是泛泛之辈？当即听出伍员是假公济私，想利用吴国报仇，于是说："是宗为戮，

---

① 《左传·昭公二十年》，第1881页，中华书局，2012。

② 汉代历史演义《吴越春秋》对伍子胥出逃前后的情节有生动的描绘，一路上的艰难险阻也有十分精彩的叙述。但许多情节为小说家言，与原始史料有一定出入，仅供参考。

而欲反其仇，不可从也。"①伍员见公子光识破了他的目的，不好强求。但他敏锐地觉察出了公子光不是一般人，他有篡位的野心，将来恐怕会成事。于是隐居在吴国郊野躬耕为生，以待时机。他深知吴人的野心，楚国是他们不会放过的目标，早晚有一天，他们会来找他的。

三年后（前519年），吴国再次伐楚，吴王听从公子光的计策，大败楚国。此次战役，楚国虽有一众小国保驾，但不能服众，军心涣散，被公子光察觉钻了空子，各个击破。吴人乘胜来到蔡国（此时的蔡国已是楚国的后院，徒有其君），而此刻，留居蔡国的太子建生母为吴人做内应，"召吴人而启之"，算是报了被楚平王背叛之仇。"冬十月甲申，吴大子诸樊入郢，取楚夫人与其宝器以归。"②太子建生母从此留在了吴国，后半生不见记载。

那么，三年前出逃的太子建此刻又如何呢？

当楚平王七年（前522年）太子建逃到宋国的时候，事不凑巧，宋国国内正经历一场政变。国君宋元公与世家大族华氏和向氏之间发生龃龉。矛盾愈演愈烈，双方剑拔弩张甚至演变成真刀真枪的斗争，乃至于宋元公要亲自下场谈判并与两大氏族交换人质方暂时平息。自春秋中期以来，列国的公族势力日渐壮大，国君的权力被渐渐瓜分，宋国此时的混乱就是最好的例证。太子建来到宋国是受到宋元公的收留，自然而然地就成了宋元公的支持者，此次混乱导致一部分宋元公的支持者出逃，太子建也未能幸免，出逃到了郑国。

郑国对待太子建非常仁义，《左传》称"郑人甚善之"，此时

---

① 《左传·昭公二十年》，第1882页，中华书局，2012。
② 《左传·昭公二十三年》，第1949页，中华书局，2012。

的执政者仍是子产，想必是他的意思。然而，太子建却没有珍惜郑国的善意，也许是看郑国羸弱、勉强自保，无法帮他复仇，于是他又选择去了晋国。晋国也早已不是从前的晋国，岂会帮他？太子建利用不成反被利用，被晋国培训成间谍送回了郑国。郑人不知有诈，毫无防备，"复之如初"。晋国成功安插了棋子，派遣细作与太子建联络进行暗中活动。原本郑人没有任何察觉，不想太子建性情乖戾，"暴虐于其私邑"，当地人不堪凌虐而告发了他。郑人查下来才发现其内幕，于是为了铲除内患，于郑定公十年（前520年）杀了太子建。

自被迫从楚国逃亡到在郑国被杀，短短三年时间，太子建奔于四国之间，最终落得个悲惨的下场。按照费无极原先的设计，即便司马奋扬放过了太子建，他仍会希望太子建在城父自杀，晋国的申生就是在曲沃自杀的，太子建为什么不呢？显然，太子建与申生的为人有着较大差别。尽管老师伍奢是传统的忠臣，但太子建的性情还是更像他的父母。他背叛恩人郑国、串通晋国这样的举动显示了他的忘恩与诡诈之处，这正是来自当年公子弃疾的遗传，只是他自己不够聪明，性情又暴虐（很可能是因迫害而受了刺激），导致他变得猥琐而低级，甚至惨死异国。他放弃愚孝，没有选择当年太子申生的道路而是出逃以谋求来日的复仇，正如他的母亲被赶回娘家忍辱负重，终于借着吴国的势力报复了楚国。他求生，漠视传统的道德观念；肯忍辱，不在乎自己的出身。但也正是因为他不讲道德，最终被无德反噬。春秋尽管混乱，但仍有一条准绳在牵制着凡尘诸人，人们仍普遍坚信郑庄公当年留下的那句话：多行不义必自毙。哪个时代都不会鼓励阴险狡诈和寡廉鲜耻。

白公胜的复仇

四年后（前516年），楚平王在楚国去世。他与秦国公女所生的儿子太子壬尚且年幼（其生年约在前522年），但他还有个儿子称子西，其母不知为谁，应当不是太子建的生母。因当年楚平王的不义之举，朝臣普遍反感秦女母子，于是令尹子常提议拥立子西，理由是："子西长而好善。立长则顺，建善则治。王顺、国治，可不务乎？"子西若真比太子建年长，那么可以想见当年太子建的生母的确是非常得宠的，这才会被立为夫人，儿子立为太子。子西为人与太子建不同，他倒是比较像伍奢的学生，当即愤怒地拒绝："是乱国而恶君王也。国有外援，不可渎也。王有適嗣，不可乱也。败亲、速仇、乱嗣，不祥，我受其名。赂吾以天下，吾滋不从也。楚国何为？必杀令尹！"[1]其实令尹子常本来也没什么恶意，那番话不是没有道理，代表了大多数人的心声，但见子西如此动怒便也不好坚持，于是立太子壬为王，史称楚昭王。

楚昭王恐怕是楚国历史上最可怜的一任君主，不但因出身带着原罪而不得人心，更在幼年丧父而仓促继位，处境尴尬而危机四伏。楚国之外，吴国虎视眈眈，而更糟糕的是，吴国之内还有先君留下的仇敌，日夜盼着杀回楚国血溅王宫。楚昭王不过是一个孩子，却要遭受这么多的不堪，命运于他而言的确不公平，楚平王的恶报自己分毫未得，却将如山洪一般倾泻在这个孩子身上。

吴国内的仇人除了已知的伍子胥，还有太子建的两个儿子王孙胜和王孙燕。太子建出奔后明明周转于宋、郑、晋三国，两个儿子又是怎么到了吴国的？《左传》和《史记》中都没有记载，汉

---

① 《左传·昭公二十六年》，第1999页，中华书局，2012。

代的历史演义《吴越春秋》中说伍子胥从楚国出逃后先去宋国投奔太子建，自此一直跟随他直到被杀。太子建死后，伍子胥带着王孙胜投奔到吴国。不过，这个叙述固然符合故事逻辑，却与《左传》中对伍子胥的记载不符，私以为以伍子胥的睿智，不大会瞧得起太子建，吴国的公子光才是让他心动的目标。当楚昭王继位时，王孙胜的年纪应该也非常小，还是几岁的幼儿，推测是家人带着从郑国出逃到吴国的，目的可能是为了投奔伍子胥。伍子胥如何对待王孙不得而知，但吴国的确收留了王孙胜兄弟，培育他们直到成人。不过，在讲述王孙胜日后的故事之前，我们先简要交代一下他成人之前这段时间里，吴、楚之间都发生了什么。

这是一段耳熟能详的历史，两千年来被无数次地讲述和演义，某些片段被精心推演成为戏曲中的名家名段。公元前515年，吴国的公子光终于政变夺位，杀了叔叔吴王僚后自立为君，是为吴王阖庐。阖庐一继位便将伍子胥招入麾下，伍在对楚作战中屡屡献计献策，深得阖庐信任，成为吴国第一谋臣。终于，在吴王阖庐九年（前506年），吴军攻入楚国都城，楚昭王出逃，吴国占领了楚国。这是自楚武王以来，楚国第一次被外敌入侵。曾经强大傲慢、与晋国争霸百年的楚国就这样深陷泥潭，惨遭凌辱。根据《史记》的记载，为了给伍子胥报仇，吴人还有"辱平王之墓"的举动，《左传》中则没有类似记载。《吴越春秋》则更加戏剧化，说伍子胥"掘平王之墓，出其尸，鞭之三百"，这还不算完，"左足践腹，右手抉其目"，说："谁使汝用谗谀之口，杀我父兄，岂不冤哉？"可谓痛快淋漓地报了大仇。

楚昭王出逃后，在外面经历凄风苦雨、流离失所，凄惨至极。楚国无力抵抗吴国，最后是伍子胥的老朋友申包胥去秦国泣血请兵，在秦哀公院子里"日夜不绝声，勺饮不入口七日"①，就这么哭了七天七夜才哭来了秦国的救兵。加之此时越国趁吴人在楚，乘虚而入，吴王阖庐为保老巢不得不撤军回国，楚国终于得救。

楚昭王在位二十七年病逝，卒年不过三十三岁上下。他临终前本打算传位给子西或其余兄弟，但均遭到拒绝。楚昭王死后，庶长兄子西再次出场，密谋立了楚昭王之子章，是为楚惠王。

而此时，在吴国的王孙胜恐怕也是而立之年了。子西还记得他，当初他就心向太子建，如今楚国终于安稳下来，他希望王孙胜可以回国定居。当然，也可能是担忧王孙胜在吴国壮大势力后再回来报复，重演多年前的悲剧。然而，大臣叶公却持不同意见，认为王孙胜"诈而乱"，回来会给楚国带来祸患。但子西却坚持己见，认为王孙胜"信而勇"，可以安排他在边境守卫。但叶公仍旧不同意，认为一旦王孙胜回来，日后子西必将后悔。可子西铁了心要接王孙胜回来，没有听叶公的劝谏。未知他是否曾对太子建许过什么诺言，以致他如此一意孤行，接一个素未谋面的侄子从仇国回来，但我们知道的是，他是一定会后悔的。

王孙胜回到楚国后，子西将他安置在吴、楚边境，因此地名白，故王孙胜从此又称白公。

白公胜同样想为父报仇，但他的直接仇人已经不是楚国，而是当年杀父的郑国。白公胜知道楚国常年拿捏郑国，想必这也是他愿意回来的原因，故一到楚国就"请伐郑"。子西此时是楚国的令尹，他并不大愿意为了满足侄子的复仇之心而伐郑，楚国已不是当年叱咤风云的楚国，近二十年来一直在恢复元气。此外，楚国是否攻伐哪一国，向来要看国家利益，从来不会为了一点小事

---

① 《左传·定公四年》，第 2122 页，中华书局，2012。

就随便出兵。因此，子西对白公胜的请求也是虚与委蛇，明明嘴上答应，却在郑国被晋国攻伐时出手相助，甚至与其结盟。白公胜这才发现自己被叔叔耍了，恨得咬牙切齿，自此报仇的目标从郑国转为了叔叔令尹子西。

《左传》中记载了非常戏剧性的一幕：

> 胜自厉剑，子期之子平见之，曰："王孙何自厉也？"曰："胜以直闻，不告女，庸为直乎？将以杀尔父。"平以告子西。子西曰："胜如卵，余翼而长之。楚国，第我死，令尹、司马，非胜而谁？"胜闻之，曰："令尹之狂也！得死，乃非我。"
>
> ——《左传·哀公十六年》

或许是为了能够手刃子西，又或许是想抒发一下仇恨的胸臆，白公胜整天在院子里磨剑。也不知为什么，这一幕被子西的儿子平看见了，于是问他好端端的磨什么剑啊？白公胜相当直爽，告诉他我要杀你爹。这可把平给吓坏了，赶忙去告诉老父亲。而子西的反应非常有趣，他说当年王孙胜羽翼未丰、势如累卵，还是我为他保驾护航才让他翅膀硬了。他不就是想夺权吗？以他的身份和才干，我死之后，他不是令尹也会是司马，急什么呢？从子西的话中我们看到一个问题，他没有意识到白公胜的真正目的，两人的思路根本不在一条道上。子西是通常的夺权思路，是几百年来王宫贵族后院里都会发生的事，他没有想到，大侄子真的那么直，一味只想报仇。从白公胜这一方面看，他性子虽直，眼界和格局却小得很。他不懂政治，也不怎么关心诸夏格局，对父亲的死因或许都未必知其原委，眼中就只有替父报仇这种直白浅显的目的。子西扛住那么大的压力把他从吴国召回，给地给房子，让他不必再做流亡之民，这是恩举；说"我死，令尹、司马，非胜而谁"，证明心里是看好他的，说不定有着这样的打算。但很显然，白公胜只有小慧而无大智。当他听到子西的话时，也没有领会其深意，还觉得子西那么狂妄，更燃起了心中的熊熊怒火。于是，他后来果真作乱。

楚惠王十年（前479年）秋七月，白公胜当朝诛杀子西，"子西以袂掩面而死"，八个字宛如特写镜头，袖子下面遮掩的是悔恨还是痛惜？子西作为庶长兄对得起太子建，作为令尹也对得起楚国，几次据理力争，没有倒在敌人和对手面前，却死在了爱护之人的屠刀之下。

子西死后，白公胜的追随者石乞劝他更进一步，杀了楚惠王，烧了国库，意思就是劝他自立为王，毕竟他也算合法的王位继承人，要不是那档子事儿，如今坐在王位上的不就是白公胜吗？何况政变这种事，要做就做到彻底，干干净净，留一半就是留后患。然而，石乞的建议却被白公胜否决，他认为"弑王，不祥；焚库，无聚，将何以守矣？"[1]这句话后半句倒还在理，但"弑王不祥"就应当考量了。楚国不是没有过政变的先例，不是没有过弑君的历史。楚穆王逼成王自裁，楚灵王手刃郑敖，结果均未"不吉利"，"不吉利"的是公子干那种明明已坐上王位却因不忍心而没有听从建议，留下弟弟公子弃疾最终反被诛杀的结局。白公胜似乎知道得太少，没有办法从历史中总结经验教训，其结局可想而知。

当然，他的目的那么纯粹，就只是想报仇而已。杀不了郑人就杀子西，其他的都不在意。倒也是个另类。

---

[1] 《左传·哀公十六年》，第2369页，中华书局，2012。

　　当年反对王孙胜归国的叶公此时人在蔡国，听闻楚国政变，立即率军赶回主持局面。报了仇的白公胜却没有下一步的政治谋划，原本想另立小叔子闾为王，当年楚昭王临终前曾五次下诏传位于他，他也曾被迫答应过。楚昭王死后，他与子西密谋拥立了楚惠王。白公胜满以为废掉楚惠王，子闾就会答应做他的傀儡王，然而子闾此时仍严词拒绝，甚至不惜一死，最终被杀。而没了楚王，新政府内没有统一的核心，一盘散沙。白公胜乱杀一气，只破不立终于给自己带来了混乱的局面。叶公很顺利地杀回楚国，白公胜无力抵抗来自楚国内外强大的反抗势力，最终逃入深山自杀身亡，就这样混乱而糊涂地结束了自己的一生，可叹亦可笑。

　　倒是石乞一介忠勇，宁死不屈，因拒绝透露白公胜的自杀之地而被杀。而白公胜的弟弟王孙燕则重又逃回了吴国，从此再不见记载。